RAFAEL ILHA
As pedras do meu caminho

Copyright do texto ©2015 Sonia Abrão
Copyright da edição ©2015 Escrituras Editora

Todos os direitos desta edição cedidos à
Escrituras Editora e Distribuidora de Livros Ltda.
Rua Maestro Callia, 123 – Vila Mariana – São Paulo – SP – 04012-100
Tel.: (11) 5904-4499 / Fax: (11) 5904-4495
escrituras@escrituras.com.br
www.escrituras.com.br

Diretor editorial Raimundo Gadelha
Coordenação editorial Mariana Cardoso
Assistente editorial Gabriel Antonio Urquiri
Projeto gráfico e diagramação Studio Horus
Capa Raimundo Gadelha e Studio Horus
Foto da capa Luludi/Editora Globo
Impressão Arvato Bertelsmann

Assessoria e contatos: Cristina Moreira
Entrevistas: Márcia Piovesan
Pesquisa e Edição de imagens: Thiago Marocci e Antonio Carlos da Silva Moura (Kaká)
Arquivo e documentação: Robson Caproni
Vídeos: Câmera Cinco Som e Imagem
Edição de fotos e montagem: Alexandre J. Amaro

AGRADECIMENTOS
Sylvia Vieira, Carlos Muniz, Elias Abrão, Margareth Abrão, Raimundo Gadelha,
Esther Rocha, Lucas Margutti, Roberta Galinari, Matheus Pereira, Jaime Praça,
Walter Wanderley, Lilian Aragão, Dr. Carlos Regina.

Dados Internacionais de Catalogação na Publicação (CIP)
(Câmara Brasileira do Livro, SP, Brasil)

Abrão, Sonia
    Rafael Ilha: as pedras do meu caminho / Sonia
Abrão. – São Paulo: Escrituras Editora, 2015.

    ISBN 978-85-7531-642-9

    1. Biografia 2. Cantores – Biografia
3. Depoimentos 4. Drogas – Abuso 5. Ilha,
Rafael, 1973 - 6. Superação I. Título.

15-03462   CDD-780.092

Índices para catálogo sistemático:
1. Ilha, Rafael: Biografia 780.092

Impresso no Brasil
Printed in Brazil

SONIA ABRÃO

RAFAEL ILHA
As pedras do meu caminho

escrituras
São Paulo, 2015

Ao Rafa,
que reabriu as feridas
durante muitas noites lá em casa,
entre longas conversas e doloridos silêncios.
Obrigada por ser meu amigo
e ter confiado em mim.

Sonia Abrão

SUMÁRIO

PREFÁCIO: A FAMA MUITO CEDO 13
Por Augusto (Gugu) Liberato

1 **A VIDA POR UM FIO** 15

2 **FILHO DE MÃE SOLTEIRA E PAI ADOTIVO** 17

3 **EM SÃO PAULO, FAMA, GRANA E DROGAS** 21
Astro dos comerciais aos 9 anos
Os "bailinhos" e a cola de sapateiro
Mãe descobre vício e bate na cara dele

4 **GUGU ENTRA NA VIDA DE RAFAEL** 31
Ataque de pânico no dia do teste
Frente a frente com seu ídolo
Garotos da cidade: acidente e morte

5 **GRUPO POLEGAR: SUCESSO, BRIGAS E COCAÍNA** 37
Cruzeiro do Caribe até a Disney para gravar primeiro videoclipe
Gugu ameaça acabar com o grupo no navio
Depois da euforia, o sacrifício
Ciúmes e porradas entre os garotos
O jogo sujo para tirar Rafa do grupo Polegar

6 **UM MERGULHO NO PÓ** 49
Pegando as namoradas do Gugu
Um ídolo com mais de 1.500 mulheres
Aposta no ônibus: quem tinha o maior pênis?
Polegar x Leandro e Leonardo
No avião que caiu com os Mamonas Assassinas

7 **A CAMINHO DO INFERNO** 55
Rafa filma com Trapalhões e traficante "visita" sua mãe
O depoimento de Renato Aragão

8 **GUGU AMEAÇA: "OU VOCÊ SE TRATA OU ESTÁ FORA!"** 59
Mãe arranca Rafael da favela no grito
Gugu escala outro polegar como substituto de Rafa
Rafael dá soco na cara de Alan dentro do avião
Convulsão antes de entrar no palco

9 A HORA DE IR PARA O HOSPÍCIO 67
Sexo com a Psiquiatra

10 NOVE OVERDOSES E QUATRO PARADAS CARDÍACAS 69

11 POLEGAR NUNCA MAIS! É A VEZ DA CASA MÁGICA! ... 73
Chantagem decreta o fim do Polegar

12 COM CRACK NA CABEÇA E FACA NO PESCOÇO
DA MÃE 77
Só 15% de chances de continuar vivo
Sylvia bota Rafa no olho da rua
O amigo das madrugadas
Tuberculose e contato com os mortos
A carta que Gugu nunca recebeu

13 O CHOQUE: " MEU PAI CONTOU QUE EU NÃO
ERA SEU FILHO" 83
Programa do Ratinho: encontro com o pai biológico
Sem teste de DNA: "É sangue do meu sangue, é a minha cara!"
Pai confessa: "Cheirei cocaína por 15 anos"
Rafa salvou a irmã das drogas
O desabafo: "Não sou um pai desalmado!"
A resposta: "Como amar quem a gente nunca conheceu?"
Ratinho se defende: "A gente só queria ajudar!"

14 REGRESSÃO EXPÕE TRAUMAS 93

15 RAFA SOBE O MORRO, ENCARA O TRÁFICO
E LEVA UM TIRO 101
A filha do governador tenta matar Rafa
Com um fuzil nas mãos
A morte manda recado
Um crime brutal
Queima de arquivo ou churrasco na laje?

16 OS AMORES 107
O namoro com Simony
A louca paixão de Rafael e Cristiana Oliveira
"Krika morria de tesão em mim"
"Alugava até avião para ir atrás dele nos shows"
Sylvia expulsa Krika de casa
"Entre Cristiana e a droga, fiquei com a droga"
Ana Márcia, amor pra valer
"Pensei que fosse me dar um tiro!"

17 A BUSCA DA CURA ATRAVÉS DAS RELIGIÕES 123

18 A PRISÃO POR 1 REAL 127
Gilberto Barros dá o furo de reportagem
Rodrigo Faro vê prisão pela TV e fica arrasado
Raul Gil ouve no rádio e vai direto para delegacia

19 ÚLTIMA CHANCE: GUGU FALA COM
RAFA NA CADEIA 135
Escolhido como refém em plano de rebelião
Presos batem panelas exigindo socorro para Rafa
Confundido com traficante, continuou atrás das grades
O Leão responde: "Nunca explorei a desgraça dele!"
Nuas na revista íntima para poder ver Rafa
Como o ídolo caiu no fundo do poço
"Ele tem que entender que a festa acabou"
De astro pop a vendedor de empadinhas
De joelhos, mãe implora pela liberdade de Rafa
Da prisão para o palco do "Domingo Legal"
Na guerra de audiência entre Gugu e Faustão
O CD é gravado, lançado e abandonado
"Me senti usado e descartado"

20 FAUSTÃO PAGA CLÍNICA EM SEGREDO
E SALVA VIDA DE RAFA 159
"Melhor que ajudar, foi Rafa aceitar"
"Mãe, me tira daqui!"
"Na clínica entrava crack e garotas de programa"
Engole pilha, caneta e três isqueiros
"Se tivesse veneno de rato, eu tomaria!"
Nova banda, dinheiro e carro zero km
Convidado a posar nu, ele foge com o cachê
"O psiquiatra maluco levava meu filho para as boates"
"Preferia morrer a abandonar meu neto"
Na balada com o médico, Rafa começa a namorar
Para escapar do sanatório, engole mais duas pilhas
Rafa é operado de novo com urgência
Perseguição policial e fim do "tratamento"
Rafael "Pilha": apelido vira caso de polícia

21 A PEGADINHA DO MALLANDRO 179
O acerto de contas nove anos depois

22 TRANCADO NO HOTEL COM 200 PEDRAS DE CRACK E UM REVÓLVER 187

23 NA CLÍNICA EVANGÉLICA: CHUTES E ORAÇÕES! 191
Laudo médico: paciente irrecuperável
Amarrado na cama com um capacete na cabeça
"Me sentia enterrado vivo"
Livre do castigo, não consegue mais andar
Protetor sai no tapa com Rafa
Dia do aniversário: bolo e revolta
Depois das agressões, as confissões
O encontro com Deus na plantação
Mãe impede casamento arranjado
Rafa sai da clínica e cai na real

24 O RECOMEÇO: CULTOS COM MARA MARAVILHA 203
O casamento e o caminhão de presentes do Faustão
Premonição: Rafa sonha que o bebê é um menino
Zezé Di Camargo e Luciano caem do céu
"Inaugurar a clínica foi um ato de fé"
O abandono da vida espiritual
O assassinato do funcionário Zecão

25 ACUSAÇÃO DE SEQUESTRO E PRISÃO 215
A versão da vítima
A primeira entrevista na cadeia
Na TV com mãos e pés algemados
Injeções e camiseta do DENARC no carro
A vida na prisão: 38 homens em cela de 8
Clínicas interditadas e candidatura cassada
Rafael é libertado
A morte do ex-paciente Batatinha

26 TRÊS ANJOS: A POLICIAL, A MESSIÂNICA E A PROSTITUTA 231

27 SEPARAÇÃO, PERDA DA CLÍNICA E DEPRESSÃO PROFUNDA 233

Com uma arma engatilhada na boca
O recado de amor ao filho
Kauan: "Não deixo ninguém falar mal do meu pai"
Rafael é interditado na justiça pela sua mãe
Ele implora, mas Sylvia não assina documento

28 O SURTO: CACO DE VIDRO E CORTE NO PESCOÇO 241

"Entreguei meu filho nas mãos de Deus"
Rafa pede ao segurança: "Me dá um tiro, pelo amor de Deus!"
Parada cardíaca e ressuscitação

29 COM RAFA NA UTI, MÃE E EX-MULHER BRIGAM NA TV ..245

"Fabiana afastou Rafael da família"
"Rafael se cortou porque não aguentava mais a mãe!"
"A mãe se aproveitou da fragilidade de Rafael"
" Sylvia é rancorosa e virou minha inimiga"
" Fabiana perdeu! Quem cuida dele sou eu!"
"Deram 100 reais para Rafa se drogar e venderam a casa dele"
Babá de Kauan entra no ar e desmascara Fabiana
"Ela abandonou Rafael e foi embora para Paris!"
Rafael recebe alta e se une a mendigos

30 RAFAEL RECONHECE: "FOI O MAIOR SURTO DA MINHA VIDA!" 259

"Melhor ficar broxa do que ficar louco!"
Rafael volta à TV
"Nunca amei Fabiana e a traí antes e durante o casamento"
O casamento em Las Vegas

31 UM AMOR PELA INTERNET 267

32 O AMOR RESISTIRIA À ACUSAÇÃO DE TRÁFICO DE ARMAS? 271

Rafa é levado escondido para o presídio
Aline: o choque e o choro na prisão
Rafa: banho gelado e trancado no escuro
Aline dá entrevista na cadeia: "Somos inocentes!"
Fianças de 55 mil e Rafael no hospital
Rafa sai da prisão de cabeça raspada e chinelos
De volta ao hotel, quarto revirado e carro detonado
Do aeroporto para a TV: ele tenso, ela traumatizada
Havia um bebê no meio do caminho
O nascimento de Laurinha

33 A VOLTA DO POLEGAR, SÓ PARA COMEMORAR 293
Atritos viraram piadas
Cachê pago em ouro
Levando outra vez as fãs ao delírio

34 O REENCONTRO COM GUGU, 15 ANOS DEPOIS 299

35 NADA A ESCONDER: "O QUE NÃO FOI BÊNÇÃO
FOI LIÇÃO!"..301

PREFÁCIO

A FAMA MUITO CEDO
Augusto (Gugu) Liberato

Gugu e Rafael no Domingo Legal, em 1989

Rafael sempre foi uma criança que demonstrava ter nascido para ser artista. Nos tempos do grupo Polegar, sempre se destacou pelo talento, carisma e intimidade que tinha com as câmeras e o público. No palco, ele parecia estar em casa, completamente à vontade. Daí o sucesso que conseguiu de maneira tão imediata.

Em paralelo a isso, ele demonstrava ser um adolescente que não conseguia respeitar os limites e seguir as regras. Rafael nunca teve medo de ser ousado, era o tipo de garoto que fazia tudo adiante de seu tempo e realizava seus objetivos.

Entendo que essas características sejam muito comuns em crianças que conquistam a fama muito cedo. E essas conquistas têm sempre vários lados. A mesma fama que é tão sonhada, pode detonar um processo de crise existencial, inseguranças, medos... Penso que foi isso o que aconteceu. Daí, vieram as drogas, talvez como uma alternativa falsa de liberdade.

Rafael se perdeu no decorrer desse processo, foi ao fundo do poço. Hoje, eu o encaro como um sobrevivente que, felizmente, conseguiu resgatar a sua vida e escrever uma nova história."

1 A VIDA POR UM FIO

Reprodução de Internet/ Rede Record

Condomínio Parque Brasil, onde aconteceu a tentativa de suicídio

Vinte de outubro de 2009. O barulho de helicópteros era ensurdecedor naquele fim de tarde azul em São Paulo. Misturado às sirenes dos carros de polícia, do Corpo de Bombeiros e da ambulância, também se ouvia o burburinho das equipes de reportagem que disputavam espaço em frente ao condomínio Parque Brasil, no bairro do Morumbi. Ao vivo, o país acompanhava pela TV um momento de vida ou morte de um ex-ídolo da música pop.

O resgate não acontecia... Dentro do elevador do edifício em que morava sua avó, Rafael Ilha só ouvia os próprios gritos. Não havia o que negociar. Não aguentava mais, não queria mais, vida sem sentido, vazio, fúria. Com um caco de vidro pontiagudo encostado no pescoço, ameaçava um ponto final. E foi mais rápido que os apelos dos socorristas: abriu um corte no pescoço, da nuca até o lado esquerdo, num meio círculo que poderia ser fatal.

Nos minutos de agonia que se seguiram, em meio a muito sangue e correria dos paramédicos, Rafael foi apagando, uma falsa paz tomava conta dele. A luz vermelha piscando, o peso do próprio corpo sobre a maca, aquelas vozes aflitas, iam se desfazendo em meio ao branco em que flutuava. Quando as portas da ambulância foram fechadas às pressas, ele já não ouvia mais a sirene. Nada mais doía. E a vida estava por um fio...

2 FILHO DE MÃE SOLTEIRA E PAI ADOTIVO

Arquivo pessoal

Rafael aos 5 meses com Sylvia e Felipe, após primeiro passeio de moto com os pais

Sete de março de 1973. Trinta e seis anos antes dessa tentativa de suicídio, Rafael Ilha Alves Pereira nascia, prematuro de oito meses, numa Quarta-Feira de Cinzas, às 17:45h, final de tarde ensolarado no Rio de Janeiro. No Hospital da Lagoa, Sylvia Vieira de Mello, de apenas 18 anos, acabava de se tornar, assumidamente, mãe solteira. O menino, do signo de Peixes com ascendente em Virgem, não conheceu o pai biológico, mas teve em Luiz Felipe Ilha Alves Pereira aquele que lhe deu o sobrenome e o amor de um verdadeiro pai: "Ele era só um rapaz de 19 anos e eu um bebê de 2 meses, quando começou a namorar minha mãe. Me adotou de cara! Três meses depois, já estava registrado em cartório como seu filho.", conta Rafa, que foi criado como todo garoto de classe-média, com conforto, mas sem

Rafael Ilha

Arquivo pessoal

Sylvia: "Filho único, neto único e lindo!"

Um garoto esperto e saudável

Arquivo pessoal

luxo. E teve uma infância feliz: "Era muito futebol na praia, muito banho de mar, adorava pegar onda – que a gente chamava de "jacaré" –, andava de patins, de bicicleta, fazia passeios a cavalo, brincava o tempo todo. Também curtia viajar com a família para Teresópolis, Rio das Ostras, Búzios e por todo o Nordeste. Enfim, tinha uma vida saudável. Pena que durou pouco!"

Rafael não foi mimado pela mãe: "Nunca dei moleza para Rafael desde pequeno, porque achava que ia virar viado de tanto que todo mundo paparicava ele. Filho único, neto único, sobrinho único e lindo! Rafael falava "A" e a família inteira já ficava à disposição para atender seus pedidos. Ele começou a falar com dez meses, "papai", "mamãe", "vó", "bisa", "água" e, com 1 ano, já andava. Aliás, com essa idade já falava tudo certinho, usando os verbos corretamente e já ganhava as pessoas com um sorriso. Por isso, a gente brincava que nem parecia uma criancinha, mas sim um anão. Sempre foi carismático! Eu tinha que ser exigente com ele!", afirma Sylvia.

Assim, Rafael cresceu sabendo o que era disciplina: "Até os cinco anos, ele ia dormir às 19:30 h, porque acordava cedo para ir ao colégio. Mas a cada ano, eu aumentava em uma hora o tempo que podia ficar acordado. Também tinha que ter boas notas, ser organizado e não mentir!", revela a mãe. Aliás, Sylvia tinha um truque infalível para que ele dissesse só a verdade: "Eu dizia que os olhos dele brilhavam quando contava alguma mentira. Acho que até

As pedras do meu caminho

No colégio, já se destacava pela inteligência e carisma

hoje Rafael não consegue me encarar quando está faltando com a verdade, pois desde pequeno sempre foi muito transparente!".

    Ele também nunca deu problemas na escola, que começou a frequentar aos três anos: "Nessa idade já chamava a atenção pela espontaneidade e capacidade de conquistar as pessoas. Ainda no maternal, conseguia fazer com que a professora que ele mais gostava o levasse pra casa, mesmo quando a babá ia buscá-lo." Aos quatro anos, já tinha a primeira namorada, deixando claro que era um menino-prodígio: "A garotinha se chamava Lara, era um ano mais velha e um pouco mais alta. O namoro durou três anos e tinha até troca de cartinhas de

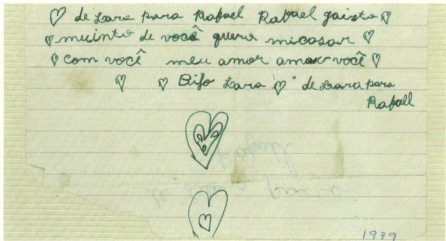
Carta de amor de Lara, sua namoradinha de infância

amor. Numa delas, Lara falava que queria se casar com ele. Tenho algumas guardadas até hoje", afirma Sylvia.

Com 6 anos, cismou que era um super herói: "Fora o uniforme da escola, trocou as roupas normais por fantasias de Super Homem – que era o seu preferido – Homem Aranha e Batman. O dia mais feliz da sua vida foi quando dentro de uma loja, um garotinho olhou pra ele e gritou: "Olha o Super Homem!". Aí, ficou eufórico e todo orgulhoso me disse: "Viu, mãe? Ele me reconheceu!".

Mania de Super Homem ... até nos desenhos

Rafael também sempre foi organizado: "Adorava manter todos os seus brinquedos, principalmente os bonequinhos, arrumados na estante do quarto e não gostava que ninguém mexesse. Também tinha um cuidado especial com as roupas e sapatos, hábito que mantém até hoje. Quando tirava a roupa, colocava dobradinha num canto. Nunca deixou nada espalhado pela casa." Mas pegou uma mania que rendeu até polêmica na família: "Quando aprendeu a amarrar os cordões dos tênis, mostrou o quanto era perfeccionista. Ficava um tempão fazendo e desfazendo os nós, até que os dois lados estivessem iguais. Podia estar atrasado para a escola, que não saía de casa se os laços do par de tênis não estivessem do mesmo tamanho", ri Sylvia.

Mas, enquanto Rafael crescia esperto e saudável, o casamento dos pais começava a desmoronar.

Gostava de escola, patins e muita praia

3 EM SÃO PAULO, FAMA, GRANA E DROGAS

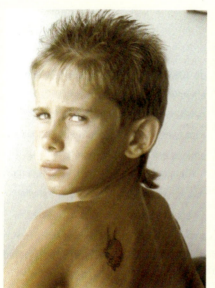 

Arquivo pessoal

A tatuagem de sol e gaivota feita aos 9 anos e que nunca apagou

Rafael tinha 7 anos quando Sylvia e Luiz Felipe se separaram e, aos 8, o menino que sempre havia morado em Ipanema, encarou a mudança para São Paulo, e foi viver com a mãe num pequeno edifício, na rua Cristiano Viana, em Pinheiros. Era o fim de um ciclo positivo, que viria a colocar, muito cedo, as drogas no seu caminho: "Minha mãe começou a namorar um guitarrista que fumava maconha e passou a usar também. Nunca fizeram isso na minha frente, me mandavam para o meu quarto, mas eu ficava olhando tudo escondido. Aos 9 anos, quando via minha mãe fumando, já sabia o que era aquilo!"

O tal guitarrista – famoso, mas de quem não revela o nome – deixou péssimas recordações: "Tenho mágoa desse sujeito, ele chegou a bater na minha mãe!". Quando isso acontecia, o menino tomava ônibus sozinho ou pedalava sua Caloi Bmx amarela, com almofada no cano, e ia para a casa da avó: "Eu ia desabafar porque a barra em casa estava muito pesada e precisava de colo!"

Logo depois, sua mãe se separou do músico, mudando-se com Rafael e avó para o bairro de Higienópolis. Já era descolado, tinha até tatuagem de um sol e uma gaivota no ombro esquerdo, e estudava no Colégio Objetivo, onde cursou todo o ensino fundamental, ao lado da pequena cantora Simony, que mais tarde seria sua namorada; Luciano Nassyn, que entraria para o Trem da Alegria e Nico Puig, que se tornaria galã de novelas da Globo, além do Alan, tempos mais tarde seu companheiro do grupo Polegar. Depois, teve uma rápida passagem pelo Colégio Nossa Senhora do Sion.

Arquivo pessoal

Como estudante do Colégio Objetivo

A fama de inteligente que o acompanhava desde as escolas do Rio, valeu a indicação para uma classe especial, apelidada de "Gênios do Objetivo", destinada aos alunos com desempenho acima da média. Sylvia não permitiu: "Eu não concordava com esse tratamento diferenciado entre as crianças. Queria meu filho igual a todo mundo!". Mas era fácil perceber que Rafael se destacava não só pelo QI alto de 130: alegre, cheio de iniciativa, líder da turma, tinha o dom da comunicação. E adorava futebol e televisão.

Sem imaginar que a TV o acompanharia em seus dias de glória e pesadelo, Rafael a considerava uma caixa mágica, na qual queria entrar. No sofá da sala, deitado no colo de Sylvia, assistiu a um comercial estrelado por um garoto que não convencia na interpretação e comentou: "Nossa, mãe, como esse menino é ruim! Eu posso fazer melhor que ele!".

No outro dia, quando Sylvia chegou do trabalho para almoçar com o filho, como era de costume, deu de cara com ele pendurado ao telefone. Com as Páginas Amarelas, da Telesp, no colo, ligava para diversas agências de propaganda. Dava um telefonema atrás do outro, sempre perguntando o que era preciso para aparecer num comercial de televisão. Insistente, conseguiu alguns endereços e foi encarar o desafio sozinho: "Uma vez, tive que tomar quatro ônibus para ir

Arquivo pessoal

Na infância, era bom de bola e já sonhava ser jogador de futebol até São Caetano do Sul. Como só tinha 9 anos e minha mãe precisava trabalhar, fez um mapa com tudo explicadinho pra mim. Não senti medo e cheguei sem problemas."

Divulgação

Num desses dias, Rafa foi parar na melhor agência de modelos infantis da época, a Assessoria Prytt-Tia Irany, comandada por Irany Marques Rosalino, uma especialista no mercado publicitário, tanto que se tornou a maior reveladora de talentos dos anos 80. De lá saíram para a fama, Gugu Liberato, Angélica, Simony e o Balão Mágico, Cássia Kiss Magro, Eliana, Adriane Galisteu e o Meia Soquete, Rodrigo Faro e

Ela ajudou Rafa a se tornar um ídolo

o Dominó e, tempos depois, o próprio Rafael e o Polegar, além de Patrícia Lucchesi (a garota do primeiro sutiã), Selton Mello e Trem da Alegria, Algodão Doce, As Patotinhas e até várias crianças do elenco da novela Chiquititas:"Comecei a ser chamado para muitos testes, continuava indo sozinho ou com minha avó! Nunca me esqueci da minha "tia" querida. Ela morreu em 2011, aos 82 anos, depois de 50 anos descobrindo talentos!".

Astro dos comerciais aos 9 anos

A sorte estava do lado de Rafael, que logo deixou de ser figurante: "Um dia, o garoto que ia estrelar um comercial engasgou. Ele não conseguia acertar as suas falas de jeito nenhum. O diretor pediu, então, que a agência chamasse outro. Como eu estava lá e já tinha até decorado o texto de

Reprodução de internet / SBT

À vontade diante das câmeras, virou campeão de publicidade

tanto ouvir o menino repetir, pedi uma chance. Ele me testou, acertei de primeira e ganhei o papel principal." A partir daí, Rafael se tornou um dos garotos-propaganda mais requisitados, graças à sua capacidade de memorizar rápido e à naturalidade com que interpretava.

Rafael Ilha

O próprio Rafael reconhece: "Chegava pra algum teste e a garotada já falava: fudeu!!! Éramos eu e o Rodrigo Faro, não sobrava pra ninguém! " comenta ainda com um sorriso de vencedor, trinta anos depois.

O modelo infantil preferido para campanhas publicitárias

Rodrigo Faro, hoje um dos apresentadores de maior sucesso da TV brasileira, se lembra bem disso: "Eu tinha uns 6 anos e fazia quase todos os comerciais da época, até que surgiu um garoto chamado Rafael Ilha, o Rafinha, super carismático, gente boa. Aí, o que era 90% pra mim, começou a ser dividido com ele. Nossos caminhos profissionais ainda iriam se cruzar, mais tarde, na música também. Ele no Polegar e eu no Dominó!".

Rafa estava iniciando uma carreira de sucesso. Além de selecionado para propagandas de grandes marcas como Nestlé, Batavo, Bic, Playmobil, Chiclete Adams, Dan'up (da Danone) e Kibon, foi o astro absoluto, durante quatro anos, da campanha publicitária de Neston. Passou a sustentar a família: "Com média de três comerciais por mês na TV, ganhava mais que minha mãe. Pagava meu próprio colégio e todas as despesas. Mesmo sendo criança, me tornei o "homem" da casa!".

Sylvia conta que, aos 12 anos, Rafael já sabia negociar cachês melhor do que ela: "Sempre procurava saber qual era o produto a ser divulgado, a hora que teria de acordar, o local onde seria a gravação e se teria ou não de faltar na escola. Com esses dados em mãos, tentava justificar o valor do seu cachê, sempre mais alto do que o oferecido pelo empresário. Uma vez, conseguiu aumento de 70%. Ele sabia que sua imagem vendia muito e usava esse trunfo com os clientes. A única coisa que eu fazia era assinar os contratos!".

Na formatura do primeiro grau, ao lado da sua mãe, Sylvia, e da avó

Paixão pelo São Paulo FC até hoje

Rafael não esquece as primeiras coisas que fez quando começou a ganhar dinheiro: "Primeiro, comprei um título do São Paulo Futebol Clube, porque sempre fui são-paulino roxo, meu time do coração, minha paixão. Depois foi a vez da bicicleta, da máquina fotográfica, da TV, do videogame e um montão de outros brinquedos. Mas também abri uma poupança, pra garantir meu futuro."

Em um ano, virou astro da publicidade; em cinco, já seria ídolo pop e, nos 13 anos seguintes, perderia tudo no abismo das drogas.

Os "bailinhos" e a cola de sapateiro

Ver a mãe fumando maconha, não deixou Rafa com vontade de experimentar, embora muitas vezes a culpasse por isso. Só quando entrou na pré-adolescência e passou a frequentar os "bailinhos"– como eram chamadas as matinês dos anos 80 – é que entrou em contato com as drogas pra valer:" Eu tinha 12 anos, gostava de ir na Up&Down, na rua Pamplona, região dos Jardins, com o Beto, meu amigo de infância, e o Rodrigo (Faro), que estava sempre com a gente. O Alan, que depois virou meu parceiro no Polegar, também pintava por lá. Chegávamos na danceteria, nos juntávamos num grupinho e íamos dançar no palco a fim de aparecer para as menininhas. Nós três fazíamos sucesso, porque já conheciam a gente das propagandas na TV. Foi lá que experimentei benzina e cola de sapateiro pela primeira vez, mas eles não. Era o grande barato, daí comecei a usar com a garotada. Minha mãe não tem nada a ver com o meu vício, isso foi uma opção pessoal, entrei por curiosidade. Ela me dizia: "Se você usar droga, vai morrer!". Mas eu via meus amigos usando e ninguém morria. Então, tive certeza que ela estava mentindo pra mim e liberei geral."

Beto, filho de Lívio Benvenutti Jr. - o lendário baixista Nenê, do grupo "Os Incríveis",

Rafael com Beto Benvenutti, seu amigo das baladas e de todas as horas

morto em 2013 – não se esquece das matinês: "Eu e o Rafa estudávamos no Objetivo, em Pinheiros. Rafa era o garoto-propaganda do colégio, todo o pessoal queria falar com ele. Como éramos vizinhos, íamos a pé para a escola, andávamos de bicicleta, um dormia na casa do outro. O Alan também estudava com a gente e frequentava os bailinhos. Éramos amigos. Nas tardes de sábado, curtíamos futebol e idas ao shopping Iguatemi e, aos domingos, tinha a Up&Down, que frequentamos até por volta dos 16 anos. Rafael também era o "garanhão" da balada, levava as meninas pra casa às escondidas. Com 12 anos de idade, a gente já beijava na boca. Eu namorava a Ritinha e ele a Thaís, que morava numa cobertura na Av. Paulista, onde íamos comer pizza. Ele nunca abriu o jogo pra mim sobre drogas, nunca tocou no assunto. Eu não percebia nada. A única coisa que a gente fazia era tomar pinga com limão, na esquina da rua Pamplona, antes de entrar na discoteca!".

Com Alan, não foi diferente: "Nossa amizade também começou no Objetivo. Nós éramos muito grudados. Ele já fazia comerciais e me levou para a Pritt, agência da saudosa Tia Irany, onde fiz cadastro, books, vários testes e consegui, inclusive, o comercial da Estrela, a mais famosa marca de brinquedos da época. A gente também se divertia junto, íamos curtir as menininhas na Up&Down. Aquelas matinês foram as mais famosas dos anos 80 e 90. Pra mim, ele jamais falou de drogas. Só tínhamos 12 anos e nem sonhávamos fazer parte de grupos musicais. Tudo o que o Rafa queria era ficar rico e comprar uma "vespa" pra gente sair pelo mundo."

Rodrigo Faro é outro que só tem boas lembranças dessa fase: "Ficamos amigos por conta do nosso trabalho nos comerciais. Ele ia no meu prédio, a gente jogava bola e, quando começamos a entrar na adolescência, com uns 11,12 anos, curtíamos muito dançar na Up&Down. Desde criança, ele era o mais sapeca de todos, bagunceiro, muito querido. Na balada, era superdescolado, carismático, fazia o maior sucesso com as meninas. Em nenhum momento, poderia suspeitar que usasse qualquer tipo de entorpecente. Naquela época, a vida pra gente era uma festa!"

Mãe descobre vício e bate na cara dele

O problema é que Rafael cheirava cola sim e isso afetou o seu comportamento, a ponto de passar a usar também em casa, acabando por deixar pistas: o porteiro encontrou uma lata no rol do apartamento e deu o alerta para Sylvia. Na hora, ela foi perguntar para o filho se estava se drogando, mas ele jurou que não! A fase em que falava só a verdade tinha terminado. "Naquele dia, ainda acreditei nele. Expliquei tudo sobre dependência, pressionei, mas continuou negando. Então, fiquei mais tranquila". Foi por pouco tempo, porque dona Yolanda, a avó de Rafael, achou outra lata de cola, desta vez na despensa do apartamento. Sylvia radicalizou: "Peguei ele pelo braço, botei dentro do carro e fui pra frente do colégio Mackenzie, onde tinha um ponto de ônibus em que meninos ficavam cheirando cola de saquinho. Eu disse: olha aí, você vai ficar igual a eles se continuar usando isso. Eu já te expliquei o que acontece com quem se vicia nisso. Você quer ficar assim? E ele só respondia: "Não, mãe, não!".

Arquivo pessoal

O vício em benzina e cola de sapateiro aos 12 anos

Mas a situação piorou, como o próprio Rafael conta: "Subi até a cobertura do meu prédio pra cheirar a cola num saco plástico. É a droga mais alienante que existe. Eu estava no 16º andar, mas só foram me achar, horas depois, dentro de um supermercado, a 500 metros de distância. Não me lembrava de nada, não sabia como tinha ido parar ali."

Certo dia, quando Sylvia voltava do seu trabalho na área de revenda de sapatos, não acreditou no que viu: "Estava totalmente drogado na porta do prédio. Perdi a paciência, tive um ataque de raiva. Joguei ele dentro do elevador. Mal teve tempo de perguntar "mãe, o que é que eu fiz?" e dei um tapa na cara dele. Perguntou de novo e levou outro tapa. Foi apanhando até o 15º andar, onde nós morávamos."

A briga entre mãe e filho foi feia. Acabaram-se as matinês! Só que Rafa resolveu dar o troco: "Decidi fumar a maconha que ela tinha em casa. Eu nem sabia enrolar um baseado, então enchia a mão de erva e levava para o porteiro, que fazia um cigarrinho pra mim e ficava com todo o resto pra ele!"

Apesar de tudo, Rafael continuava a estudar, a gravar comerciais e iniciou um curso de teatro profissionalizante com a grande atriz Célia Helena, que durou um ano e rendeu duas peças: "O Pedro e o Lobo" e "Alô Sampinha", um musical dirigido por Gerson Conrad (ex-Secos e Molhados) que juntou novamente Rafael e Rodrigo Faro num mesmo trabalho.

Além disso, a paixão pelo futebol só aumentava: depois de jogar no dente-de-leite do Vitória, em Salvador, durante uma temporada na Bahia com a avó, passou a jogar no time juvenil do São Paulo Futebol Clube, onde os jogadores o apelidaram de "Neston", por conta do sucesso dos

No elenco de Alô Sampinha, Rodrigo Faro (de vermelho) e Rafael ao centro

comerciais. Enquanto se dividia entre a publicidade, o palco e o gramado, sua mãe deu falta da maconha e outra vez se enfrentaram: " Ela sumiu com tudo lá de casa e parou de fumar também, pra evitar que eu caísse em tentação!"

"A imprensa fazia um auê danado dizendo que eu botei Rafael nas drogas, porque ele mesmo passou a falar isso. Virei a vilã! Eu ficava muito brava! Fumei maconha sim, mas nunca entrei numa favela para comprar. Conseguia através de amigos ou pegava um pouco deles. Às vezes, eu chegava do trabalho, tomava banho, jantava e aí pegava um "baseadinho", dava dois ou três "tapinhas" pra relaxar, era como se tomasse um golinho de uísque. Nunca deixei de trabalhar, de estudar, de sustentar minha família por causa disso. Nunca tive dependência, na hora que eu queria parar, parava. Depois voltava. Mas eu parei por causa dele! No dia em que Rafael falou "eu tô assim porque você fuma maconha", coisa que sabia que não era verdade, peguei o que eu tinha, joguei no vaso e dei descarga. Aí disse pra ele: "Acabou o seu motivo para usar droga. Quero ver qual desculpa você vai inventar agora!", conta ela.

Tempos depois, veio o "verão da lata", naquele ano de 1987, e ficou claro que Rafa não precisava mais de motivo para curtir um baseado: " Um navio americano ia atracar no Rio com 15 mil latas de maconha, eram 22 mil toneladas. Só que a polícia brasileira foi avisada e os traficantes, pra se livrarem, jogaram tudo no mar. Teve latas flutuando desde o litoral do Rio até o Rio Grande do Sul. Muitos contrabandistas "pescavam" a droga e vendiam. Alguém deu uma dessas latas pra minha mãe e, é claro, que eu aproveitei e fumei também!".

É bom que se diga que Rafa não usava entorpecentes todos os dias, ainda não era um dependente a ponto de paralisar sua vida. Tanto assim, que também fazia testes para programas de televisão, entre eles, o "Eu Quero Ser Artista", na TVS, lançado por Silvio Santos. Aprovado, fez uma entrevista com Jânio Quadros, então prefeito de São Paulo, que foi

Reprodução de internet

Única foto da entrevista de Rafael com Jânio Quadros

ao ar em 12 de outubro de 1987, Dia da Criança. Quem também disputou essa vaga foi Ricardo Costa, sem imaginar que, dois anos depois, ele e Rafa estariam juntos e famosos no grupo Polegar.

Talentoso como garoto-propaganda, apresentador e ator, logo recebeu o primeiro convite para atuar em novelas na Globo: "Eu estava gravando mais um comercial na Globotec, quando o diretor José Amâncio chamou a minha mãe para uma conversa em particular. Ele disse que eu era um bom ator, que teria futuro na carreira, por isso queria me levar para o Rio, onde teria que ficar seis meses me preparando na Oficina de Atores da emissora." Contrariando todas as expectativas, Sylvia disse não. E Rafa sequer se revoltou: " Eu nem tinha certeza se preferia isso ao futebol, se queria largar o São Paulo. Quem acabou indo para a Globo foi o Rodrigo Faro, que também estava gravando comigo naquele dia, mas antes integrou o grupo Dominó, como cantor!"

Três anos depois, Rafael acabou com a dúvida de um jeito inesperado: entre ator ou jogador de futebol, decidiu ser cantor. E surgiu a ideia fixa de se tornar vocalista de um grupo musical formado por Augusto Liberato, o Gugu. Detalhe: o apresentador nem pensava em lançar qualquer conjunto na época. E nem conhecia Rafael pessoalmente.

4 GUGU ENTRA NA VIDA DE RAFAEL

A primeira a saber do novo projeto foi Sylvia, que levou um susto: "Ele foi direto ao ponto: "Mãe, tô cansado de interpretar, agora eu quero cantar, mas tem que ser num grupo do Gugu!". Eu falei: "Você tá doido? O Gugu já lançou o Dominó, o conjunto tá completo e só tem meninos maiores que você!". Ele tinha apenas 12 anos, mas insistiu: "Não, mãe, ele vai lançar um segundo grupo!". Era pura imaginação dele, mas saiu falando isso pra todo mundo. Tinha tanta certeza, que parecia estar prevendo o futuro."

Naquela época também era moda duplas infantis: "A Simony, antes de cantar com o Jairzinho, procurou o Rafael, mas ele disse: "Não vai dar Simony, porque vou cantar no grupo do Gugu". Depois, veio a Ticiane, filha da Helô Pinheiro, e ele contou a mesma história. A Patrícia Marx, que brilhou no Trem da Alegria, também procurou pelo Rafa, mas ele não topou. As pessoas se espantavam e perguntavam se o Gugu já estava montando o novo grupo, e Rafa respondia: "Não, mas vai montar!". Ali já dava pra perceber o quanto meu filho era determinado, ele sempre lutou pelo que quis!".

A famosa Tia Irany também sabia desse sonho do Rafael e deu o telefonema que transformaria a ideia fixa em realidade: "Durante esse tempo, Rafael continuou trabalhando com propaganda, fazendo desfiles, fotografando para catálogos e, claro, estudando. Foi justamente quando estava na escola, que a dona Irany ligou lá pra casa e perguntou: "Sylvia, o meu Rafaelzinho taí?". Eu disse que não, que estava na aula, quis saber do que se tratava, mas ela fez o maior suspense: "Não, não, só vou falar pro meu Rafaelzinho. Pede pra me ligar, porque tenho uma grande surpresa pra ele."

Quando Rafael chegou em casa e telefonou para Tia Irany, ouviu o que esperava há um ano: Gugu ia formar outro grupo musical com adolescentes e ela já tinha colocado o nome dele na lista para os testes. Euforia total, que acabou sendo substituída por um ataque de pânico: "Era um dia muito especial e Rafael me pediu para ir com ele, estava muito ansioso. Eu nunca o acompanhava, porque não fazia, nem faço, o tipo "mãe de artista". Quando podia, levava e depois buscava, mesmo porque ele sabia se virar sozinho. Às vezes, se não tinha muito trabalho, eu até ficava e foi assim que me tornei amiga da Vera, mãe do Rodrigo Faro, e conheci dona Angelina, a mãe da Angélica, que era mais fechada. Como o teste era importantíssimo pra ele, desmarquei meus compromissos e fui."

Ataque de pânico no dia do teste

O escritório do Gugu, naquela época, ficava na Av. 23 de Maio, no Paraíso: " Ao chegarmos lá, Rafael amarelou: viu uns 50 meninos de 16,17 anos, malhados, bem maiores que ele. Entrou em pânico, me puxou e disse: "Mãe, vamos embora daqui!". Aí, virei uma fera!"

Como sempre, ela fez jogo duro: "O que? Você me faz desmarcar meus clientes pra chegar aqui e querer ir embora? E ele respondeu: "Eu não tenho chance!". E eu: "Como você não tem chance?" Apavorado, me levou para o rol e falou baixinho: "Não tenho chance, mãe! Você viu o tamanho desses meninos? E todos eles são fortes! Eu não tenho chance!". Não amoleci ao ver o medo dele e disse: "Olha só, já que você me fez deixar meu trabalho e vir até aqui, você vai ficar. Nem que o Gugu te chame de pintor de rodapé, você vai ficar!".

Rafael percebeu que não adiantava insistir e teve uma reação inesperada: "Ele estava tão envergonhado de ser magro e pequeno, perto daqueles outros garotos, que disse: "Então eu vou ficar, mas vamos sentar lá na escada!". Queria distância da concorrência! A sorte foi que, cinco minutos depois, o Rodrigo Faro – que tinha um tipo físico parecido com o dele – chegou com a mãe, Vera. Rafa ficou aliviado ao ver o amigo, mas com a autoestima abalada, foi logo avisando: "Rodrigo, nós não vamos ter chance!". Mesmo assim, eles resolveram sondar o ambiente e descobriram que, depois do teste, quando a secretária do Gugu falava para os meninos aguardarem um telegrama, era porque tinham sido reprovados. Para quem era selecionado, dizia que telefonariam no dia seguinte. Descobriram também que os candidatos eram chamados para a seleção em grupos de três. Rafa e Rodrigo esperavam ir juntos, mas ficaram em grupos separados. Nesse teste, só Rafael entraria para o Polegar, mas Rodrigo, dois anos depois, seria escalado para cobrir uma vaga no Dominó.

Frente a frente com seu ídolo

Quando Rafael e outros dois garotos foram chamados para a sala de Gugu, onde acontecia o teste, ele continuava com a certeza de que não teria chance. Mas estava totalmente equivocado. Lá dentro, pela primeira vez, ficou frente a frente com seu ídolo. Só por essa emoção já teria valido a pena. Não esperava ser reconhecido pelo apresentador, como aconteceria alguns minutos depois. Gugu perguntou se os meninos sabiam dançar, cantar e tocar um instrumento. Rafa foi o primeiro a responder: "Eu sei dançar, cantar e aprendo rápido a tocar um instrumento!". Foi aí que o Gugu olhou bem pra ele e disse: "Eu te conheço... de onde eu te conheço?". Na hora, começou a cantar: "Vamos fazer um Neston diferente... pá pápápá!", o jingle da campanha da Nestlé, que estrelou por tantos anos. Aí, Gugu abriu um sorriso: "Ah, já sei, você é o garoto-propaganda... " e relembrou outros comerciais de Rafa, como os da Bic, Kibon e Kichute.

A conversa com os candidatos não demorou muito, mas quando Rafael saiu da sala, ouviu da secretária: "Aguarde um telefonema, amanhã!". Entendeu que seu carisma valia mais que o porte físico. Aquela frase era a senha para quem tinha sido aprovado. Sim, ele acabava de se tornar um dos integrantes do novo grupo musical do Gugu. Quem agora duvidaria do seu sonho?

Garotos da cidade: acidente e morte

Nesse primeiro grupo musical, Rafael já era vocalista

No dia seguinte, Rafael recebeu uma ligação da Promoart, a empresa do Gugu, para testes de fotos. O local escolhido era o Parque do Ibirapuera. E lá ele e Sylvia levariam uma tremenda bronca do então prefeito Jânio Quadros: "Estacionamos perto do Monumento das Bandeiras. De repente, parou um carro oficial e, de dentro dele, saltou o Jânio, que foi logo ordenando: "Saiam já daqui, senão vou multar todo mundo. Aqui é proibido estacionar". Claro que obedecemos na hora!", conta ela, ainda se divertindo com o episódio. A sessão de fotos foi realizada com Rafa e os outros integrantes do grupo, que ganhou o nome de "Garotos da Cidade": Alex (baixo), Alexssandro (teclado), Ricardo (bateria) e Rafael (guitarra).

Quem conta os bastidores da formação do conjunto é Ricardo: "Eu já fazia parte da produção do Gugu naquela época, era assistente de palco. Um dia, voltando de um show do Dominó – que ele tinha lançado por conta do sucesso do Menudo- perguntei : "Por que a gente não monta um grupo de garotos igual ao RPM? Em vez de ser com garotos que só dançassem, como o Dominó, por que não colocar no mercado, uma banda que também tocasse como o RPM, que estava estourado naquele período de 86/87? Gugu ficou com aquela ideia na cabeça e, no ano seguinte, me disse: "Lembra daquele grupo que você falou? Pois é, você tá nele!"

Formar o "Garotos da Cidade" não foi difícil, segundo Ricardo: "Além de mim, ele já sabia do Alex, um talento nato como músico e cantor, porque o pai dele já tinha mandado material para o Viva a Noite. E aí vieram os que passaram nos testes: Rafael, Alexssandro e Alessandro. O Rafa entrou pela estrela dele, pelo carisma que tinha, pela alma, por tudo... "

O primeiro encontro profissional dos cinco foi na própria Promoart, onde todos os instrumentos já haviam sido colocados: "A partir daí, toda semana a gente treinava música, ensaiava, ia para estúdio ver o Rafael e o Alex colocar voz na faixa "Mergulhão", que foi a do nosso lançamento. Tudo estava indo muito bem, já havíamos feito quatro programas na TVS, quando aconteceu o acidente de carro com o Alessandro e o irmão dele morreu. Foi um baque muito grande pra ele, que não ia mais aos ensaios, não queria mais participar do grupo. Por conta disso, o Garotos da Cidade acabou. Mas foi só por uns quatro meses! Na verdade, Gugu deu um tempo." Ricardo não aceitava a ideia do conjunto não ir adiante e começou a insistir com o animador para o relançamento com uma nova formação: "Eu fui o espírito de seguir o projeto com a banda. Já tinha o Rafael, o Alex e eu. Um belo dia, o Gugu levou o pai dele ao oftalmologista em Alphaville. E a clínica era de quem? Dos pais do Alan. Daí, a mãe dele falou que tinha um filho de muito talento, que era muito bonito, etc... E o Gugu começou a pensar que poderia ser o quarto integrante. Chamou para uma conversa na Promoart e, no final, Alan estava aprovado e o grupo montado novamente."

Alan conta um outro lado dessa história: "O Rafa fez o teste para o Garotos da Cidade, eu não. Um dia fui participar de um quadro no Viva a Noite e o Magrão, que dirigia o programa, me perguntou se eu cantava e tocava algum instrumento, porque tinham gostado muito de mim. Na época, uma gravadora havia encomendado para o Gugu um artista solo. Então, fui fazer um teste no estúdio dele, com a música "P da Vida", do Dominó, e fui aprovado. Iria cantar sozinho. Foi quando aconteceu o acidente de carro com o

Alexssandro e o Gugu me chamou para entrar no lugar dele. Eu aceitei, afinal o Rafael estava no grupo, era meu amigo, iríamos fazer muita bagunça e tal... seria muito legal. E, realmente, foi."

Com a nova formação completa, o grupo teve que mudar de nome por causa de um problema com a rádio Cidade FM. A escolha de outro foi difícil: "Até nas viagens internacionais o Gugu ficava olhando as placas, os outdoors, tudo, para ver se encontrava alguma coisa legal. Um dia, em Las Vegas, ele estava contando os dedos das mãos, distraído. De repente gritou: "Achei, é Polegar!". O raciocínio dele foi simples, porque eram quatro garotos, quatro dedos das mãos, só sobrava o polegar.", revela Magrão. Assim, Rafael, Ricardo, Alex e Alan passaram a integrar com esse nome o grupo que iria explodir no Brasil inteiro.

5 GRUPO POLEGAR: SUCESSO, BRIGAS E COCAÍNA

Alex Gill, Ricardo Costa, Alan Frank e Rafael Ilha: fenômenos

Polegar tornou-se um fenômeno musical na década de 90, bateu recordes de público, de vendagem, de apresentações na TV, de shows pelo Brasil e em vários países da América do Sul. Mas isso foi fruto de um trabalho duro, tanto de preparação dos garotos, como de marketing e estratégia de lançamento, encabeçado por Augusto Liberato, com a retaguarda de Roberto Manzoni (o Magrão, diretor do Viva a Noite) e Carlinhos Muniz (diretor da Promoart). Gugu, além da parte empresarial, decidia desde o instrumento que cada um iria tocar até o visual dos meninos, enquanto Magrão dirigia as gravações do grupo em estúdio e externas, e Carlinhos "tocava o terror",

Rafael e Ricardo: acertos e desacertos no Polegar

como os garotos diziam, sendo o responsável pela disciplina e acompanhamento do grupo em todas as viagens, já que os quatro eram menores de idade. Durante um ano, eles tiveram aulas de música, canto, ensaiavam coreografias, aprenderam como se portar em público, como dar entrevistas, lidar com as fãs, etc...

Ricardo Costa conta mais detalhes dessa fase: "Foi o Gugu quem determinou: o Rafael vai ser o guitarrista, Alan o tecladista, Alex o baixista e Ricardo o baterista, porque eu era o mais velho e mais alto. Então, ficamos de 88 até julho de 89 tendo aulas de instrumentos às segundas, quartas e sextas. Podia estar chovendo, fazendo sol, neblina, nós tínhamos que estar tocando lá na Promoart, que nessa época havia se mudado do Paraíso para a Lapa. Até o Alex, que já era músico, tinha essas aulas também. Ele aproveitou para fazer uma especialização em contrabaixo. Para aprender canto, era a mesma coisa"

Sylvia, mãe de Rafael, revela que apesar desse esquema pesado, só Rafael aprendeu a tocar o básico de guitarra: "O Alan e o Ricardo não conseguiram tocar pra valer. O Alan era engraçado, fazia de conta de tocava, mas ele batia no teclado, enquanto o Ricardo disfarçava na bateria. Ali, só o Alex mesmo entendia de música."

Caprichar na imagem era outra obrigação de cada "polegar": "Cuidávamos do visual no salão do Jassa, o cabeleireiro do Silvio Santos, cortávamos os cabelos com ele, mas era o Gugu quem dizia "faz luzes no Ricardo", "corta estilo Chanel no Alex... ", etc...

Cruzeiro do Caribe até a Disney para gravar primeiro videoclipe

Se a preparação já era cansativa, nem imaginavam o que seria a rotina de shows. Mas a fase era de euforia, de deslumbramento, de sonho realizado: "Tudo aconteceu muito rápido. Em maio de 89, já havia saído a primeira reportagem sobre a gente na revista Semanário. A manchete era "Os novos Garotos do Gugu Liberato". Nesse mesmo mês, entramos em estúdio para

As pedras do meu caminho

gravar "Dá Pra Mim", nosso primeiro sucesso, e ainda soubemos que iríamos tirar passaportes, porque os clipes de lançamento do Polegar seriam gravados nos Estados Unidos e no Caribe, durante um cruzeiro, em agosto. Uma loucura!", como Rafael não esquece.

Naquele mês, voaram para a Flórida, Gugu, Rafael, Ricardo, Alex, Alan, Carlinhos da Promoart, o diretor do Viva a Noite Roberto Manzoni (Magrão), o diretor de imagens Elias Abrão, além dos iluminadores Carlos Garofalo e João Duarte. E aí começam as muitas histórias do grupo. A primeira delas foi que Carlinhos trocou a verba destinada aos garotos: deu 1000 dólares para cada um em vez de 100, como havia sido programado." É Ricardo quem dá os detalhes: "Imagina em 1989, quatro adolescentes recebendo mil dólares cada um! Eu

Rafael na Disney: na foto com Alex, logo atrás de Ricardo e Gugu

não tinha nem noção do que fazer com tudo aquilo, aliás, só o Rafa sabia avaliar, porque já tinha feito comerciais e a mãe dele era a mais instruída!.

Em Miami, ficamos num hotel – de onde víamos o navio atracado esperando a gente para o cruzeiro – que tinha um shopping no saguão e Rafael agiu rápido: começou a comprar tudo o que via pela frente, inclusive um walkman aquático amarelo, que na época era o máximo, e um par de tênis Reebok de cano alto, caríssimo. E ia perguntando pra mim e pro Alex: "Vocês não vão comprar nada, não?". O Alex falou: "Não, eu vou guardar!". E o Rafael brincando respondeu: "Não, gasta esse dinheiro aí!". Então, eu e o Alex fomos lá e compramos um relógio Aqualange cada um, pares de tênis, o Alan também começou a comprar... Carlinhos

Norway, o maior navio do mundo, nos anos 80, foi o escolhido

39

só foi perceber que já tínhamos torrado o dinheiro errado quando estávamos dentro do navio. Foi só olhar pra nós, que embarcamos simplórios e, de repente, estávamos lá usando tênis e relógios de grife... " Resultado: tiveram que pagar dólar por dólar do que gastaram, levando dois meses para saldar a dívida. Aprenderam que se tornar um "polegar" não era brincadeira.

Rafa ainda aprontou mais uma: sumiu no navio, só reaparecendo muitas horas depois. Começaram assim as suspeitas de que usava drogas! Mas, ele tinha um álibi: "Sumi porque arrumei uma namorada no navio. Eu tinha 15 anos e ela 35. Sempre tive queda por

Rafael ladeado por Carlinhos Muniz e Gugu no navio: em clima de Disney

mulheres mais velhas. Era loira, muito bonita, chefe da equipe de comissárias de bordo da PanAm. Chamava-se Tássia. Aí, dei umas escapadas mesmo. Mas, sequer levei maconha na viagem! Toda nossa equipe ficou morrendo de dor-de-cotovelo quando descobriu com quem eu ficava, porque já tinha gente de olho nela. O Magrão e o Elias sabem dessa história!". Haveria outra "fuga" em Orlando, durante mais uma gravação de videoclipe: "Foi no Wet'nWild, o nome dela era Giulianna e trabalhava como salva-vidas no parque!". A partir daí, a fama de "pegador" de Rafael estaria consolidada.

Gugu ameaça acabar com o grupo no navio

Com Tássia, a namorada 20 anos mais velha

Lidar com quatro adolescentes durante o cruzeiro, não foi nada fácil, segundo Magrão: "Cada um era de um jeito: o Ricardo, um metido, chatonildo; Alan não dava problema, Alex era gente boa, o mais legalzinho de todos, e Rafa, a estrela do grupo, o rei da mulherada. Aprontaram muito nesse navio! O Carlinhos ficava louco! Ele tinha que colocar os meninos para dormir no horário certo, botar todo mundo no quarto,

As pedras do meu caminho

Arquivo pessoal
Rafael durante gravação do primeiro clipe no navio

porque havia boate, danceteria, cassinos, tudo que era proibido para eles, por serem menores de idade. Mas não tinha jeito. Sempre encontrávamos Rafal e Ricardo andando pelo navio nos horários e locais só para adultos!". O que Magrão nunca soube, Rafael entrega agora: "Eu e o Ricardo conseguíamos entrar no cassino, porque o Elias botava a gente às escondidas lá dentro. Se o Carlinhos Muniz, o Bugaloo, responsável pela nossa disciplina, soubesse de uma coisa dessas, acabava a viagem. Todos nós tínhamos mais medo dele do que do Gugu."

Outro problema, de acordo com Magrão, é que durante o dia também sumiam: "Na hora das gravações sempre faltava alguém. Aí ia buscar um e sumia outro... A gente marcava de gravar e eles desapareciam. Às vezes, já estávamos até gravando e davam uns perdidos assim mesmo. E, para complicar, tinha a rivalidade do Rafa com o Alex e vice-versa."

E ele prossegue: " Rafael era muito malandro e deixava o Elias Abrão puto na gravação dos clipes. Na hora da música dele, cantava na boa. Quando era a vez do Alex, Rafa parava de tocar guitarra, nem fazia coro. Quem tinha que botar as coisas em ordem era eu. Chegava no Rafa e falava: "Olha aqui malandro, ou você toca essa porra ou eu te jogo aqui do navio no mar."" E só assim ele tocava. O Rafael desafiava a gente mesmo, era moleque, fazia birra. Mas quando cantava, era incrível. As músicas dele eram as que mais faziam sucesso."

Houve momentos de muita descontração de Gugu, Magrão, Elias Abrão e o Polegar, mas tantos problemas fizeram o animador perder a paciência:

"Durante essa temporada no navio, o Gugu desmanchou e remontou o grupo umas três vezes. Ele dizia: "Não quero mais esses moleques, vamos acabar com isso, não aguento mais. Esses garotos são muito chatos, estão me dando muito trabalho, não agueeeeeento mais!!! Eles viraram um problemão!

Polegar com Roberto Manzoni e Carlos Muniz num intervalo da gravação do videoclipe

Tá decidido: não quero mais esse conjunto!". Passava um tempinho, a gente conversava, eu falava: Pô, Gugu, estamos aqui, vamos gravar! Até concordava, mas dois dias depois voltava atrás: "Já falei, vou acabar com o grupo!". E foi assim, o Gugu não queria mais a banda e os meninos ficaram sabendo, é claro! A partir daí, em qualquer vacilada deles, o Carlinhos avisava: "Se não ficarem numa boa, isso aqui vai acabar, bicho!. A carreira do Polegar termina antes de começar." Só desse jeito para darem sossego!", relembra o diretor entre risos.

Momento de descontração: Gugu e Elias Abrão como "polegares"

Rafael dá o troco: "O Magrão fala da gente, mas não conta que gastou todo o dinheiro da equipe no cassino jogando black-jack. Por causa disso, passamos a última semana da viagem só comendo lanche do McDonald's. Não sobrou verba para mais nada."

Como curiosidade, vale lembrar que o clipe da música "Ando Falando Sozinho", na voz de Rafa, foi estrelado pela Ana

Ana Paula Arósio estrelou o clipe de "Ando Falando Sozinho", na voz de Rafa

As pedras do meu caminho

Arquivo pessoal

Paula Arósio, que começava a carreira de modelo, aos 15 anos, só que ela não embarcou no navio, tendo gravado sua parte em São Paulo, para depois ser feita a fusão com as imagens do cruzeiro.

Foram 21 dias no navio Norway, o maior do mundo na época, onde gravaram os clipes, entre Miami e Orlando (Disney), nos Estados Unidos, e as ilhas Saint Martin, Saint Thomas e Saint John, no Caribe.

Enquanto viajavam, as músicas do grupo já estavam sendo tocadas nas grandes rádios do Brasil, como Globo AM e Cidade FM, fruto de um exaustivo trabalho de divulgação da gravadora Continental.

Quando voltaram para São Paulo, naquele mesmo agosto de 89, o grupo Polegar foi lançado oficialmente pelo Gugu na TV e começou a maratona: "O Elias Abrão já tinha editado os clipes, que passaram a ser exibidos no Viva a Noite. "Dá Pra Mim!" foi um estouro! E olha que na época não havia Internet, celular... Era rádio e televisão, quem tinha microondas era milionário! Muito mais difícil fazer sucesso do que hoje.", conclui Magrão.

Na Disney com Gugu e a euforia de "conhecer" o Mickey

Arquivo pessoal

O grupo Polegar é lançado no programa do Gugu

43

Depois da euforia, o sacrifício

A agenda lotada exigia muito dos "polegares", como relembra Rafael: "Fomos quatro vezes ao Domingão do Faustão, umas cinco nos "Trapalhões", mais de dez vezes na Xuxa, umas vinte no programa da Angélica.

Agenda lotada: "Acordamos no Paraná e fomos dormir no Amazonas"

Nossa vida era hotel, avião e ônibus! A gente saía de casa na terça, trabalhava até domingo, descansava na segunda e começava tudo de novo".

Alan dá mais detalhes: "Toda quinta, sexta, sábado e domingo havia shows. Nos outros dias, tínhamos apresentações em programas de TV, de rádio, entrevistas... Viajávamos muito e essa rotina não era só hotel 5 estrelas, primeira classe em aviões, glamour... Nós até ficávamos no melhor hotel da cidade, mas em alguns lugares o melhor hotel era uma pensão. Muitas vezes, a cidade não tinha nem pista de pouso, então andávamos horas

Polegar esteve mais de dez vezes no programa da Xuxa

As pedras do meu caminho

Fotos: Luizinho Coruja / Abril Comunicações S/A

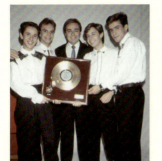 

Gugu entregou os Discos de Ouro e Platina aos garotos do Polegar

de ônibus até chegar ao destino. E era tudo muito corrido: mal dava tempo de tomar um banho, passar o som e fazer o show. Tempo para dormir era, quase sempre, de uma ou duas horas, antes de viajar novamente. Chegamos a dormir no chão de aeroporto. Houve vez em que acordamos no Paraná e fomos dormir no Amazonas!"

Mas o sucesso compensava o sacrifício! A música "Dá Pra Mim" rendeu ao Polegar discos de Ouro e Platina, por mais de meio milhão de cópias vendidas. E nem era para ter esse título, segundo Ricardo: "Na verdade, era uma canção internacional, chamada Ama-me. E na versão em português também tinha ficado assim, inclusive no refrão. Aí, um dia, dentro estúdio, acho que a gente estava comendo pizza, e cada um dizia "dá pra mim essa pizza", "dá pra mim mais um pedaço" e surgiu a sacada. Pediram para o Alex cantar "dá pra mim" no lugar de "ama-me" e pegou! Foi uma coisa bem inusitada, muito louca... Muita gente levou para o lado da malícia, do sexo, mas o público adolescente, não. Era "dá pra mim o seu carinho, o seu amor... ", não outra coisa!".

Em 1990, veio o segundo álbum, ainda no rastro do sucesso de "Ando Falando Sozinho", que confirmou a fama da banda. Com a faixa "Ela Não Liga", o Polegar ultrapassa 250 mil cópias vendidas, e com "Sou como Sou" alcança 300 mil, ganhando novos Discos de Ouro e Platina. Em 1991, "Quero Mais" ficou entre as mais executadas do Brasil, chegando a 100 mil cópias e mais um Disco de Ouro. Em três álbuns gravados, o grupo conquistou a marca de mais de um milhão de cópias. Sucesso absoluto, o que não impediu o clima de rivalidade, ciúme, inveja e até de armações contra Rafael – alvo fácil por causa das drogas - que implodiriam o grupo.

Ciúmes e porradas entre os garotos

Mais do que o ciúme entre os meninos, o problema era a rivalidade dos pais dos "polegares", que miravam em Rafael. Com o sexto sentido que

Rafael e Alex: disputa como vocalistas do grupo

toda mãe tem, Sylvia percebeu logo que o filho enfrentaria problemas por conta de seu carisma: "O clima de disputa começou com os pais do Alex. Como ele era cantor e músico, achavam que deveria ser o líder do Polegar. Só que o Alex era tímido, não sabia falar em público, não tinha a manha. E o Rafael atropelou ele nisso. A imprensa não queria falar com os outros integrantes, só com o Rafa, que sempre teve uma popularidade nata. O Alex gaguejava nas entrevistas, enquanto o Rafa dominava as conversas. Os pais dele não se conformavam e agiam pelas costas!". Carlinhos Muniz confirma: "Manoel, o pai do Alex, era muito invejoso. Queria que tirássemos o Rafael do Polegar de qualquer jeito e usava a suspeita das drogas contra ele!".

Sensível como todo artista, Rafael sentia uma "força negativa" no ar: "Era complicado, porque me destacava naturalmente. Sempre fui espontâneo, alegre, pra cima. Não tinha como ser diferente. Por isso, percebia que não gostavam de mim!". Como ele encarava essa rejeição? De um jeito simples: "Eu ia levando, tentava não deixar me atingir e como nunca fui de andar em turminha nem em grupo, foi mais fácil." O baterista Ricardo dá mais detalhes dessa história: "O Rafael não tinha privilégios no grupo, mas era muito audacioso, não tinha medo de ninguém, usava a audácia dele para o bem, só que a gente tinha ciúme dele. Na verdade, todo mundo tinha ciúme de todo mundo no grupo. Eu tinha inveja do Rafael, o Alex também... O Alan tinha inveja de mim, o Alex também... O Rafael tinha ciúme do Alex porque ele cantava todas as músicas. O Alex tinha ciúme do Rafael porque ele namorava a "Juma" (a atriz Cristina Oliveira, estrela da novela Pantanal, na época). Tudo coisa boba, banal, éramos muito novos, ainda não tínhamos consciência das coisas."

Ricardo, inclusive, dá outros exemplos de atritos entre o grupo: "Se tivesse que estar na Promoart às 15:00 h, o Alex e eu chegávamos às 14:45, o Alan às 15:00 em ponto e o Rafa às 15:40, 16:00 h. E isso dele atrasar era direto e a gente brigava. Também saía confusão na hora de entregarem a gente em casa, depois de algum show ou programa de TV. Eu ficava sempre por último porque morava em Mogi das Cruzes. Entregavam o Rafa primeiro, porque morava perto do aeroporto de Congonhas, o Alan em

Alphaville, depois o Alex, em Santana. Só quando comecei a namorar a Mara Maravilha isso mudou, porque me deixavam na casa dela, em São Paulo mesmo. Tinha também uma coisa assim na hora de ir para algum compromisso: "ah, porque eu não posso ir direto com meu carro e o Rafa pode ir direto com a Juma?". Até a escalação para os programas gerava desentendimento: "amanhã vai ter o programa dos bichos, do Gugu, e Rafael e Ricardo farão o júri." Aí Alan e Alex brigavam com a gente. Depois: "ah, vai ter o Viva a Noite e Rafael e Alex vão estar no júri". Era a vez de Alan e eu ficarmos chateados. Na verdade, só no primeiro ano e meio, a gente não esquentava a cabeça porque era tudo novidade, felicidade!".

Ricardo e Alan: discussões e tapas

Quando o negócio deixou de ser diversão para se tornar obrigação é que começaram os desentendimentos mais sérios, como Rafa confessa: " A gente vivia estressado por conta de tanto trabalho e aí não tinha jeito, qualquer coisa acabava em porrada, sim! O Alan e o Ricardo saíam no tapa direto!'.

O jogo sujo para tirar Rafa do grupo Polegar

Rafael só veio a saber dessa história quando sua biografia começou a ser escrita. Ele nunca imaginou que havia sido alvo de uma armação por parte do pai de um de seus companheiros de banda, revelação feita só agora, mais de 20 anos depois, por Ricardo Costa, que participou ativamente do episódio: " O pai do Alex, certo dia, veio comentar comigo: "Pô, Ricardo, você sente alguma coisa de diferente no Rafael? O Alex pegou uma conversa estranha dele, dizendo que roubava dinheiro em casa. Você tem como ver isso?". Eu disse que não sabia de nada, que o Rafa era muito alegre, louco, brincalhão, só isso. Então, ele sugeriu que eu gravasse esse tipo de conversa com Rafael e justificou: "Vocês precisam saber se ele está usando maconha, precisam de uma prova para mostrar para o Gugu. Se pegam droga no Polegar, isso vai acabar com a carreira de vocês!". Ainda estávamos colocando voz no primeiro disco e, então, eu e Alex aproveitamos um dia no estúdio para perguntar ao Rafa se fumava maconha. E ele disse que fumava de vez em quando. Falou, espontaneamente, que dava o maior barato. E eu gravei tudo em uma fitinha cassete!".

Ricardo só não teve coragem de entregar: "Eu não mostrei para o Manoel, o pai do Alex, apenas comentei com ele que o Rafa usava maconha de vez em quando. O único que ficou com a gravação fui eu. Não quis prejudicar o Rafael." Essa fita, no entanto, acabou sendo roubada e serviu para uma grande chantagem com Gugu e sua Promoart. Mas isso é um outro capítulo!

Reprodução de Internet / Filme"Uma escola atrapalhada"

Ricardo gravou, mas não entregou confissão de Rafa sobre maconha

Apesar de só ter tomado conhecimento desse fato quase 25 anos depois, embora magoado, Rafael não ficou muito surpreso: " Nunca imaginei que tivessem feito isso, mas também não foi a única armação para me tirar da jogada. Houve uma outra tão pesada quanto essa!". E o que o ex-cantor revela em seguida é, realmente, criminoso: "No aeroporto, uma vez, o Alex veio me avisar que tinham colocado alguma coisa na minha bagagem e que iam ligar para a polícia. Fui correndo pegar minhas malas e, quando abrí, havia dois saquinhos com um pó branco, parecendo cocaína. Graças a Deus, deu tempo de jogar fora antes do embarque. Não descobri quem fez aquilo, mas até hoje desconfio de três nomes!".

Pequenas chantagens também existiram por parte dos colegas: "A marcação em cima de mim era cerrada. A Promoart proibia que a gente saísse com fãs, mas todo mundo fazia isso. Só que, quando me pegavam no hotel com alguma menina, ameaçavam contar tudo para o Gugu, o que poderia render não só multa como suspensão. Resultado: eu não podia nem transar!"

6 UM MERGULHO NO PÓ

Namorada deu cocaína ao cantor na balada

No começo, a agenda lotada do Polegar atrapalhou, mas não impediu Rafael Ilha de ir às matinês da Up&Down, que frequentava desde os 12 anos e onde aprendeu a cheirar cola de sapateiro e benzina. Aos 15, já famoso como líder da banda, virou cliente preferencial, paparicado pelo porteiro-segurança Gregório. Era também o único a ter acesso ilimitado aos camarotes e à mesa de som da casa, comandada pelo DJ Michel. E foi ao som de New Order, Depeche Mode, Pet Shop Boys, Rick Astley, Kylie Minogue, Noel e Information Society que ali Rafa conheceu a cocaína. Juliana, a namorada mais velha que ele, apresentou a droga: "Cheirei aquele pó e senti um prazer maravilhoso. Fiquei dependente na mesma hora. Seis meses depois, já estava internado!".

O sucesso se virou contra ele: "O fato de ter fama, dinheiro, carrão, colaborou para que eu afundasse cada vez mais no vício, porque tinha como comprar a droga, por mais cara que fosse."

Sylvia, a mãe de Rafa, conta: "Essa garota morava no Brooklyn e ele começou a buscá-la no colégio, ficou amigo dos amigos da Juliana, que passaram a alimentar o vício de cocaína dele. Nunca mais quis saber de maconha. E, algum tempo depois, passou da coca para o crack!".

Alan, por ser seu amigo de infância, foi o primeiro a perceber que havia alguma coisa muito errada com Rafa: " Sempre foi muito sério e dedicado ao trabalho desde criança, deitava cedo quando tinha gravação de comercial de TV no dia seguinte, mas mudou radicalmente de comportamento: passou a chegar atrasado aos compromissos, a ter muito sono, dormia o tempo todo."

Carlinhos também começou a desconfiar: "Mas ele era esperto, quando chegava atrasado, se jogava no meu colo pedindo desculpas, dava beijo, dizia que me amava e fugia do assunto. Quando alguém da equipe suspeitava, ele negava. Podíamos revirar a Promoart, os camarins, quartos de hotel, que nunca encontrávamos nada!".

Ricardo, por sua vez, faz questão de frisar: "Ele era muito louco no palco, muito ativo: brincava, tocava, cantava, pulava como se tivesse uma bateria dentro dele. Hoje me pergunto se tudo isso já não seria efeito das drogas. Mas, uma coisa eu falo de coração aberto: Rafa nunca cheirou cocaína perto da gente! Nunca mostrou dependência química! Nunca ofereceu nada pra gente! Era uma coisa só dele! E olha a ironia do destino: eu brigava porque ele fumava cigarro dentro do carro. Era Marlboro e ele fumava, fumava, fumava, desde a primeira formação do Garotos da Cidade".

Entre a matinê em que começou a usar cocaína até as overdoses e convulsões que colocariam um ponto final em sua carreira no Polegar, Rafael ainda conseguiu viver bons e divertidos momentos. Depois, seria só sofrimento e fugas das clínicas de reabilitação.

Pegando as namoradas do Gugu

Cara de bom moço, loiro, bonito, rico, um dos animadores de maior audiência na TV, tido como sucessor de Silvio Santos e líder na guerra de audiência aos domingos, que travava com Faustão, da Globo, Augusto Liberato era o genro que toda mãe pedia a Deus. Podia escolher a namorada que quisesse quando, de repente, surgiu um rival à altura: Rafael, o líder do Polegar, que tinha fama de "pegador". Gugu não se intimidou, mas Rafa aproveitou bem a proximidade com as garotas do "patrãozinho", como o

Com Silvinha, ex-noiva de Gugu: o namoro durou pouco tempo

chamava. Sylvia, a mãe do ex-cantor, acompanhou tudo de perto: "Meu filho era abusado! Quando Gugu cortava o cabelo no Jassa e voltava com um visual caprichado para a Promoart, o Rafa logo ia perguntando: "Deu um tapa no telhado, patrãozinho?". E a brincadeira ia mais longe: "Então, qual é a próxima que vai cair aqui no meu colo?". Na verdade, Gugu tinha as namoradas, mas quem transava era o Rafa. Mais dia, menos dia, a mulherada acabava nas mãos dele."

As pedras do meu caminho

Gugu e Marriette: "Nunca tive nada com ela", diz Rafa

Mais discreto, Rafael comenta: "Só ficava com as meninas, quando o Gugu já tinha terminado com elas. E ele sabia que era assim, por isso nunca se importou!'. Entre as mais famosas, estava Silvinha, que chegou a ser noiva do animador: "Nosso namoro só rolou na época do Casa Mágica, que passei a apresentar ao lado dela, na Rede Record, por indicação do próprio Gugu. Eles já tinham rompido. A Silvinha era muita chata, logo entendi porque ele não tinha casado com ela!", brinca mais uma vez.

Quanto à loirinha Marriette, a secretária de palco que arrasava corações no Viva a Noite e teve um envolvimento com o animador antes de se mudar para Miami, Rafa é categórico: "Todo mundo noticiou, mas nunca tive nada com ela. Só amizade mesmo!". Já com a modelo Vanessa Oliveira, outra ex de Gugu, ele confirma o relacionamento: "Foi uma das mulheres mais bonitas que já namorei!".

A vida sentimental de Rafael Ilha – que inclui ainda Simony, Paloma Duarte, Vanessa (ex-Trem da Alegria), entre outras artistas - também daria um livro à parte, com capítulo especial para seu romance com a estrela mais desejada do Brasil nos anos 80, Cristiana Oliveira, até hoje lembrada como Juma Marruá, a mulher-onça da novela Pantanal. Uma história que contaremos mais adiante.

Com Vanessa, uma das mais belas namoradas

Um ídolo com mais de 1.500 mulheres

Rafael nunca se preocupou com o número de mulheres que passaram pela sua vida, enquanto líder do Polegar, mas Ricardo Costa fez um cálculo por ele: "Eu posso garantir que o Rafael já teve mais de 1500 mulheres. E eu

51

já tive mais de 1000. Perdi pra ele!", confessa rindo, e "prova" com uma conta rápida: "Nossa banda foi lançada em 89. Calcula de 89 até 2000, que dá 11 anos. Um mês tem 30 dias. Então, imagina que em um mês, a gente pegava umas dez mulheres. Em um ano, dá 120. Multiplique isso por 5 anos, dá 600. Multiplica por 10, dá 1200. O Rafa pegava mais de dez meninas por mês, aí vai bater lá nas 1500."

O ex-baterista do grupo fala francamente: "Nosso prazer era subir no palco e cantar, mas existia um pouco de sacanagem, sim. A gente era muito mulherengo. Existia o fato de sermos moleques. Naquela época, éramos jovens, bonitos e famosos, então a gente aproveitava a situação!'. Nem a sombra da Aids, nos anos 80, limitava a vida sexual dos garotos: "Na verdade, o Rafael e eu só paramos para pensar nisso quando o Cazuza morreu, em l990. A partir dali, começamos a nos cuidar!".

Aposta no ônibus: quem tinha o maior pênis?

Os integrantes do Polegar não escaparam de uma brincadeira típica da molecada: medir o tamanho do pênis. Para driblar o cansaço, durante viagem de ônibus para mais um show, começou a comparação: "Foi um tal de "o meu é maior que o seu... não, o seu é menor que o meu"... que não acabava mais. Como eu era o mais velho, ficava quieto, achando que era o "the best". E o Alan dizia: "Ah, para Rafael, nem altura você tem!". Já o Alex, sempre tímido, não falava nada. Então, eu provoquei: "Quer saber de uma coisa? Vai ver que o maior é o do Alex!". Fomos a viagem inteira rindo e brincando daquele jeito.", segundo Ricardo. Só que a conversa não parou por ali: "Quando chegamos no hotel, o papo recomeçou do nada. Aí, resolvemos tirar a dúvida de vez e fizemos uma aposta em grana para ver quem tinha a "ferramenta" maior. Todo mundo casou dinheiro e o Alan, que era o mais engraçadinho, tirou o dele pra fora e foi falando: "vocês também têm que tirar!". Esperto, Rafa respondeu: "vou esperar vocês mostrarem primeiro." De repente, com muito custo, o Alex exibiu o dele. E perdeu para o do Alan. Foi a maior gozação até que chegou a vez do Rafa... Quando ele mostrou, foi um choque geral ... ", continua Ricardo,

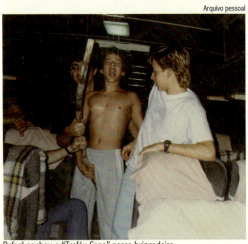

Arquivo pessoal

Rafael ganhou o "Troféu Cana" nessa brincadeira

fazendo o maior suspense. Antes de revelar o que viram, ele até jura que é verdade: "Meu!!! Sabe quantos centímetros o Rafael tem de pênis? 23!!! Por Deus! Nós medimos e ele tem 23 centímetros de "ferramenta". Claro que ganhou a aposta, levou o dinheiro e ficou com a fama de super dotado. Aquilo virou uma fofoca geral, até na Promoart."

Malicioso, o ex-baterista comenta: "Aí a gente entendeu porque a Krika (a atriz Cristiana Oliveira) estava saindo com ele. Por isso que ela não largava o cara!". Rafael ganhou da turma o "Troféu Cana" e, coincidência ou não, algum tempo depois seria convidado a posar nu para a polêmica revista G Magazine. Mas esse assunto também fica para um outro capítulo.

Polegar x Leandro e Leonardo

Em outra viagem de ônibus, que durou nada menos que 16 horas, Rafael, Ricardo, Alex e Alan foram parar em Crixás, no interior de Goiás, onde tiveram que enfrentar um teste de popularidade. Novamente, é Ricardo quem conta: "Nós e o Leandro e Leonardo, que também eram artistas da Promoart, fomos contratados para fazer show nesse lugar. Chovia muito e umas 12 mil pessoas esperavam a gente. Só que o contratante não tinha dinheiro para pagar as duas atrações. Os empresários eram mais ingênuos na época... Existia um contrato, mas o pagamento era a palavra. Bom... o cara subiu no palco e falou: "Estamos lá atrás com o Polegar e também com o Leandro e Leonardo. Quem vocês querem que cantem?". E a gente lá, no meio do sertão, torcendo para a multidão gritar o nome da nossa banda, é claro!".

A disputa não seria nada fácil, afinal Leandro e Leonardo estavam estourados em todo o país com a música "Entre Tapas e Beijos", enquanto o Polegar liderava as paradas de sucesso com "Ando Falando Sozinho". Mas, de dentro do ônibus, eles ouviram os milhares de fãs gritarem em coro "Polegar, Polegar, Polegar!!!". Os quatro, então, vibraram, pularam e se abraçaram. A escolha estava feita!

No avião que caiu com os Mamonas Assassinas

Num dia de shows em cidades de estados diferentes, a saída era fretar avião. Foi assim que o Polegar embarcou em Mato Grosso no Learjet PT-LSD, o mesmo que cairia com o grupo Mamonas Assassinas, na Serra da Cantareira, matando todos os integrantes, em 1° de março de 1996. Já a bordo, Rafael e seus companheiros escaparam por pouco de uma tragédia com esse jatinho. Com capacidade para nove passageiros, Rafa escolheu a poltrona do lado direito, em cima da asa, e Ricardo ficou com a do lado esquerdo, na mesma posição. Alex e Alan sentaram-se atrás deles. Tudo ia bem até a decolagem. Quando Ricardo olhou pela janela, em pleno vôo, viu que a asa estava ficando encharcada de querosene e começou a gritar: "Volta, volta, volta... que tá vazando combustível!".

Dinho, dos Mamonas Assassinas, diante do avião que matou o grupo, mas antes fez pouso de emergência com o Polegar

Rafael não levou a sério: "Sempre tive medo de altura, nunca curti viagens longas de avião. Só aguentava voar porque ficava cansado demais com as turnês do Polegar e dormia. Desta vez, ao contrário, eu estava bem acordado. Na hora que o Ricardo gritou achei que estivesse brincando, mas quando olhei pela janela e vi o combustível saindo, entrei em pânico. Pensei que o avião fosse explodir!"

O piloto retornou rapidamente à pista e, após o pouso, percebeu que tinham esquecido de fechar a tampa do tanque: "Ficamos uma hora e meia esperando até acharem a peça. Se eu não visse o vazamento, talvez aquele avião tivesse caído com o Polegar e não com os Mamonas!", diz Ricardo.

O ex-baterista tem uma opinião muito particular sobre o que aconteceu: "Quero deixar bem claro que não sou melhor do que ninguém! Nós somos todos iguais, mas ali o meu espírito e o do Rafael eram os mais evoluídos. Sei que foi o meu lado espiritual que me avisou e livrou a gente de um desastre!'.

Anos depois, aconteceu algo estranho: "O Polegar já tinha acabado, eu estava morando na casa de uma tia, e um dia acordei ouvindo os Mamonas. Fiquei me perguntando: " Meu Deus, por que será que o Polegar acabou, a gente não faz mais sucesso, e esse grupo taí com todas as músicas estouradas? Aí pensei: " meu, se um dia o avião desses caras cair, como vai ser?". Duas semanas depois, o jatinho em que estavam – aquele mesmo que quase caiu com a gente – bateu contra um morro e nenhum deles sobreviveu! Eu não acreditei!", afirma Ricardo, até hoje impressionado com essa história.

7 A CAMINHO DO INFERNO

Reprodução (Revista Contigo / Abril Comunicações S/A)

Até os 14 anos, Rafael conseguia conciliar tudo: família, trabalho e drogas. Aos 15, quando trocou a maconha pela cocaína, a vida desandou. "Eu era um adolescente com fama, dinheiro e mulheres, tudo que um homem sonha. Mas a minha dependência do pó foi muito rápida, comecei a cheirar sem parar e a dar bandeira, porque já não dormia mais em casa, passava as noites acordado usando a droga, não comia e atrasava nos meus compromissos por conta do sono durante o dia. Fui me tornando irresponsável.", confessa Rafael.

A mãe percebeu a mudança, mas não imaginava a verdadeira causa: "Ele me dizia que era estresse por conta de tantos shows. O Polegar fazia muito sucesso, os meninos viajavam o Brasil inteiro, era estressante mesmo, por isso nem desconfiei de outro motivo. Como eu também não tinha convivência com dependência química, fui ingênua e acreditei. Só que meu filho foi emagrecendo cada vez mais. A avó dele reforçou a alimentação, fazia tudo que Rafael gostava, caprichava no filé, mas ele não tinha apetite pra nada."

Aquele garoto brincalhão, dócil e responsável estava se transformando num rapaz agressivo, mentiroso e dissimulado: "Quando chegava de madrugada, dizia que estava com amigos ou alguma de suas namoradas e não tinha percebido o tempo passar. Como toda vez era a mesma desculpa, comecei a pressionar. E aí começaram nossas brigas e discussões!", relembra Sylvia.

Os sinais de que a situação era grave iriam ficar cada vez mais evidentes, como a noite em que Rafael voltou para casa com um tremendo hematoma na testa. A mãe levou um susto, mas, para variar, ele já tinha uma mentira engatilhada, como revela: " Disse que o motorista do táxi, havia dado uma freada repentina, e que eu tinha batido a cabeça no vidro!", revela. A verdade, que logo seria descoberta, não deixava dúvidas: o ferimento era consequência de um tombo durante uma das inúmeras convulsões provocadas pela cocaína. As overdoses também estavam a caminho. E o inferno cada vez mais próximo.

Rafa filma com Trapalhões e traficante "visita" sua mãe

Já nesse primeiro ano de sucesso, o Polegar estreava no cinema com "Uma Escola Atrapalhada", mais um filme campeão de bilheteria dos Trapalhões, com

Fotos: Reprodução de Internet / Filme "Uma escola atrapalhada"

Rafael e Angélica no último filme com os quatro "trapalhões" juntos

Augusto Liberato, Angélica e Supla no elenco. Na trilha sonora, "Sou como Sou", outro hit do grupo, que chegou a vender mais de 300 mil cópias. Rafael tem um carinho especial por esse trabalho: "Foi o último longa-metragem com todos os Trapalhões juntos: Didi, Dedé, Mussum e Zacarias. Pra mim, isso até hoje é uma honra."

Rafael havia retornado ao Rio para terminar a filmagem com Renato Aragão – após ter passado os quatro dias de Carnaval usando drogas pelas ruas de São Paulo –, quando um traficante fez uma visitinha surpresa à sua casa e, apresentando-se como amigo, contou o que mãe alguma jamais gostaria de ouvir. Sylvia ainda se lembra de palavra por palavra: "Ele foi direto ao assunto e me disse que Rafael estava usando cocaína, tinha tido uma convulsão e batido a cabeça no chão há alguns dias. Na hora, me lembrei do hematoma na testa e da história do táxi. Mais uma mentira para encobrir o vício!"

Reprodução de Internet / Filme "Uma escola atrapalhada"

Grupo Polegar e Angelica fizeram sucesso no cinema

Por que o bandido havia sido tão "bonzinho" em avisar? Sylvia tem uma dura explicação para isso: "Ele tinha medo que Rafael morresse, já que o Polegar estava no auge. Se isso acontecesse, a repercussão seria enorme, prejudicando seu "negócio" e colocando sua cabeça em risco. Mais tarde descobri que tinha sido responsável pela morte de dois amigos do Rafa, também viciados: a Janaína, que estava grávida de 8 meses, tomou LSD e se jogou da janela, e um rapaz que sofreu overdose fatal."

Agora que a verdade nua e crua batera na sua porta, Sylvia não tinha outra alternativa a não ser mandar Rafael para uma clínica de reabilitação. Seria a primeira das 30 internações de sua vida!

O depoimento de Renato Aragão

Renato Aragão, o eterno Didi de Os Trapalhões, fala sobre a situação que Rafael enfrentou: "Eu o conheci ainda menino, no Polegar, participando do meu filme "Uma Escola Atrapalhada". Era um garoto bonito, inteligente, agradável, alegre, talentoso e, principalmente, sem vaidade. Apesar do grande assédio do público, não perdeu a simplicidade e a pureza da infância e juventude.

Todos nós, principalmente os que lidam com a fama, com o sucesso, estamos suscetíveis às mazelas da vida. O que aconteceu com ele poderia, e ainda pode, acontecer com qualquer um de nós, seres humanos, quando somos confrontados com a solidão e com as lutas que a vida nos impõe, especialmente se os desafios começam numa fase muito jovem.

Rafael Ilha

Aragão: "Rafael mostrou que ainda existe uma saída"

Sempre acompanhei a trajetória de Rafael. Fiquei muito triste e comovido com os estragos causados pela droga em sua vida. Ele realmente chegou ao fundo do poço. Mas, graças a Deus, à família e a todos que o ajudaram, conseguiu se reerguer e hoje é um exemplo de superação. Ao olharmos para a vida de Rafael, temos a esperança de que a batalha contra as drogas não está totalmente perdida. Ainda há uma saída. Sua recuperação renova o nosso desejo de lutar para que outros dependentes, assim como ele, possam superar o vício e seguir em frente buscando novos sonhos e desafios. Fico muito feliz por esta nova fase de sua vida. Que Deus continue a abençoá-lo e a ajudá-lo nessa caminhada."

As pedras do meu caminho

8 GUGU AMEAÇA: "OU VOCÊ SE TRATA OU ESTÁ FORA!"

Jorge Araújo / Folhapress

Gugu decidiu pela internação de Rafael após saber das drogas

Quando Sylvia procurou Gugu e contou tudo, ele foi taxativo: "Vamos internar!". Mas, como? Rafael apresentava um comportamento alterado, estava cada vez mais agressivo, podia ficar violento e, pior, fugir quando soubesse dessa decisão dos dois. O animador, então, achou melhor marcar um encontro em sua casa com Rafael, assim que ele voltasse do Rio. Comunicado por Carlinhos Muniz, diretor da Promoart, o líder do Polegar chegou à mansão do animador sem saber o motivo da reunião, mas sentiu o clima quando deu de cara com sua mãe ao lado de Gugu. Uma mistura de surpresa e medo tomou conta dele que, visivelmente tenso e contrariado, olhou para ela e perguntou: "O que é que você está fazendo aqui?". Era um momento decisivo: "Ele se estressou comigo, mas não teve como fugir da realidade. Contei sobre a visita do traficante e percebeu que não adiantava mais mentir." Rafa temia, agora, pela reação do "patrãozinho", que ouviu tudo em silêncio, mas quando abriu a boca foi como um soco no estômago: "Ou você se trata ou está fora!". Acuado, o cantor não teve um ataque de fúria, não protestou e nem demonstrou qualquer sinal de reação. Imprevisível, concordou com a internação, sob uma condição: "Eu topo, Gugu! Mas você tem que me dar a sua TV portátil!'. Ninguém acreditou no que estava ouvindo, porém a resposta veio rápida: "Pode levar!".

Já no primeiro dia de internação na Clínica Serena, recebeu a visita de Gugu, como relata Sylvia: "Ele foi me buscar em casa para irmos ver o Rafa. Estava dirigindo o próprio carro e sem seguranças. Sempre gostou muito do meu filho, mas sabia que tinha que ser durão para que seguisse o tratamento.". Gugu não teria outra chance, porque o cantor fugiu na manhã seguinte. Só foi encontrado três dias depois, na favela Funchal, na Vila Olímpia, completamente doidão numa boca de tráfico!

Mãe arranca Rafael da favela no grito

Reprodução (Revista Veja / Abril Comunicações S/A)

Quando Sylvia localizava o paradeiro do filho em alguma favela, ia até lá disposta a trazê-lo de volta para casa a qualquer preço: "Eu ficava louca com aquela situação e já chegava gritando: "Rafaeeeelllll... se você não aparecer aqui, agora, vou voltar com a polícia!!!". Preocupados com a ameaça, os traficantes expulsavam o rapaz rapidamente: "Ele saía revoltado, uma vez destruiu todo o painel do meu carro a pontapés!". Nem assim, a mãe dava trégua: "Quando ele dizia que ia comprar cigarros, eu seguia atrás, para evitar que comprasse drogas!". No auge do desespero, Sylvia chegou a arrancar traficante de dentro do carro do filho: "Eu enfrentava mesmo, mas como todo viciado, Rafael sempre ficava contra mim, dizia que o bandido era apenas um amigo..."

Tal tipo de "resgate" viraria rotina na vida dela, não só em favelas, como debaixo de pontes e outras bocas de tráfico: "Eu podia brigar, até estapear ele, mas sempre fui uma leoa na hora de defender meu filho!".

As pedras do meu caminho

Reprodução Revista Veja / Abril Comunicações S/A

Após a primeira internação-relâmpago, o estado de Rafael se agravou: "Como não precisava fazer mais nada escondido, porque eu e Gugu já sabíamos do vício, começou a debandar, voltou para as ruas. A droga já estava mais forte que ele quando, depois de uma segunda reunião, resolvemos interná-lo numa clínica fechada."

A decisão custaria o preço de ser odiada por Rafael: "Ameaçou me matar, caso eu o internasse de novo!". Ele assume: "Fiquei com muita raiva da minha mãe e aquilo foi virando um ódio muito grande mesmo! Achei que era sacanagem dela, não conseguia enxergar que estava completamente viciado. Eu era muito menino, não tinha noção da gravidade do problema, para mim era, simplesmente, um probleminha! Mas todo mundo à minha volta sabia que não!". Como uma vingança do avesso, radicalizou: "Enfiei na minha cabeça que, com ou sem tratamento, dentro ou fora de uma clínica, eu continuaria usando drogas!". Tinha selado a própria sorte!

Gugu escala outro polegar como substituto de Rafa

Rafael havia sido internado em sigilo para não prejudicar a imagem do Polegar. Ricardo e Alex não sabiam o que estava acontecendo, mas Alan acompanhou tudo de perto: "Ele foi para a Clínica Alphaville, em Barueri, às escondidas. Os meninos e a equipe não foram avisados, e a imprensa nunca desconfiou.". Levar o cantor para o local foi dramático, relembra Sylvia: "Necessitamos de quatro enfermeiros para conseguir imobilizá-lo, depois deram uma injeção e ele apagou!".

Marcelo Souza, o primeiro à esquerda, acabou efetivado no lugar de Rafael

Rafael Ilha

A ausência do cantor foi justificada por uma "estafa" e "anemia" em função do excesso de shows, apenas um afastamento temporário, mas ele se encontrava isolado, como conta Alan: "O Rafa estava proibido de receber visitas. Fora a mãe, apenas Gugu, eu e Simony é que podíamos vê-lo."

Arquivo pessoal

Polegar em sua nova composição, com cinco integrantes

Enquanto isso, o líder da banda ia ficando mais rebelde. Em vez de encarar o tratamento, passou a planejar fugas: "Naquela época não existia uma conduta médica específica para drogados. Só dopavam a gente. Eu tive 30 internações na vida, dez delas durante minha carreira no Polegar, todas rápidas por causa dos shows. Fugi de mais da metade. Batia um desespero, e eu agredia enfermeiros, tentava pular muros, saltei do quarto andar de uma clínica no Rio e quebrei o pé, engoli pilhas, etc... Era uma situação muito difícil, insuportável. Na Alphaville eu fiquei só um mês, tive que interromper o tratamento porque a agenda da banda estava lotada e não dava mais para ficar de fora, sem levantar suspeitas. Saí com um plano: usar menos drogas para não dar bandeira. Não percebia que só estava enganando a mim mesmo!"

Na verdade, tudo o que Rafael conseguiu foi criar um círculo de entra-e-sai de clínicas que duraria vários anos. A mãe, ainda tão odiada, continuava firme como um cão-de-guarda: "Quando eu voltava dos shows, ela me trancava em casa, com medo que fosse para a rua cheirar uma tonelada de pó! Então, criei outra estratégia. Comprava droga pela sacada do meu quarto, o traficante jogava o pacotinho lá pra cima e eu atirava o dinheiro lá embaixo. Assim, eu consumia dentro de casa, não passava mais as noites fora e fui driblando a vigilância dela. Falava que ia tomar banho e cheirava no banheiro, falava que ia dormir e cheirava a madrugada inteira."

O uso contínuo e cada vez maior, porém, provocou convulsões, ataques epiléticos e overdoses. A estratégia já não funcionava. Rafael passou a acordar com ambulâncias na porta e enfermeiros à sua volta. Diante disso, Gugu não queria mais arriscar o futuro do grupo e deu o primeiro sinal do que poderia ser o fim de Rafael no Polegar: escalou outro cantor, Marcelo Souza, para cobrir sua ausência nos shows, mas apresentado ao público como "novo integrante".

Rafael dá soco na cara de Alan dentro do avião

Arquivo pessoal

Cocaína foi o motivo da briga

Rafael não se abalou com a decisão de Gugu: "Eu era o líder do grupo, cantava as músicas principais, encabeçava as entrevistas, as meninas me adoravam. Tinha certeza que sem mim, o Polegar acabaria!".

Marcelo nunca se sentiu um "substituto" de Rafael, mas sim um novo integrante da banda: "Tanto assim que, quando cheguei, em maio de 1990, Rafael foi quem me recebeu melhor, sendo brincalhão e tirador de sarro. Nos ensaios, ele me ajudava bastante."

Essa autoconfiança levou Rafael a se afundar ainda mais no vício, a perder a medida das coisas: "Nas viagens, ele era uma bagunça só. Num hotel, chegou a jogar o cesto de lixo do banheiro, cheio de água com papel higiênico, na calçada. A cada lugar que a gente se hospedava, tinha uma história. Em aeroportos também. Uma vez, Rafa chegou de pantufa para pegar o avião, tipo acordou e foi. Estava meio doido!", revela Marcelo.

Prova disso é que, num dos voos, chegou ao ponto de agredir Alan, como assume: "Tinha cheirado cocaína no banheiro do avião e, quando saí e me sentei ao lado do Alan, ele percebeu e me xingou de viciado. Fiquei revoltado e dei um soco na cara dele! Afinal, ele também já havia usado droga e, por isso, não tinha moral pra me insultar." O tempo fechou e foi preciso apartar a briga, que custou caro: foram suspensos pela Promoart e ainda tiveram que pagar multa por mau comportamento: "A partir daí começaram, pra valer, as ameaças de me tirar do conjunto. A pressão era enorme, mas nem me importava, continuava a achar que isso nunca aconteceria.", confessa. Não contava com uma overdose em noite de show!

Convulsão antes de entrar no palco

"Me droguei no banheiro do camarim e, quando estava para entrar no palco, tive uma convulsão, caí, enrolei a língua. Ainda deu pra ouvir o pessoal da equipe chamar para a apresentação, a gritaria do público, mas fui perdendo a consciência!'. Era a primeira vez que isso acontecia no trabalho. Os integrantes do Polegar ficaram chocados, principalmente Alex: "A gente estava nos bastidores, conversando numa boa e esperando a hora de entrar para o show quando, de repente, o Rafa começou a passar mal, revirou os olhos e caiu duro do meu lado. Foi uma coisa muito impressionante, uma cena deprimente que me marcou... Aí, eu e os meninos ficamos desesperados e gritamos por socorro: "O Rafael tá passando mal, gente, ajuda aqui pelo amor de Deus!". Foi a maior correria para levar ele pro hospital, todo mundo em pânico. Tudo isso, assim, segundos antes de ir para o palco. Coloquei óculos escuros para disfarçar um pouco e entrei em cena perdido, gelado, sem saber o que fazer. Cantei o tempo todo preocupado com ele, porque não sabia o que estava acontecendo... Esse show foi na baixada santista e fiquei tão abalado, na época, que precisei fazer um tratamento cardíaco. Depois daquilo, meu coração ficou muito acelerado, ficava ansioso, não dormia direito e os exames mostraram que tinha um prolapso da válvula mitral. O choque desencadeou a crise. Levei um mês até superar tudo!".

Marcelo também ficou arrasado: "A gente estava atrás do palco, falando besteira, contando piada... aí, ele se apoiou em mim e começou a babar. Como era muito brincalhão, não levei a sério, mas ele revirou os olhos e caiu. Foi quando nós gritamos! Os seguranças vieram correndo e a primeira providência foi enfiar o dedo na boca dele para desenrolar a língua. Depois de ver uma coisa dessas, tivemos que fazer o show, porque umas 30 mil pessoas estavam lá pra ver o Polegar. Lembro que parecíamos a seleção brasileira de 98, quando os jogadores entraram em campo preocupados com Ronaldo, que havia passado mal antes da partida final da Copa do Mundo, com a França. Pra nós, era ainda pior, porque não sabíamos o que estava rolando com o Rafa enquanto cantávamos!".

Quando acordou no hospital, Rafael não se lembrava de nada: "As pessoas é que iam me contando que eu tinha passado mal, enrolado a língua e tal... Mas eu estava confuso, agressivo... Os médicos perguntaram se eu tinha usado drogas naquela noite e disse que não, que tive a convulsão por ser ex-usuário. A mentira já tinha tomado conta da minha vida!".

Depois disso, não dava mais para esconder que Rafael era dependente químico. Gugu chamou os outros "polegares" e seus pais para uma reunião e abriu o jogo, segundo relato de Alex: "Ele disse que o que tinha acontecido no show com Rafael era consequência do uso de drogas e que iria afastá-lo por um tempo para fazer tratamento. Caso se recuperasse, voltaria para o grupo. Gugu fez questão de deixar bem claro que não iria desampará-lo, mas que, naquele momento, não poderia prosseguir na banda por estar debilitado e também porque não estava dando pra segurar o comportamento dele, que andava eufórico (um dos sintomas da bipolaridade)."

Rafael ficou ainda mais revoltado: "Em vez de me fazer largar as drogas, essas situações aumentavam a minha raiva. Achava que as pessoas não entendiam que a vida era minha e eu podia fazer dela o que bem entendesse. Não conseguia me conscientizar de forma alguma de minha dependência química. As convulsões foram se agravando, passei a ter várias por dia, caía com a cabeça no chão, machucava o nariz, a boca... mas insistia em continuar usando cocaína!".

Ele voltou, inclusive, a frequentar as favelas e, de novo, foi "convidado" pelos bandidos a se retirar, agora não só por conta das ameaças de Sylvia de levar a polícia até lá, mas também porque o cantor já vinha sendo seguido pelos paparazzi, que tentavam flagrá-lo consumindo drogas. Rafa logo encontrou uma solução: "Passei a comprar de grandes traficantes, que vendiam cocaína pura, muito mais cara, mas valia a pena. Conheci um dos maiores de São Paulo, era boliviano, e tinha uma banca de jornal de fachada."

Apesar de tudo, preocupado em voltar ao Polegar, achou que era hora novamente de dar uma "maneirada" no consumo. Inútil, porque estava longe da recuperação e muito perto de sofrer com a pior das internações, entre todas que havia tido, até aquele momento.

A HORA DE IR PARA O HOSPÍCIO

Reprodução de Internet/Rede Record

Instituto Morumbi de Psiquiatria seria uma experiência dramática: "Fui removido de casa com camisa-de-força, amarrado pelos enfermeiros, à luz do dia! Imagine um dependente químico indo para uma clínica de doentes mentais, recebendo o mesmo tratamento que eles! Vivi um pesadelo!".

Rafa: "Não adiantava gritar por socorro. Ninguém iria ouvir!"

Durante 2 a 3 meses, Rafael passou por uma verdadeira tortura psicológica, como define: "Os pacientes me cercavam, me batiam, eram loucos, com problemas psiquiátricos gravíssimos. Além disso, eu era muito medicado. Qualquer coisa que falasse, qualquer desvio de comportamento, lá vinham as injeções! Era um clima de terror!".

Mas o pior ainda estava por vir... Na segunda fase da internação, começou a passar pelas sessões de eletrochoque, um trauma que não conseguiu superar até hoje: "Os pacientes faziam fila e eram levados para o subterrâneo da clínica, duas vezes por semana, sob a escolta dos enfermeiros. Todo mundo tremia, apavorado. Nem adiantava tentar fugir porque vinham pra cima na porrada. Não adiantava gritar por socorro, porque ninguém ia ouvir. Lá, a gente tinha que sentar numa cadeira, onde prendiam mãos e pés com tiras de couro, colocavam os eletrodos na cabeça e ligavam o choque. Era horrível, preferia morrer!"

Rafael queria sair dali de qualquer jeito, mas não via como. Tinha a impressão que, se não conseguisse fugir, iria pirar de verdade: "eu era o único paciente lúcido em meio a tantos desequilibrados!". A ansiedade virou angústia que virou desespero. Tinha apenas 15 para 16 anos, trancado e dopado naquele lugar. Em vez de culpar as drogas pelo sofrimento, voltou a odiar sua mãe: "Não entrava na minha cabeça que ela tivesse me colocado lá para o meu próprio bem!".

Entre loucos, injeções e choques, não aguentou mais: quebrou a vidraça da janela, pegou um caco de vidro e rasgou a perna, tendo que levar

50 pontos: "Essa foi a primeira vez que atentei contra meu próprio corpo!", frisa. E quando achou que não teria salvação, alguém lá dentro se apaixonou por ele.

Sexo com a psiquiatra

O envolvimento com a psiquiatra-chefe da clínica representou um alívio para Rafael: "Como eu era muito conhecido na época, a dra. Elizabeth acabou dando uma atenção especial ao meu caso. Ela mesma fazia meu atendimento, coisa que não acontecia com os outros internos. Então, durante as sessões de terapia, comecei a falar tudo o que eu sentia, inclusive sobre a dificuldade da abstinência sexual."

Sempre muito observador, percebeu que a médica, depois de algumas consultas, passou a se interessar por ele não mais como paciente e sim como homem: "Vi que, várias vezes, ela me olhava de uma forma diferente, parecia cheia de segundas intenções. Podia ser só impressão, mas um dia fui em frente, me aproximei dela e a beijei. Corri o maior risco, porque naquele momento, poderia ter me dado uma bofetada, chamado a segurança, os enfermeiros, ter mandado me dopar de novo, mas, pra minha agradável surpresa, não aconteceu nada disso! Eu estava certo. Ela correspondeu, me beijou também, o clima esquentou e acabamos fazendo sexo ali mesmo no consultório."

Por conta disso, Rafael ganhou períodos de liberdade: "Elizabeth me tirava da clínica para passarmos as noites juntos. Eu ia para a casa dela durante a semana, dormia lá e depois voltava. Numa dessas idas, peguei dinheiro, o carro dela e fui comprar droga e beber. Ela soube, mas não se importou, deixou de me controlar, não agia mais como minha psiquiatra. Estava apaixonada!".

No instituto, ninguém desconfiou desse envolvimento, cada vez mais ousado: "Até quando era dia de consulta, a gente transava ou ficava de sacanagem. Ela adorava! Era uns vinte anos mais velha que eu! E isso durou até o fim da minha internação. Depois, nunca mais a vi, só soube que teve um AVC (acidente vascular cerebral) e ficou com graves sequelas, não podendo mais exercer a medicina."

Claro que Rafael deixou a clínica livre da abstinência sexual, mas com os dois pés no abismo das drogas.

10 NOVE OVERDOSES E QUATRO PARADAS CARDÍACAS

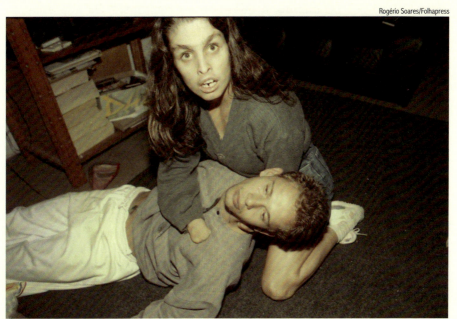

Rogério Soares/Folhapress

A foto polêmica: "Caí numa armadilha!", revela Rafa

Rafael não gosta de olhar para essa foto – a única de suas nove overdoses que veio a público - porque tem absoluta certeza de que foi vítima de uma armação feita por Evelyn Calixto, fã que virou companheira no consumo de drogas, e o fotógrafo Rogério Soares: "Caí numa armadilha. Ela ganhou dinheiro ou pedras de crack para me atrair à casa dela e deixar o cara fazer o flagrante. Me chamou para fumarmos juntos e, quando tive a overdose, abriu a porta para ele." Evelyn, que Rafa diz já ter morrido, nasceu sem uma das mãos e trabalhava como caixa em um supermercado, sempre marcando presença em seus shows. Viva ou morta, ele não perdoa até hoje.

Rogério, por sua vez, dá outra versão dos fatos: "Nós recebemos uma ligação no jornal, de um vizinho da Evelyn dizendo que Rafael estava na casa dela, drogado, muito alterado e fazendo escândalo. Me mandaram pra lá com uma repórter e quando chegamos, ele já estava inconsciente e

Evelyn gritava por socorro. Foi nesse momento que tirei a foto, enquanto minha colega chamava uma ambulância."

Armadilha ou furo de reportagem, o prejuízo emocional de Rafael foi o mesmo: "Eu não merecia ter sido exposto dessa maneira!".

Rafael sempre desafiou a morte, mesmo sem querer. A droga, muitas vezes, traz euforia, sensação de poder, qualquer um se torna herói invencível. Daí à boca do inferno, é questão de segundos: " Da adolescência até me tornar adulto, tive nove overdoses e várias convulsões, quatro delas com parada cardíaca. Entrar nesse estado é rápido, uma das piores experiências do mundo, porque a gente continua consciente. Tem horas que nem eu acredito que ainda estou vivo!"

De todas as crises, três deixaram Rafa mais impressionado, nem por isso menos dependente. Ele relembra fora da ordem, porque a segunda overdose teve uma dimensão espiritual terrível e aconteceu dentro de uma igreja: " Houve época em que passei a frequentar a Messiânica, mas eu já chegava lá drogado. Naquele dia, ainda quis mais do que já tinha usado. Me tranquei no banheiro com uma seringa e cocaína injetável. A ideia era dar um baque!"

Arquivo pessoal
Rafa em frente à casa em que morava e sofreu as overdoses

Na verdade, "baque" é gíria dos dependentes químicos quando falam em aplicar uma dose de droga na veia. E pode ser fatal, como Rafael sentiu ali: " É extremamente perigoso, porque tem que ser dose mínima, dose certa! Errou, morre!". Mesmo assim, Rafa foi em frente, a fissura era grande, a quantidade de cocaína na seringa era pequena, tinha tudo para ser apenas um novo momento de "prazer". Mas, na verdade, estava abrindo a porta para o pesadelo: esticou o braço, começou a injetar a droga e no meio do "baque" veio o impacto: "Tirei a agulha na hora, estava passando mal, muito mal, a coisa começou a piorar, tudo muito rápido... Em segundos, tinha perdido o controle do meu corpo, me batia contra o chão, contra as paredes, com a cabeça no vaso. Comecei a ver sangue, estava todo machucado, tentava me segurar no vitrô do banheiro, mas não conseguia, ficava caindo e levantando. Olhei para os meus pés e vi que estavam pretos e que aquilo estava subindo para o meu corpo todo, como se fosse um líquido de termômetro. Alucinação ou não, bateu o desespero! Eu disse pra mim mesmo: estou morrendo! E comecei a pedir a ajuda de Deus!"

O que teve início a partir daí, Rafa considera uma verdadeira experiência espiritual: "Eu gritava: Deus não me deixe morrer assim, não me deixa morrer aqui! Clamava por Ele, conversava com Ele, quando passei a sentir muita gente à minha volta, não via os rostos, mas ouvia gargalhadas, vozes estranhas, barulho de correntes... Tive certeza que estava morrendo e indo para o inferno. Então, pedi perdão a Deus e implorei por salvação! Justo nesse momento, arrombaram a porta do banheiro e salvaram minha vida! "

Rafael sabe o nível de alteração química que as drogas provocam no cérebro, mas depois do que viveu na igreja, acredita em algo além das alucinações: "Tudo aquilo foi muito forte espiritualmente e me fez pensar que algumas substâncias podem nos levar a outras dimensões, romper fronteiras da nossa existência, ligar a gente a outros planos, céu, inferno, andar de cima, andar de baixo, como se diz. Isso não significa que sejam boas experiências e muito menos que nós estejamos preparados para elas, porque são em níveis inferiores da espiritualidade. Hoje tenho consciência disso e a certeza que Deus existe, do contrário não teria sobrevivido àquela noite!"

A primeira overdose de Rafael, aos 15 anos, já tinha deixado uma marca mística. Ele ainda morava com a mãe e a avó num sobrado, no bairro de Pinheiros, em São Paulo. Seu quarto era grande e ficava no subsolo, enquanto as duas ocupavam os do andar de cima. E foi lá que tudo aconteceu: "Passei um tempão cheirando cocaína. Não tinha problema nenhum até que resolvi acender um cigarro. Meu corpo começou a tremer inteiro, as juntas dos meus dedos foram ficando pretas, só deu tempo de perceber que era uma convulsão e caí no chão! " Não sabe se foi o barulho da queda, se chegou a quebrar coisas no seu quarto, se pediu socorro, mas lembra que ouviu Sylvia e Yolanda descendo as escadas e gritando por ele. Enquanto estava inconsciente, seu espírito saiu do corpo. Pelo menos é essa a explicação dele para a cena que descreve a seguir: "Eu vi do teto do quarto, o meu corpo estendido no chão. Vi o desespero delas, as duas em pânico, minha mãe chorando e fazendo massagem no meu peito, gritando pra minha avó: "Ele não tá respirando, mãe! O Rafa não reage, meu Deus!". Aí, ela tentou respiração boca a boca. Minha avó chorava e rezava. Mas a minha sensação era de paz. Eu não tentava falar com elas, só assistia a tudo lá de cima. Estranhamente, não pensava em morte. Depois, só me recordo que abri os olhos e falei: "Não precisa me dizer nada, eu vi tudo!". Enquanto chamavam a ambulância, eu, ali no chão, pensava apenas na minha alma que, graças a Deus, tinha voltado ao meu corpo!"

Quando o crack entrou na vida de Rafael, era comum passar vários dias e noites nas ruas: "Consumia a droga sem parar, não comia, nem dormia". Numa dessas vezes, veio a outra overdose que ele não esquece: "Estava tão louco, que só um pedaço da pedra não fazia mais efeito, precisava da pedra inteira. E foi o que usei. Na primeira cachimbada, veio a loucura, mas eu queria mais! Quando dei a segunda, senti que ia explodir, tive aquela sensação de que ia morrer. Não queria passar por isso de novo. Entrei em pânico e, mesmo doidão, subi na minha moto para correr pro hospital!"

Rafa tomou o rumo do Hospital São Luiz, no Itaim, mas no meio do caminho começou a tremer dos pés à cabeça. Tentou se equilibrar em cima da moto e apagou!

"Quando abri os olhos, tinha um homem tentando me reanimar com massagem no peito. Não entendi nada! Aos poucos, percebi que estava caído no asfalto, eu de um lado e minha moto do outro, debaixo de um ônibus! Estava na avenida Santo Amaro, o homem era o motorista do ônibus em que bati quando desmaiei e, por milagre, eu estava inteiro!"

Rafael, que na fase crítica de sua vida se tornou evangélico, resume essas experiências traumáticas em uma só frase: "Deus me deu três livramentos!"

As pedras do meu caminho

11 POLEGAR NUNCA MAIS! É A VEZ DA CASA MÁGICA!

Rafael e Silvinha
uma dupla afinada

Depois de afastar Rafael do Polegar para mais um tratamento contra as drogas, Gugu efetivou Marcelo Souza em seu lugar. Mas, preocupado com o futuro do ex-integrante, decidiu mantê-lo como artista de seu time, na Promoart. Longe da música, ele viraria apresentador de TV. Para isso, bastou

Rafael Ilha

uma conversa com Alan e a prova de amizade do tecladista: "Na época, além de continuar na banda, eu apresentava o Casa Mágica, na TV Record. O Gugu chegou para mim e disse: "Alan, o Rafael está na clínica, mas precisamos arrumar alguma coisa para ele fazer, senão vai descambar de vez e não conseguirá se recuperar, vai entrar em depressão. Não posso colocar ele de volta no Polegar, porque já entrou o Marcelo. Você se importa de passar o Casa Mágica para ele?". Levei um choque, mas justificou: "Olha, se for o novo apresentador, ele não vai viajar tanto como quando estava no grupo, ficará mais perto da gente, vai dar para acompanhar melhor o tratamento, do contrário, vai ficar muito mal... ". Eu adorava o programa, mas pensei: poxa, é meu amigo que está precisando... e aí abrí mão na hora. Assim, Rafael passou a comandar a Casa Mágica no meu lugar, ao lado da Silvinha Franceschi (ex-assistente de palco e ex-noiva do Gugu).", finaliza.

Sob o comando de Rafael, ao lado de Silvinha, o programa explodiu de audiência e parecia ter sido produzido de encomenda para ele, tão seguro e à vontade que estava no estúdio. Mas um incêndio colocou o ponto final nessa curta carreira como apresentador: "Pegou fogo na Record e o nosso cenário que era importado, ou produzido por um gringo, não poderia ser refeito."

Com o final do Casa Mágica, Gugu não tinha novos planos para Rafael e o contrato com a Promoart chegou ao fim. A carreira também havia virado cinzas!

Chantagem decreta o fim do Polegar

Aquela fita cassete que Ricardo gravou com uma conversa em que Rafael confessava usar maconha, no estúdio onde colocavam voz no primeiro disco do Polegar, acabou caindo em mãos erradas, para desespero do baterista. E foi decisiva para terminar com o grupo, que já não se sustentava sem Rafael (como ele mesmo tinha previsto). Tudo começou com uma briga em família: "Minha mãe namorava um segurança lá de Alphaville e descobri que, às sextas-feiras, pegava meu carro escondido para viajar com ele. Quebrei o maior pau e ela foi embora de casa, mas levou junto uma cópia da gravação. Fiquei apavorado, mas nada aconteceu até que, quatro meses depois, o Toninho da Promoart, cunhado do Gugu, me ligou dizendo que estava com um problema muito sério e precisava falar comigo.", diz o ex-baterista.

Muito preocupado, Ricardo foi até lá e ouviu o que mais temia: "O Toninho me disse assim: "Olha, sua mãe ligou aqui e falou que tá com uma fita e nela tá gravada uma conversa do Rafael a respeito de maconha. A Márcia (era esse o nome dela) explicou que te pediu dinheiro para fazer uma cirurgia no ouvido, que estava com um tumor, e você se negou a dar. E agora ela tá usando essa fita como chantagem. Se a gente não der essa grana, ela vai levar a gravação pra imprensa". Foi aí que a corda estourou. Automaticamente, o Gugu soube da história e ficou muito triste. Automaticamente, todos os integrantes ficaram sabendo da história. O Alex e o pai dele já sabiam, claro, porque a ideia de gravar o papo partiu do Manoel, mas o Rafael e o Alan não tinham conhecimento de nada. Ficou uma coisa super chata e tive que ouvir comentários do tipo "onde já se viu, sua mãe fazendo chantagem?", relata Ricardo ainda constrangido com o fato.

A empresa pagou o que Márcia pedia para não cumprir a ameaça: "Foram 4 mil dólares, muita grana na época. O Rafael já estava fora do Polegar há uns 90 dias, mas a mídia não sabia que o motivo era o vício em drogas. Se minha mãe levasse a fita aos jornais, seria um escândalo. No final, eu tive que entregar a gravação original e reembolsar a empresa."

Ricardo ainda levaria outro choque com essa história: "Sabe o que a Márcia fez com os 4 mil dólares? Ela não passou por nenhuma cirurgia, não tinha nenhum problema de saúde. Na verdade, comprou uma Caravan, praticamente nova, encheu a cara com o namorado, bateu o carro, deu perda total, e ainda ficou toda arrebentada no acidente. Então é assim: aqui se faz, aqui se paga!".

A chantagem deixou marcas: "Depois disso, as coisas degringolaram de vez, mesmo porque nós já estávamos abalados com o afastamento do Rafa, e fomos ficando meio de lado para fazer televisão, shows e eventos... A gente fazia pouquíssimos shows por mês, quando fazia... Em três meses, estava tudo acabado!", finaliza Ricardo.

Rafael não foi avisado oficialmente, mas ouviu os comentários e leu as notícias sobre o fim da banda. Não se sentiu vingado! Na verdade, não sentiu nada: "Era previsível, minha saída só acelerou o final do Polegar. Acabou acontecendo exatamente como eu falei. Não foi surpresa nenhuma!'.

Magrão concorda: "Rafael era genial e chamava mais a atenção que os outros. Era o cara! Tanto que, quando saiu do Polegar, o grupo, praticamente, sumiu. Ficou mais um pouco no ar, mas depois desapareceu. Fazia shows, tudo, mas perdeu a força porque não tinha mais o carisma dele!".

Ainda hoje, Rafa encara de forma simples e objetiva o desfecho: "O que aconteceu com a gente, aconteceu com o Dominó, Menudo, New Kids On The Block, Back Street Boys e todos do gênero. Essas bandas têm prazo de validade. Muito diferente de Roupa Nova, Titãs, Capital Inicial, por exemplo, que nunca foram "boy'sband" e desenvolveram um trabalho consistente. Esses ficam para sempre!".

Essa opinião, no entanto, não significa que negue a importância do grupo em sua vida: "Não tem como fugir disso. Apesar de tudo, guardo boas lembranças, momentos inesquecíveis, como o show com Xuxa, na Fonte Nova, em Salvador, com 100 mil pessoas cantando nossos sucessos.

Muito emocionante, mas acabou e ponto! Fui convidado a voltar, muito tempo depois, quando tentaram ressuscitar o Polegar, mas não topei. Era um capítulo encerrado na minha vida."

12 COM CRACK NA CABEÇA E FACA NO PESCOÇO DA MÃE

Sem Polegar, sem Casa Mágica, sem carreira solo, Rafael descobre o crack: "Entre os usuários, começaram os comentários sobre essa nova droga. Na época, não era vendida, a gente tinha que fazer numa colher em que se fervia cocaína com bicarbonato até virar uma casquinha. Depois que experimentei, a minha vida desmoronou de vez. Não estava nem aí para mais nada!".

Desempregado, já não tinha mais dinheiro para sustentar o vício, porque havia gasto tudo o que ganhara no Polegar com internações nas melhores clínicas de reabilitação e na compra de mais e mais drogas: "Tive que vender até meu carro. Depois comecei a trocar tudo o que era meu para poder descolar cocaína para fazer o crack. Lá se foram meus pares de tênis, TV, aparelho de som, roupas, relógios, joias da minha mãe, tudo que tivesse valor material."

Sylvia dá detalhes: "Ele tinha um armário só com roupas de grife. Acabou com tudo. Uma vez voltou da favela Zacarias de Góes só de shortinho e sandálias de dedo!". E se drogava sem parar: "Eu não dormia mais, porque Rafa vivia à noite, tinha convulsões, surtava dentro de casa! Eu precisava descansar para poder trabalhar no outro dia e não tinha como, porque toda noite ele entrava em crise. Cheguei a levar minha mãe para um motel comigo, para conseguirmos pegar no sono."

Rafael também foi ficando cada vez mais violento e começou a agredir fisicamente Sylvia, quando ela se negava a dar dinheiro ou jogava o crack na privada e puxava a descarga: "Aí, ele vinha pra cima de mim, me batia, ameaçava me matar, chegou a colocar uma faca no meu pescoço. Eu dizia: "mata, meu filho, mata, que assim você me faz um favor!".

Houve uma madrugada pior ainda: "Botou o revólver na minha cabeça e começou a fazer roleta-russa. Tive certeza que ia levar um tiro, comecei a rezar baixinho quando, de repente, parou tudo, se afastou e me entregou a arma. Quando se acalmou, ficamos na janela do quarto conversando até de madrugada e ele me perguntou: "Mãe, posso dormir com você?". Eu disse que sim, então se deitou na minha cama e dormiu tão profundamente que senti medo que tivesse morrido!".

O próprio Rafael reconhece: "Depois que conheci o crack, comecei a me tornar uma pessoa que nunca pensei que me tornaria." Viver com ele era um risco.

Só 15% de chances de continuar vivo

O risco de morte deixou mãe de Rafael desesperada

Sylvia procurou o renomado psiquiatra Dr. Içami Tiba, especialista em dependência química, para uma orientação sobre a fase crítica que o filho atravessava. Ouviu uma sentença de morte: "Ele me disse que Rafael estava tão avançado no vício, que tinha apenas 15% de chance de sobreviver. Diante do meu desespero, acrescentou: "Você não pode pensar com o coração, tem que usar apenas a razão. Tem que dar limites, dizer não. Se tiver que por para fora de casa, ponha! Só assim, poderá tentar salvá-lo."

Ela seguiu à risca o conselho: "Se ameaçava ir pra favela, eu dizia: "Vai... , pode ir, a escolha é sua!". Se vinha me pedir alguma coisa, eu já falava não, mas só quando começou a roubar é que decidi botar pra fora de casa! Nunca abandonei meu filho, nunca mudei o número do meu celular para o caso de me avisarem qualquer coisa sobre ele, mas para tudo tem limite. Não podia mais continuar com Rafael naquele nível."

Sylvia bota Rafa no olho da rua

"Dormi na rua, no chão duro coberto com papelão"

Quando Rafa voltou da rua, depois de mais uma noite inteira se drogando, viu suas malas e alguns objetos do lado de fora da casa. Estranhou, mas não suspeitou de nada. Foi abrir a porta e não conseguiu, estava trancada. Bateu, apertou a campainha e Sylvia não apareceu. Juntou os fatos e entendeu a situação. Em segundos, começou a gritar: "Mãe, me deixa entrar, pelo amor de Deus! Não faz isso comigo!".

Ela, então, abriu apenas um pequeno vitrô e disse: "Eu te amo, meu filho, mas não quero te ver morrer assim!". Não deu nem tempo de Rafael responder e Sylvia fechou novamente. Desesperado, começou a chutar a porta, porém a resposta foi um grito: "Se você não for embora, eu vou chamar a polícia!".

As pedras do meu caminho

Rafael mostra o viaduto embaixo do qual morou após ser expulso de casa

Atordoado, revoltado, inconformado, Rafael pegou suas três malas e foi para debaixo do viaduto Vereador José Diniz, no bairro de Campo Belo, onde trocou tudo por drogas: "Tive ódio da minha mãe de novo. Fiquei por lá, cheirando todas por uns 4 meses. Estava na "suíte presidencial", como chamava meu pedaço de chão duro coberto por um papelão."

O amigo das madrugadas

"Mané" do bar

Por mais que ficasse vagando pelas ruas, por causa da fissura pelo crack ou da paranóia que a droga provocava, Rafa tinha um porto seguro nas madrugadas, próximo ao viaduto Vereador José Diniz, onde "morava": o bar do Mané. Era comum esperar lá na porta até às 5:00 da manhã, pelo momento de abrir: "Eu queria conhaque para tentar dormir! No frio, também precisava do álcool pra me esquentar. Mas ele só me servia se eu comesse alguma coisa, porque naquela época eu não comia, só bebia! Então, preparava um sanduíche no capricho pra mim! Era sempre um ponto de apoio." O Mané acompanhou de perto as piores fases da dependência química de Rafael: "Cheguei a pensar que fosse morrer. Ver que ele está recuperado não tem preço.". A amizade entre os dois resistiu ao vício e ao tempo: "Ainda passo no bar dele pra almoçar, porque serve um ótimo PF (prato feito). E o Mané nem precisa se preocupar... eu limpo o prato, não sobra nada!"

Sylvia localizou Rafael e, todo dia, passava debaixo da ponte para vê-lo, deixava pago o lanche e um maço de cigarro no bar do Mané, que ele frequentava ali perto. Mas não tinha conversa, o argumento de Rafa era um só: "Qual é? Me põe pra fora de casa e agora fica vindo aqui pra me trazer comidinha?". Ela sabia que, no fundo, queria ir para casa, mas a ideia a deixava angustiada: "Não suportaria viver aquele pesadelo de novo. Convulsões, overdoses, eu sem dormir, minha mãe em pânico... Rafa não podia voltar a morar comigo sem antes ir para uma clínica se tratar. Só que não aceitava ser internado e aí ficava violento, queria dinheiro, eu não dava e ele me mandava embora."

Numa noite gelada de julho, porém, engoliu a raiva, o orgulho e bateu novamente na porta da mãe. Sylvia não esperava por isso: "Por volta de meia-noite, a campainha tocou e atendi. Era o Rafael: "Oi, mãe!". Eu perguntei: o que você quer? Ele explicou com uma voz fraca: "Eu vim pegar um cobertor, porque estou dormindo no chão e não aguento mais de frio". Tinha que ser dura para salvar meu filho e respondi:" Você está dormindo no chão porque quer, foi uma escolha sua. Aqui de casa você não tem mais nada. Peça para os seus "amigos" da rua te darem o cobertor." Ele não reagiu, só virou as costas e foi embora. Tive uma crise de choro, me encostei na parede e fui escorregando até o chão em lágrimas. Fiquei assim até amanhecer!".

Tuberculose e contato com os mortos

Sem abrigo, sem agasalhos e esquelético, contraiu um princípio de tuberculose, mas nem se deu conta da doença. Depois de um tempo sem falar com Sylvia, telefonou pra casa: "Quando ela atendeu, eu estava tossindo muito e minha mãe percebeu que havia alguma coisa grave. Na hora, decidiu me levar para o Hospital das Clínicas. Eu queria fugir, mas o médico me internou na marra."

No dia seguinte à tarde, o hospital entrou em greve: "Estava deitado na maca, no meio do corredor, quando me dei conta que só tinha eu e um auxiliar naquela ala. Parecia tudo vazio. Arranquei o soro do braço, levantei e, em vez de ir embora, me deu vontade de ficar e ajudar o cara. Para não contaminar outros pacientes, por conta da tuberculose, ele me deixou dar uma força no transporte de cadáveres, feito através de um túnel subterrâneo enorme, com paredes totalmente brancas, que ligava o hospital ao necrotério. Levei uns três ou quatro corpos até lá.".

A greve acabou, o tratamento também, mas o contato que teve com os mortos deu a Rafa a dimensão da fragilidade da nossa existência: "Fiquei com a sensação de que morrer é apenas atravessar um túnel para o outro lado da vida!".

A carta que Gugu nunca recebeu

O apelo para que o apresentador o ajudasse a ter um lugar para morar e também a ter o que comer foi feito perto do Natal. Rafael não se lembra onde estava quando escreveu – muito provavelmente vivendo na rua, em mais uma recaída nas drogas – nem por qual motivo nunca enviou a carta e, muito menos, sabe como ficou guardada durante todos estes anos por sua mãe. Sylvia, em contrapartida, tem uma vaga noção do que pode ter acontecido: "Talvez tenha sido após eu ter mandado minha mãe para Salvador, desfeito minha casa e ter ido morar com uma amiga devido às ameaças de morte que fazia. Ele ficou sem casa, sem mãe e sem avó e não sabia o que tinha acontecido para que todos sumissem!".

Do ponto de vista da Psicologia, a dor do abandono é tão intensa, que muitas vezes bloquear uma lembrança como essa é uma questão de sobrevivência emocional. Rafa apagou da memória, mas a carta continuou aí como uma pista da sua solidão.

Arquivo pessoal

13 O CHOQUE: "MEU PAI CONTOU QUE EU NÃO ERA SEU FILHO"

Se aos 7 anos, a separação dos pais provocou uma mudança profunda na vida de Rafael, aos 10 ainda passaria por outro choque ao ouvir Luiz Felipe dizer que ele não era seu filho. Uma declaração feita ao acaso, que deixou mágoa e revolta, como relembra: "Estávamos conversando em casa, quando ele disse, com a maior naturalidade, "você sabe que eu não sou seu pai..." e continuou a frase, mas eu já não ouvia mais nada. Fiquei paralisado, minha cabeça rodou, só conseguia pensar: como não sou seu filho? Que história é essa? Tinha vontade de gritar: não é verdade, isso não pode ser verdade! Mas menti e respondi: "eu sei...", enquanto meu peito explodia, porque era muita dor para o coração de um menino!".

Arquivo pessoal

Ainda bebê, com Felipe, pai que o adotou aos 2 meses de vida

A revelação foi um trauma porque a ligação de Rafa com Felipe era e, ainda é, fortíssima: "Sempre fui louco pelo meu pai, queria ser filho dele de qualquer jeito! Nunca encostou a mão em mim, era amigo e, ao mesmo tempo, tinha autoridade. Eu dava muito trabalho para comer, mas quando ele chegava perto e me dizia "abre a boca e come!", limpava o prato rapidinho. A gente sempre se deu bem. Só tivemos problemas quando mergulhei nas drogas, mesmo assim me ajudou demais. Até hoje nada conseguiu quebrar esse vínculo!".

Mas, aos 10 anos, ficava difícil entender que o amor não depende de laços biológicos e veio a revolta: "Fui para cima da minha mãe, cobrei o porquê de nunca ter me contado, despejei toda a minha angústia, minha raiva, o medo que estava sentindo de que tudo mudasse, mais uma vez, na minha vida, que eu ficasse sem pai. E ela apenas me disse: "Eu contei, sim. Você só tinha 5 anos, acho que esqueceu." Essa resposta nunca me convenceu. Fiquei decepcionado!"

Ele não precisava ter medo, porque seu amor por Luiz Felipe era plenamente correspondido, como deixa claro o homem que o criou desde que nasceu: "Eu assumi o Rafa de coração, registrei como se fosse filho biológico!". Uma situação que nem sempre foi fácil: " Minha família começou a me pressionar porque o menino não parecia em nada comigo. Acabei contando a verdade e pensei em fazer o exame de investigação de paternidade para poder registrá-lo como adotivo. Mas aí o Rafa foi crescendo, fomos ficando cada vez mais apegados e deixei a certidão como estava!"

Com Felipe no Reveillon de 2014: "Ele será sempre o meu único pai"

Se doeu em Rafael descobrir sobre a paternidade de um jeito torto, para Luiz Felipe foi positivo: "Eu tinha certeza que a mãe dele já tinha contado tudo, por isso comentei. Mas me fortaleci com a verdade e Rafa nunca me questionou!". Na verdade, o garoto sofreu calado: "Houve um afastamento espontâneo da minha parte. Passei um tempo sem querer falar com ele. Mas depois percebi que seríamos pai e filho para sempre!"

Rafael também não procurou seu pai "verdadeiro", mas ficou a curiosidade. Só o conheceria anos mais tarde no Programa do Ratinho. Uma surpresa que não foi nada boa...

Programa do Ratinho: o encontro com o pai biológico

Fazia apenas 15 minutos que Jorge Meirelles, um baiano humilde, ex-plantador de cacau, tinha chegado ao SBT, em São Paulo, vindo direto de Ipiaú, e esperava ansiosamente, o momento em que Ratinho o chamaria para ficar frente a frente com Rafael Ilha, o filho que só havia visto uma vez na vida, quando tinha 2 anos: " Cheguei no finalzinho do programa e demorei 7 minutos para entrar. Eu fiquei espiando por trás da cortina, até que uma moça me empurrou para o palco e disse "agora é com você!"... Eu levei um susto, o coração veio na boca, e pensei que fosse morrer lá dentro!". O encontro com o pai seria uma surpresa para o cantor. A produtora Ana Márcia, da equipe do animador, ex- mulher de Rafa, guardou o segredo da noite.

As pedras do meu caminho

Para Jorge, significava a chance de resgatar um elo perdido, para Rafa não significou nada. Os poucos minutos diante das câmeras com aquele estranho, acabaram com qualquer possibilidade de levar o contato adiante: "Tinha ido lá para cantar, quando, de repente, um homem entrou no palco para me abraçar e o Ratinho disse que era meu pai. Foi tudo muito esquisito, não conseguia sentir nada, só deu pra ser educado. Se um dia quisesse conhecer meu pai, tinha que ser em particular, uma coisa só minha e dele, não na televisão. Não gostei do jeito que foi feito e desencanei de vez dessa história. Como me sentir filho de uma pessoa que só vi por uns 3 minutos num programa de TV?", questiona.

Esse encontro aconteceu no ano 2000 e até hoje não se repetiu, mas Jorge não perde a esperança de compensar o tempo que não teve, ao final do programa, para conversar com Rafa: "Nem vi meu filho direito, ficamos só uns dez minutinhos no camarim e aí o dr. Sabino (Ferreira de Farias Neto) entrou, deu um remédio pra ele e falou "vamos embora, vamos embora". Não sei se era calmante, que diabo era aquilo, mas não gostei. Achei

Televisão

É revoltante

Programas exploram a desgraça do cantor Rafael, viciado em drogas pesadas

Ricardo Valladares

Reprodução (Revista Veja / Abril Comunicações S/A)

Fazer circo com a desgraça alheia é um procedimento comum em alguns programas da televisão brasileira. A vítima da vez é o cantor Rafael Ilha, de 26 anos. Depois de um sucesso relâmpago como vocalista do grupo Polegar nos anos 90, época em que chegou a namorar beldades como a atriz Cristiana Oliveira, Rafael mergulhou no inferno das drogas. Chegou a ser preso por roubar 1 real para comprar uma pedra de crack. Recentemente, durante uma crise de abstinência, engoliu três isqueiros, uma caneta e uma pilha. Rafael, um homem doente, virou presa fácil dos shows de horrores, como o de Ratinho, do SBT. Na semana passada, Ratinho apelou para o ex-Polegar duas vezes. Na segunda-feira, Rafael apareceu em seu programa contando suas desgraças. Na terça, o apresentador promoveu um encontro entre ele e o pai, que nunca conhecera. A produção trouxe da Bahia o agricultor Jorge Meirelles, de 56 anos. Resultado: comoção geral e salvação para um programa em franca decadência. O show de Ratinho, que já chegou a dar 30 pontos de audiência, hoje patina nos 12. Graças a Rafael, o roedor conseguiu um ibope de 20 pontos na segunda e na terça-feira. Foi também na terça, depois da meia-noite, que o cantor foi exibido no evangélico *Fala que Eu Te Es-*

cuto, da Record. A audiência média dobrou, passando de 2 para 4 pontos.

Muita gente que assiste a programas como o *Fala que Eu Te Escuto* e *Ratinho* acha que seus apresentadores estão querendo ajudar Rafael. Não há, infelizmente, nenhuma boa intenção envolvida. É tudo briga rasteira por ibope. Antes de se debulhar em lágrimas com o drama do rapaz, Ratinho o xingara várias vezes só porque Rafael havia aparecido no programa de seu rival Gilberto Barros, o Leão. Uma pessoa com dependência química e psicológica de drogas precisa de tratamento, não de exposição pública. Se tivesse quem zelasse por ele, Rafael estaria interditado judicialmente, sob as asas de um tutor e proibido de aparecer na televisão. Mas nem sua mãe, que sobrevive com dificuldade com um salário de 700 reais por mês, e muito menos o pai, que nos últimos dias estava mais preocupado em dar entrevistas, assumem a responsabilidade. Incrível: até o dono da clínica Maxwell, em Bragança Paulista, onde o cantor se encontra internado de graça para desintoxicação, o incentivou a ir à TV. "Ele é um artista e precisa de aplauso", tenta justi-

ficar o psiquiatra Sabino Farias Neto. Ao ser entrevistado por VEJA, Sabino ameaçou expulsar Rafael de sua clínica caso saísse algo negativo sobre seu trabalho. Apesar da doença, Rafael tem consciência do que acontece com ele. "As pessoas não querem saber de minha carreira artística, só me chamam quando estou mal", queixa-se. No passado, Leão e Gugu já se aproveitaram da desgraça do ex-Polegar. É revoltante. Do jeito que as coisas vão, a triste história de Rafael terá um final ainda mais infeliz. ∎

Rafael e seu pai no *Ratinho*: elevando o ibope do show de horrores decadente

---

aquele médico um charlatão, um psiquiatra mais doido que nós. Vi que estava usando o Rafa para aparecer, porque queria me levar com eles para o "Fala que Eu te Escuto", na Record, mas eu não fui. Na mesma hora, o pessoal da produção foi me arrastando para o carro que ia me levar para o hotel. Tudo tão rápido, que até hoje não sei se foi sonho ou pesadelo. Não pude ficar a sós com ele, abraçar, cheirar, chorar de emoção. Rafa foi embora e eu não tive mais contato. Foi um negócio assim, chatíssimo.", lamenta.

Sobrou até para Ana Márcia, que teria tido a ideia de realizar o encontro dos dois no programa. Rafael ficou chateado com ela e Sylvia se sentiu traída pela ex-nora: "Mas não fui eu, o pessoal da produção só me avisou que alguém tinha ligado se dizendo pai de Rafael e fui encarregada de checar se era verdade, porque conhecia toda a família e sabia quem era quem. Conversamos por telefone, fiz umas perguntas e ele sabia responder nitidamente sobre tudo. Aí eu falei: gente, é o pai do Rafael, tenho certeza! Então, pagaram a passagem e ele veio para São Paulo."

Ana, que presenciou o encontro no palco, sentiu que Jorge e Rafa reagiram de forma diferente: "O Jorge era um homem super humilde, que ficou muito emocionado. Agora o Rafael, coitado, ficou a vida inteira sem esse pai... acho que tinha curiosidade de saber como era, mas ali não houve nenhum contato de amor, de nada, porque não havia convivência. O pai do Rafael é o Felipe que o assumiu e deu um sobrenome a ele. A Sylvia nunca quis que se encontrassem e eu a entendo. Na verdade, não existia motivo para isso, mas por mais que a mãe não quisesse, era um direito do Rafael."

Sylvia até hoje não perdoa Ratinho: "Meu filho não precisava passar por uma situação constrangedora como aquela com um homem que, quando eu contei que estava grávida, me mandou para a puta que pariu e me jogou para fora do carro!"

Sem teste de DNA: "É sangue do meu sangue, é a minha cara!"

Jorge Meirelles vai completar 70 anos em 2016, mas tem energia de sobra, ex-mulheres, outros quatro filhos e ainda trabalha como motorista de van escolar em Ipiaú, no interior da Bahia, onde vive há 40 anos, embora tenha nascido em Salvador, onde conheceu Sylvia em 1971. Ele lembra com detalhes como começou o namoro que durou um ano e meio: "Foi um amigo dela que apresentou a gente, até então era "oi, oi", sem muita proximidade. Ela ainda estudava numa escola da região. Depois, começamos a namorar e, uns meses depois, fiquei sabendo que estava grávida.".

Foi nesse momento que Jorge vacilou e não assumiu, como ele mesmo conta: " Eu disse: "Porra, você tem que procurar a sua mãe, que é a melhor pessoa para te ajudar!". E a gente não se viu mais. O tempo passou e um amigo me falou: "A Sylvia teve filho e, mesmo que você negue, nem adianta fazer DNA porque é a sua cara!". Tentei falar com ela, mas me respondeu: "Eu não quero nada com você!". E a gente ficou assim, longe um do outro. Fiquei sem notícia, sem envolvimento... Tanto é que, depois, ela se casou com um rapaz, o Felipe Ilha, que foi quem criou o Rafael."

Jorge viu o filho uma única vez, por acaso: "A Sylvia estava passando na avenida com o fusquinha dela. Quando parou no farol, cheguei perto e deu pra ver o Rafael dentro do carro, no colo da empregada. Ele tinha uns dois anos e era a coisa mais linda do mundo. Aí deu vontade de pegar, abraçar, beijar. Só que ela foi logo dizendo: "Não tenho nada pra falar com você!". Então não quis insistir, ia ser desagradável, só falei que o menino era lindo e saí fora.". Mas ficou a certeza: "Ele é sangue do meu sangue. Desde esse dia que o vi, nunca mais tive dúvida de que fosse meu filho. Não precisava de DNA, era a minha cara, é o que mais se parece comigo, até no jeito! Deus me livre de fazer esse teste, não passou pela minha cabeça nem em sonho!".

Pai confessa: "Cheirei cocaína por 15 anos"

Isso aconteceu em l974 e ele só voltaria a ver Rafael no ano 2000, quando rolou a polêmica surpresa no programa do Ratinho. Por que nunca procurou Sylvia quando o bebê nasceu? Por que nunca procurou pelo filho nesse "intervalo" de "apenas" 26 anos? E nem depois? As respostas não convencem: "Não procurei porque os pais dela queriam me ver pelas costas. O pai era um advogado famoso da Petrobrás, em Salvador. Eu deixei quieto e cada um foi para o seu canto.". Jorge foi seguindo os passos de Rafa pela televisão: "A gente não se falava, mas eu via ele nos comerciais da Nestlé, em fotos, nos programas de TV. E aí dava uma vontade de chorar danada!". Sempre à distância, Jorge vibrou com a explosão do Polegar, viu o garoto virar um ídolo teen. E viu também as imagens de Rafael, pouco tempo depois, viciado em crack e sendo preso sob acusação de assalto. Tomou um choque de realidade: " Naquele dia decidi que era hora de procurar meu filho, de me inteirar sobre ele. Eu quis dar as caras, dar apoio, dar a força que um pai tem que dar. Foi quando liguei para a clínica em que, depois, ele ficou internado, a fim de dizer que a gente precisava se conhecer. Mas não deixaram Rafael conversar nenhum minuto comigo, diziam que estava tomando remédio, que estava fazendo exames... Não tinha como entrar em contato com ele de outra maneira. Não sabia onde estava, onde morava, nem o número do seu telefone. Além disso, não tinha como ir para São Paulo, e a mãe dele não queria saber nem de me ver, entendeu?"

Usuário de cocaína por 15 anos, - o que talvez explique a predisposição genética de Rafa ao vício - Jorge não tem problema em assumir : "Sim, meu caso foi igual ao do meu filho, mas nunca precisei de clínica para me tratar. Superei a dependência sozinho, apenas com a força de vontade, e agora tudo isso é passado!". Mas sente culpa pela ausência de uma vida inteira: "Eu não sei se sou uma das causas de Rafael ter caído nas drogas, por ter ficado longe dele. Cada cabeça é um mundo, mas é um negócio preocupante quando acontece isso com um parente seu, um irmão, um filho... Você enlouquece sem poder fazer nada. Você fica de mãos atadas, como eu fiquei. Seu eu pudesse, na época, pegaria ele e traria pra cá, pra minha casa, e diria " fica aqui... o seu problema é amor, carinho? Agora você tem!". Podia ser um pouco tarde, mas acho que sempre dá tempo de ser feliz!"

Rafa salvou a irmã das drogas

A falta de convivência com o pai não impediu Rafa de ter contato com os quatro irmãos: Carla, Tiago, Mariana e Antonio Nonato (o Tom). Depois do advento da Internet, então, as coisas ficaram mais fáceis. Rafa, o segundo dos 5 filhos, chegou a resgatar Carla, a mais velha, que hoje vive em Miami, salvando-a do vício das drogas: "Eu cuidei dela na minha clínica. Estava dependente de álcool, cocaína e anfetaminas." Essa história deixa Jorge comovido: "Foi em 2009, a Carla procurou o Rafa em São Paulo pedindo ajuda e ele a internou. Teve muito respeito e carinho com ela. Quando voltou para casa, estava até mais gordinha. Graças a Deus, nunca mais usou porcaria.".

O ex-Polegar estreitou o contato com Tiago, com quem conversava pelo Facebook, ao fazer uma viagem para Paris, Madri e Ibiza, com escala em Barcelona, onde ele morava: " É do tipo bombadão, trabalhava na Pachá, uma das mais famosas danceterias da Europa, e não voltou mais para o Brasil. Já a Mariana, que vivia em Salvador, veio para São Paulo, em 2008, trabalhar como modelo, o que aproximou ainda mais a gente. E levo altos papos com Tom, que é o caçula, no Face."

O desabafo: "Não sou um pai desalmado!"

O que Jorge gostaria de dizer para Rafael e não conseguiu? Na verdade, gostaria de fazer um desabafo: "Eu diria que queria ter conhecido ele desde que nasceu. Queria chamar ele de meu filho. Na vida, a gente não sabe o que tem pela frente. A gente vai vivendo. Eu quero que ele seja feliz, quero abraçar ele, quero cheirar ele, quero rir com ele, montar um cavalo, ir para as minhas vaquejadas... essas coisas de pai e filho. Eu sempre quis me aproximar... um dia, a gente vai se chegar mais, com fé em Deus. A gente ama ele aqui, é do meu sangue. A família inteira, minha mulher, minhas ex-mulheres, os irmãos dele, minha mãe – que é a avó dele de 97 anos -, meus amigos...

Eu sinto por não ter tido um relacionamento melhor com o Rafael, mas amo todos os meus filhos. Tenho meus pecados, mas as minhas virtudes também. Não sou um pai desalmado!".

A resposta: "Como amar quem a gente nunca conheceu?"

Rafael dá mais valor às atitudes do que às palavras. Não se rende a um discurso bonito, mas vazio: "A única vez que senti alguma coisa pelo meu pai foi quando minha mãe veio me dizer que ele tinha sido assassinado com um monte de tiros, na Bahia. Aí, alguma coisa bateu aqui dentro, mas foi só. Logo descobriram que a notícia era falsa e tudo voltou a ser como sempre: sem sentimento nenhum por ele, nem como pai, nem como amigo. Não quero nenhum tipo de conversa. Não sei a história do meu pai, não convivi. Como a gente pode amar quem nunca conheceu?"

Rafael com visual oxigenado da época: "Não tenho nenhum sentimento por ele!"

Ratinho se defende: "A gente só queria ajudar!"

Ratinho e Rafael: conversa franca 15 anos depois

"Eu vou relatar o que me lembro... Foi um período em que o Rafael estava muito apagado na mídia, ninguém ouvia falar mais nele. Daí, de repente, alguém passou pra gente que há muito tempo ele não via o pai. Mesmo sem estar em evidência, o público sempre gostou muito dele. Tinha um monte de problemas, mas, no fundo, todo mundo sempre soube que ele era e é um cara bom. Então, decidimos fazer o encontro. A intenção era ajudar. Foi a Aninha quem nos aproximou, eu não conhecia o Rafael pessoalmente, mas acreditei que poderia ser bom para ele, que poderia dar certo.

Acho que pai, o biológico em especial, ou mesmo o que cria – que é pai da mesma forma – tem que ficar do lado do filho. Talvez a ausência do pai, que muita gente chama de verdadeiro, tenha influenciado no caminho das drogas que o Rafael trilhou. No dia em que reuní os dois no palco, parecia que ele tinha tirado um peso das costas, era uma coisa que o Rafa queria muito. Não sei se na época, ele já era revoltado com essa situação de nunca ter conhecido o Jorge, ele não me falou nada, mas a impressão que se tinha é que pensava: "poxa, sou abandonado, meu pai não me quer."

A gente sentia que o Rafinha tinha feito muito sucesso e, depois, quando o Polegar acabou, não teve amparo. Ninguém ficou do lado dele falando: "você vai conseguir de novo!'. Naquela época, o "Programa do Ratinho" estava no auge no SBT. Então, aí sim, depois que esteve lá para esse encontro, outros programas começaram a convidá-lo novamente. Acho que essa reaproximação que a gente fez ajudou bastante, porque ele voltou para a mídia, começou a se reabilitar... Nosso objetivo foi alcançado.", conclui Ratinho.

Jorge concorda com Ratinho: "De alguma forma, aquele encontro fez bem pra mim, mesmo não tendo sido como eu imaginava. Deve ter feito bem para o Rafael também. Pena que até hoje a gente não consolidou a relação!"

Ao contrário da mãe, Rafael não guarda mágoa do apresentador, apesar de deixar claro que não gostou da surpresa: "Faz parte do circo dele, do show, como de todo mundo que trabalha em TV. Depois disso, a gente se viu em algumas festas, sem problemas. Nem foi ele quem levou o cara, foi a produção!".

Mauro Miyabara

Rafael: "Ratinho não teve culpa de nada"

14 REGRESSÃO EXPÕE TRAUMAS

Em uma minifita cassete, guardada por Sylvia há mais de vinte anos, está gravada a sessão de regressão a que Rafael se submeteu no Hospital Iguatemi, na Av. Rebouças, em São Paulo, embora não se lembre do nome do médico. Para Rafa, a ideia de recorrer a esse tipo de tratamento foi de Gugu e sua irmã, Aparecida Liberato, como mais uma tentativa de vencer as drogas, mas a mãe diz que a iniciativa foi dela e que o apresentador não teve nada a ver com isso. Quanto ao resultado, não há dúvidas: os traumas, da separação dos pais à necessidade das drogas para anestesiar as dores de descobrir que não era filho legítimo, perder amores e carreira, vieram à tona como fratura exposta.

Reprodução (Revista Contigo/Abril Comunicações S/A)

LADO A:
T: TERAPEUTA / R: RAFAEL

T: COMO É SEU NOME?
R: RAFAEL
T: QUE IDADE VOCÊ TEM?
R: 19
T: QUAL O SEU NOME COMPLETO?
R: RAFAEL ILHA ALVES PEREIRA
T: ONDE VOCÊ MORA?
R: SÃO PAULO
T: ONDE VOCÊ ESTÁ NESTE MOMENTO?
R: FAZENDO UMA REGRESSÃO
T: ENTÃO VAMOS REGREDIR. VOCÊ SABE QUE DIA É HOJE?
R: DOIS DE MAIO

T: QUE ANO?

R: 92

T: VAMOS REGREDIR UM ANO. O QUE VOCÊ ESTAVA FAZENDO NA TARDE DO DIA DOIS DE MAIO DE 91? EM QUE LUGAR ESTAVA?

R: NA FAVELA

T: FAZENDO O QUÊ?

R: COMPRANDO COCAÍNA

T: E CHEIROU?

R: SIM

T: DOS ACONTECIMENTOS QUE MARCARAM, MAGOARAM, ENTRISTECERAM... ME DIZ A DATA, O ANO E O QUE ACONTECEU!

R: CRISTIANA

T: QUANDO? O QUE?

R: OITO MESES

T: QUANDO É ISSO? QUANDO É OITO MESES ATRÁS? EM QUE ANO VOCÊ ESTÁ?

R: 92

T: HÁ OITO MESES ATRÁS VOCÊ ESTÁ EM 92

R: OITO MESES ATRÁS ESTOU EM 91

T: O QUE ACONTECEU?

R: IA COMEMORAR

T: IA COMEMORAR O QUE?

R: TRÊS ANOS DE NAMORO (com a atriz Cristina Oliveira)

T: ISSO TE MAGOOU? ENTRISTECEU? TRAUMATIZOU?

R: SIM... (NÃO DÁ PRA ENTENDER AS OUTRAS PALAVRAS)

T: E MAIS NO PASSADO? O QUE MAIS TE TRAUMATIZOU? VÁ BUSCAR NO PASSADO

R: A SEPARAÇÃO

T: SEPARAÇÃO DE QUEM?

R: DA MINHA MÃE E DO MEU PAI

T: QUANDO FOI ISSO?

R: QUANDO EU TINHA NOVE ANOS

T: QUEM É SEU PAI?

R: NÃO SEI

T: QUAL O NOME DELE?

R: (NÃO DÁ PRA ENTENDER O QUE O RAFAEL DIZ)

T: VOCÊ FICOU COMO NA SEPARAÇÃO?

R: EU NÃO QUERIA QUE ELES SE SEPARASSEM

T: POR QUÊ?

R: (NÃO DÁ PRA ENTENDER O QUE O RAFAEL DIZ)

T: QUINZE ANOS DE IDADE RAFAEL. QUE LEMBRANÇAS EXISTEM?

R: ÓDIO

T: DE QUEM?

R: DO MEU PAI

T: DO FELIPE? POR QUÊ?

R: PORQUE ELE NÃO É MEU PAI

T: COMO É QUE VOCÊ SABE DISSO.

R: MINHA MÃE ME FALOU

T: VOCÊ ESPERAVA POR ISSO?

R: NÃO ESPERAVA

T: E ISSO TE LEVOU A SENTIR... A FAZER O QUE?

R: EU DESCOBRI ISSO QUANDO EU TINHA DOZE ANOS, AÍ DEPOIS A CABEÇA PIROU

T: PIROU COMO? EXPLICA DIREITINHO, O QUE VOCÊ SENTIU?

R: ÓDIO

T: E O QUE VOCÊ FEZ CONTRA ELE?

R: IGNOREI ELE

T: E O ÓDIO? VOCÊ JOGOU EM QUÊ OU CONTRA QUEM?

R: O ÓDIO EU JOGUEI CONTRA MIM

T: VOCÊ SE SENTIU COMO?

R: SOZINHO

T: E QUE COMPANHIA VOCÊ BUSCOU

R: FIQUEI COM RAIVA DA MINHA MÃE

T: POR QUÊ?

R: ELA DEVIA TER DITO ISSO ANTES

T: E O QUE VOCÊ FEZ COM VOCÊ?

R: PRECISAVA DE ALGUMA COISA QUE ALIVIASSE ESSA DOR

T: TOMOU ALGUM REMÉDIO?

R: NÃO

T: E O QUE VOCÊ FEZ PRA ALIVIAR ESSA DOR?

R: EXPERIMENTEI COLA

T: VOCÊ SABIA QUE FAZIA MAL A VOCÊ?

R: SABIA

T: VOCÊ PENSOU EM SUICÍDIO?

R: NÃO

T: QUERIA O QUE? QUERIA FICAR DOENTE?

R: QUERIA FICAR DOIDÃO

T: VOCÊ EXPERIMENTOU A "DOIDICE"?

R: EXPERIMENTEI

T: É BOM?

R: É

T: EM QUE ASPECTO É BOM?

R: AFASTA ESSAS COISAS RUINS

T: MAS ISSO AÍ QUE TE LEVOU A CHEIRAR COLA E DEPOIS COCA, É ISSO?

R: PRIMEIRO FUMEI MACONHA. MINHA MÃE (A PALAVRA MÃE NÃO É CLARA... MUITO BAIXO) FUMAVA MACONHA, DAÍ QUERIA FUMAR TAMBÉM

T: VIU QUEM FUMAR?

R: MINHA MÃE(A PALAVRA MÃE NÃO É CLARA... MUITO BAIXO)

T: MAS RAFAEL, VEJA NA SUA MEMÓRIA QUE ANTES DISSO JÁ HAVIA UMA PREDISPOSIÇÃO NÃO É? TEM ALGUMA COISA MAIS ATRÁS... MAIS FUNDO... QUE ABRIU UMA PREDISPOSIÇÃO SUA... EU TÔ PEDINDO PRA VOCÊ VER.

R: EU QUERO CONHECER MEU OUTRO PAI

T: SEU ÚLTIMO PAI?

R: EU QUERO CONHECER

T: SEU ÚLTIMO PAI?

R: NÃO... MEU PAI DE VERDADE

T: POR QUÊ?

R: PORQUE EU QUERIA ELE... QUERIA UM DIA PODER ABRAÇAR ELE

T: AGORA QUERO QUE VOCÊ BUSQUE O QUE TE ESTIMULA, NO USO DA DROGA, ESSA FUGA QUE VOCÊ PRECISA TER. BUSQUE... TÁ PROCURANDO? ALGUMA COISA NA SUA CABEÇA QUE TE LEVA A BUSCAR A DROGA PARA ALIVIAR.

R: A RAIVA DOS OUTROS

T: QUAL A CULPA QUE VOCÊ ACHA QUE SUA MÃE TEM?

R: ELA DEVIA TER ME CONTADO

T: QUANDO VOCÊ TINHA QUANTOS ANOS? QUE IDADE VOCÊ QUERIA QUE SUA MÃE TE CONTASSE? CINCO, SEIS, SETE, DEZ?

R: (CHORO)

T: QUANTOS ANOS VOCÊ TEM AGORA RAFAEL?

R: (CHORO)... 7 ANOS

R: (CHORO)

T: MAMÃE TE CONTOU ALGUMA COISA FOI? POR ISSO QUE VOCÊ TÁ CHORANDO?

R: (CHORA) MÃE!!!! EU QUERO A MINHA MÃE

T: ELA ESTÁ COM VOCÊ... SUA MÃE TE AMA VIU!

R: EU QUERO MINHA MÃE... (CHORO)

T: O QUE VOCÊ SENTIU QUANDO ELA CONTOU ISSO PRA VOCÊ RAFAEL?

R: EU QUERO MEU PAI... (CHORO)

T: ME MOSTRE NA SUA CABEÇA. APONTE EM QUE PARTE DAQUI DA SUA CABEÇA ESTÁ ESSA VONTADE DE SE DESTRUIR. ESTÁ AQUI?(APONTA) TEM CERTEZA? ENTÃO VAMOS A UMA PROGRAMAÇÃO NOVA AQUI NESSE LUGAR? IMAGINA UM BRANCO LEITOSO NESSE LOCAL. BEM LEITOSO. UM AZUL CLARO. ESSAS CORES TE ALIVIAM. AGORA UMA LUZ DANDO BRILHO, COMO NUM TELEVISOR,

QUE VAI APAGANDO UMA IMAGEM POR BRILHO. ATÉ QUE ESSA IMAGEM, DESSE ACONTECIMENTO QUE TE TRAUMATIZOU, DESA-PARECE PELO BRILHO. UMA NOVA IMAGEM VAI SURGINDO, BEM NÍTIDA, VOCÊ ENCONTROU UM PAI QUE TE ACEITOU. QUE TE DEU APOIO. QUE TE CRIOU. TE EDUCOU. TE ALIMENTOU. UMA SENSA-ÇÃO DE UMA PESSOA MUITO QUERIDA... OTIMISTA... FELIZ... ALE-GRE... CRIATIVA... DE BOM CARÁTER, AMANTE, FORTE E CAPAZ.

R: (CHORA MUITO)

T: CALMA... SUA MÃE ESTÁ AQUI. ELA ESTÁ COM VOCÊ. SINTA SUA MÃE AQUI, SINTA A MÃO DELA, ELA ESTÁ COM VOCÊ.

R: MÃE... (CHORO)

T: VOCÊ ESTÁ BEM AGORA?

R: TÔ

T: VOCÊ PODE FALAR COM SUA MÃE, VOCÊ VAI OUVIR A VOZ DA SUA MÃE! FALA COM ELA...

SYLVIA: OI FILHO!

R: TUDO BEM MÃE? (CHORO)

SYLVIA: EU TE AMO E SEI QUE VOCÊ ME AMA TAMBÉM.

T: SENTE FALTA DE ALGUMA COISA RAFAEL?

R: DE UM PAI

T: VOCÊ TEM PAI RAFAEL.

R: NÃO TENHO, NÃO TENHO

LADO B

T: VOCÊ TEM 9 MESES... AGORA TÁ COM OITO MESES... 7 MESES... SEIS... CINCO MESES... COM 5 MESES NA BARRIGA DA MAMÃE. VOCÊ SABE QUEM É SEU PAI? SABE? RESPONDA... VOCÊ PODE FA-LAR COMIGO! VOCÊ SABE QUEM É A MAMÃE? QUEM É O PAPAI?

R: HUM... HUM... (AFIRMATIVO)

T: ENTÃO VOCÊ VAI NASCER NO EXATO DIA QUEM QUE NASCEU, BEM, EM PAZ, COM MUITA VONTADE DE FAZER SUCESSO NA VIDA. COM SAÚDE, CAPACIDADE, INTELIGÊNCIA ... E VAI SER MUITO QUERIDO!

T: ENTÃO AGORA VAMOS CONTANDO PROGRESSIVAMENTE ATÉ O NASCIMENTO: CINCO, SEIS MESES... SETE... VOCÊ NASCEU COM NOVE OU COM OITO?

R: COM OITO (CHORA)

T: ENTÃO OITO MESES... NASCENDO... BEM... NASCENDO...

T: PINTA AGORA AQUI NA CABEÇA UMA PROGRAMAÇÃO DE VIDA, DE PAZ, DE SUCESSO, DE ALEGRIA, DE FELICIDADE... BEM AMADO... BEM ACEITO... UM MÊS DE NASCIDO... DOIS MESES... TRÊS MESES... VOCÊ TEM TRÊS MESES DE NASCIDO RAFAEL. O QUE ESTÁ ACON-TECENDO COM VOCÊ? O QUE LHE DESAGRADA? O QUE É? FALA...

T: TEM ALGUMA LEMBRANÇA TRISTE DOS TRÊS MESES DE IDADE? DE ALEGRE? ALGUMA COISA GOSTOSA, BOA, QUE ACONTECEU COM VOCÊ?

R: EU FUI PASSEAR

T: VOCÊ FOI PASSEAR AONDE? FOI PASSEAR COM A MAMÃE?

R: AHAM

T: E O PAPAI TAMBÉM?

R: AHAM

T: E FOI BOM?

R: FOI

T: POR QUÊ VOCÊ SE LEMBRA DISSO? FOI PASSEAR AONDE?

R: NÃO LEMBRO

T: NÃO LEMBRA? NESSE ESTADO VOCÊ LEMBRA DE TUDO RAFAEL... VIU!!!! TUDO QUE É PRA LEMBRAR. O QUE JÁ FOI APAGADO FICA APAGADO. AGORA OQ EU É PRA LEMBRAR VOCÊ LEMBRA. FOI PASSEAR AONDE?

T: VOCÊ CONHECEU O PAPAI NOS TRÊS MESES?

R: SIM

T: FOI?

R: SIM

T: ENTÃO GUARDA ESSA LEMBRANÇA PARA IDADES FUTURAS... PRA FRENTE... EM QUE VOCÊ FOI BEM RECEBIDO PELO PAPAI, SENTIU O CALOR, O CARINHO E ELE GOSTA MUITO DE VOCÊ. VOCÊ É FELIZ!

T: VAMOS CRESCER SAINDO DESSA IDADE PRA FRENTE, TRÊS MESES, QUATRO, CINCO... CINCO MESES DE IDADE. VOCÊ TEM UMA LEMBRANÇA GOSTOSA, ALEGRE?

R: FUI VIAJAR

T: COM O PAPAI?

R: É

T: DE QUE? DE CARRO?

R: SIM

T: FOI BOM?

R: FOI

T: ENTÃO GUARDA ISSO TAMBÉM, COMO UMA LEMBRANÇA BOA TÁ!... AGORA SEIS MESES... SETE. VAMOS AGORA PARA UM ANO DE IDADE. VOCÊ TEM UM ANO... DOIS... TRÊS, VAMOS PASSANDO. SEMPRE PONDO ALEGRIA EM CADA FAIXA DESSA VIU! QUATRO... QUATRO ANOS... CINCO, SEIS, SETE, OITO, NOVE, DEZ. ASSUME A POSTURA NORMAL DO SEU CORPO!

T: ... 11 ANOS, 12, 13... FICA CALMO... CALMO... RESPIRA BEM... TUDO ESTÁ EQUILIBRADO... CALMO... EM PAZ

R: CHORA MUITO ALTO

T: ... 14, 15 ANOS... VOCÊ TEM 15 ANOS RAFAEL. VOCÊ VAI PASSAR OUTRA VEZ UM LIQUIDO BRANCO LEITOSO, APAGANDO QUALQUER COISA QUE TENHA LHE TRAUMATIZADO... ESQUECE. EM CIMA, PÕE IMAGENS ALEGRES... PASSEIOS, NAMOROS, ALEGRIA, FESTA E PAZ. VOCÊ É UMA PESSOA MUITO BEM ACEITA. AS PESSOAS GOSTAM DE VOCÊ. VOCÊ FAZ AMIZADE COM FACILIDADE. 16 ANOS... .17,18,19 – OS DIAS E AS HORAS QUE VOCÊ TEM DESDE QUE ESTÁ AQUI COM A GENTE. SÓ VAI ACABAR QUANDO A GENTE DER LICENÇA PARA ISSO VIU! VOCÊ VAI RECUPERAR SUAS FORÇAS, RENOVANDO SUAS ENERGIAS, DESENVOLVENDO MAIS A SUA INTELIGÊNCIA E AGORA VAI FAZER UM RETOQUE FINAL EM TUDO, PRA TER MAIS PAZ NA SUA VIDA.

T: AGORA RAFAEL, ME DIGA O QUE VOCÊ PROJETA PARA SUA VIDA. PARA VOCÊ PROGRAMAR SEU CÉREBRO E CONSEGUIR REALIZAR.

R: EU QUERO TRABALHAR

T: A SUA VIDA ARTÍSTICA E PROFISSIONAL NÉ?

R: É. QUERO TER

T: TER O QUE? TER NOVAS IDEIAS, NOVAS COMPOSIÇÕES?

R: EU QUERO TER UM FILHO

T: ENTÃO VOCÊ QUER CASAR, RAFAEL? VOCÊ TEM UMA CANDIDATA?

T: VAI PROCURAR?

T: ENTÃO SEU PROJETO É TER UM FILHO E TRABALHAR!

T: VOCÊ ESTÁ EM PAZ? VOCÊ ACHA QUE TEM ALGUMA NECESSIDADE DE ALGUMA COISA QUE POSSA COMPENSAR QUALQUER COISA NA SUA VIDA?

T: NÃO PRECISA DE COMPENSAÇÃO DE NADA? TÁ BEM? TÁ FELIZ?

R: ... NÃO QUERO MAIS SABER DE DROGA

T: POR QUÊ?

R: (NÃO DÁ PARA ENTENDEER)

T: NO LUGAR DELA... QUER COLOCAR ALGUMA COISA?

R: AMOR

R: CHORA MUITO

T: AGORA RAFAEL, TUDO QUE NÃO SEJA NORMAL, QUE LHE OFEREÇAM, QUE MOSTREM, QUE POSSA TE LEVAR PRA UM ESTADO DE FUGA E FANTASIAS – COMO O EXAGERO COM A BEBIDA ALCÓOLICA E QUALQUER COISA NESSA ÁREA QUE POSSA TIRAR SEU EQUILÍBRIO NORMAL, NATURAL – AÍ VOCÊ PODE JOGAR TODO O SEU ÓDIO CONTRA ISSO VIU! VOCÊ VAI AFASTAR E SE LIVRAR DAS PESSOAS QUE TENHAM MÁ ATUAÇÃO NESSE CAMPO, VAI REJEITÁ-LAS... AFASTÁ-LAS COMPLETAMENTE DE VOCÊ... E DO QUE ELAS PORTAREM... GERE UMA FORÇA DE DEFESA MUITO GRANDE... UM ESCUDO MESMO CONTRA ISSO... E AINDA VAI AJUDAR AS PESSOAS A SAÍREM DESSA SITUAÇÃO, OK RAFAEL?

T: VAMOS CONTAR PROGRESSIVAMENTE DE UM ATÉ DEZ. QUANDO CHEGAR NO DEZ VOCÊ VAI ACORDAR BEM DISPOSTO, ALEGRE E FELIZ PORQUE VOCÊ VENCEU!

T: UM, DOIS, TRÊS, QUATRO, CINCO, SEIS, SETE... ESQUECE TUDO O QUE A GENTE FALOU DURANTE O SONO... APAGA... OITO, NOVE, DEZ – BOM DIA!

A regressão foi realizada com Rafa sob medicação e semiconsciente, sendo que algumas vezes se confundiu com idades e fatos. Se valeu a pena? Ele responde: "Sinceramente, não mudou nada na minha vida. Não descobriram o motivo da minha dependência química. O que adianta voltar no tempo, até ir a vidas passadas, como acontece em muitos casos, se estou vivendo aqui e agora? Hoje, acredito que nasci com uma predisposição genética para o vício. E isso explica tudo!".

As pedras do meu caminho

15 RAFA SOBE O MORRO, ENCARA O TRÁFICO E LEVA UM TIRO

Arquivo pessoal

No morro, drogas e violência

Com a mala na mão e dinheiro no bolso, mas sem ter para onde ir, Rafael sente-se perdido nas ruas no Rio de Janeiro, onde havia ido passar um tempo com Felipe, após sua saída do grupo Polegar, o fim do Casa Mágica e a descoberta do crack. Fica vagando por um tempão, desorientado! A fissura já toma conta do seu corpo, confunde os pensamentos, seca sua garganta, acelera o coração. E vem uma dor que não sabe de onde: se da ordem do pai para ir embora de sua casa, depois de ter roubado dele duas garrafas de uísque, ou a falta da droga! De repente, a resposta não importa mais! Ele se dá conta que está em frente a um famoso morro dominado pelo tráfico. É subir ou nada! Então, encara a escadaria e vai ao encontro do capítulo mais violento de sua vida.

"Subi, comprei o pó que precisava e estava indo embora, quando uma garota me reconheceu. Perguntou se eu era o Rafael, disse que sim e ela foi logo querendo saber se eu conhecia o crack, se sabia fazer, porque no Rio ainda não era tão usado quanto em São Paulo. Também respondi que sim. Então, me convidou para ir ao apartamento de uma amiga. Como não tinha mais grana e nem onde ficar, topei na hora! Mas nunca poderia imaginar que a dona do apê fosse Neuzinha Brizola, a filha do governador!"

A filha do governador tenta matar Rafa

Até hoje Rafael se impressiona com o que viu: uma mulher jovem, mãe de um bebê de poucos meses, rica, mas em decadência e totalmente viciada! O pai mandava seus seguranças buscarem o netinho toda vez que ela entrava em surto! Como cantora, já não fazia mais sucesso.

" Apesar de tudo isso, me deixou ficar morando lá. Eu era o seu "cozinheiro do crack", sabia fazer o verdadeiro, o artesanal, mistura de cocaína e bicarbonato levada ao fogo numa colher. Eu ia cozinhando e usando também. Mas durou pouco... e terminou de um jeito pesado!"

Como ela tinha dinheiro, droga não faltava, nem a mordomia da entrega em domicílio. Um dia, avisou Rafael: " Liguei para o traficante e ele vai trazer mais pó!" Seria a noite do pesadelo, como conta: " O cara chegou com a encomenda e eu preparei o crack. Aí, ela levou a droga para o quarto e se trancou! Fiquei conversando com ele na boa, enquanto cachimbava uma pedra. Me contou que seu nome era Zuzu, que era dono de um morro, eu falei da minha ida para o Rio, o papo foi rolando, demos umas risadas... De repente, Neuzinha passou em direção à cozinha e, um minuto depois, veio para a sala. Estava muito louca e tinha uma faca na mão! Transtornada, voou pra cima de mim, gritando: " Tá querendo roubar o Zuzu de mim? Tá querendo ficar com as pedras só pra você? Vou te matar!!!" A gente entrou em pânico! Mas, por causa da gritaria, o bebezinho começou a chorar no quarto e ela vacilou.Zuzu, então, agiu rápido: arrancou a faca da mão dela e me tirou dali correndo. Fugimos sem nem olhar pra trás!"

Com um fuzil nas mãos

De novo no olho da rua, Rafael estava ofegante e sem rumo. Ainda recuperando o fôlego, o traficante olha pra ele e pergunta: "Você tem pra

As pedras do meu caminho

onde ir?". Rafael nega com a cabeça e o bandido diz: "Tem um lugar lá na casa da minha avó. Tu já morou em morro?" Disposto a qualquer coisa, confessa: "Morro não, mas já morei em muita favela lá em São Paulo." Zuzu ri e manda: "Vamo embora, que dá tudo na mesma! Só que aqui a paisagem é melhor!" Dia seguinte, a surpresa: Zuzu joga um fuzil em sua mão, perguntando: "Você sabe atirar com essa porra?" E gosta do que ouve: "Não, mas eu aprendo rápido!", a mesma resposta que tinha dado ao Gugu quando o animador, dono do grupo Polegar, perguntou se sabia tocar guitarra. A proposta de "emprego" veio em seguida: ser "olheiro" e "fogueteiro", duas funções que se completam no mundo das drogas, porque alertam os bandidos sobre a aproximação da polícia. "Claro que aceitei, era o único jeito de sustentar meu vício e ter um teto!", justifica.

Na verdade, era como se estivesse mudando de planeta, a anos luz de distância da família, dos conflitos, da sensação de rejeição e abandono, do fim do Polegar, da falta da fama e dos aplausos, das fofocas da imprensa, das clínicas de reabilitação, da angústia de não se sentir mais importante. Um jeito de preencher o vazio: "Acho que o ponto em comum entre ser artista e ser traficante, pra mim, foi a sensação de poder. Eu não tinha mais uma guitarra e um palco, mas eu tinha um fuzil e o morro!"

Arquivo pessoal

A cicatriz no ombro: cirurgia para retirada da bala

Em pouco tempo, estava integrado ao esquema, ganhou arma, casa, salário, seguranças e o apelido de Alemão. Também comprou uma moto. De "fogueteiro" passou a chefe da "contenção", barreira ao pé do morro responsável por segurar a polícia a bala, para dar tempo de os traficantes fugirem do cerco: "Eu sempre gostei de atirar, desde a época do Polegar, mas só usava revólver, que comprava dos próprios seguranças do conjunto. Mesmo assim, me achei preparado para a nova "missão"!"

Rafael nem se dava conta de que poderia virar um bandido, de que tinha passado para o lado do crime. Alienado pela droga, perdeu o senso crítico, a noção da realidade: " Sentia como se eu estivesse num filme de ação, quando pintava tiroteio era a maior adrenalina. Tinha entrado numa guerra, tanto fazia de qual lado eu estava!"

A morte manda recado

Mas a morte passou perto e deu o seu recado: "Naquela época, a polícia não subia o morro, ninguém entrava, só que aí veio o Exército, a coisa ficou feia. Usaram até tanques, cercaram tudo, e a polícia invadiu! A "contenção" reagiu pesado, foi mais de uma hora de troca de tiros. Eu disparava pra todos os cantos, minha cabeça estava a mil, o corpo inteiro molhado de suor, muita droga rolando nas veias. Não raciocinava mais, era só instinto. Ali era matar ou morrer! Foi quando um dos seguranças do meu lado gritou: "Alemão, você tomou um tiro!". Mas como, se eu não sentia nada? Passei a mão no meu ombro direito e, quando olhei, estava cheia de sangue. Fiquei careta na hora! Naquele instante, acordei para a realidade!"

Quase sem fôlego, Rafael se arrastou pelo chão até sair da linha de tiro e se escondeu no primeiro barraco que encontrou. Cada vez mais atordoado, sangrando muito e sem socorro, teve a certeza que iria morrer. Não sabe quanto tempo depois, ouviu passos e alguém falando alto: " Vamos levar ele pra enfermaria, rápido!!!" A guerra tinha acabado, vitória da contenção! Em volta, só o silêncio...

Rafael foi operado numa casa do morro, um pronto-socorro improvisado: " Muita gente presta serviço para o tráfico, até mesmo médicos e enfermeiros. Lá tinha até estoque de sangue, caso precisasse de transfusão!" A bala foi retirada, mas ficou a dúvida: "Será que esse tipo de vida valia a pena?"

Uma cena de horror, iria mostrar que não! Mas até isso acontecer, Rafael enfrentaria algumas mudanças, como deixar de comandar a segurança do tráfico ao ser transferido da contenção para a contabilidade. Sair da linha de tiro não diminuiu em nada o perigo: " Fiquei responsável por 180 quilos de cocaína escondidos num barraco. Distribuía as encomendas e recebia a grana. A prestação de contas é algo seríssimo, qualquer falha pode condenar à morte!", o que de fato ocorreria. Muito competente no trabalho, como sempre, acabou promovido a gerente: " Abaixo do dono do morro, era eu quem mandava. Mas o preço que paguei por isso foi alto demais!"

Como gerente, começou a ser alertado sobre desfalques na contabilidade: "Acontecia sempre que os mesmos caras ficavam no plantão. No começo, sumiram 30 reais, depois 40. O chefão me chamou e disse que se pintasse mais um buraco nas contas, ele matava todo mundo! Aí, levaram 50 reais e o tempo fechou de vez! Cheguei lá e disse: "vim aqui ter um papo reto com vocês, o chefão já sabe de tudo!". O cabeça da turma reagiu e levou um tiro do segurança na perna. Em poucos minutos, cercaram o lugar e arrastaram o ferido lá pra fora! Eu senti que a ameaça de morte ia ser cumprida!"

Um crime brutal

Rafael recebeu ordens para acompanhar o castigo. Sentiu falta de ar e a angústia tomou conta. Encarar um tiroteio tinha gosto de aventura, mas testemunhar uma execução era um filme de terror do qual não queria participar!

"Foi brutal o que eu vi ali. Se fugisse, poderia ser o próximo. Ficar, foi a maior tortura. O dono do morro veio cobrar a dívida pessoalmente. Olhou pro cara sangrando no chão e gritou: " Tu tá me sacaneando? Num sabe que não pode mexer comigo? Paga o que me deve! ". Chorando, ele respondeu: "Eu não tenho agora, mas juro que vou te pagar!" E levou um tiro na outra perna. Começou a juntar gente em volta, alguém foi chamar a mãe dele, que chegou desesperada, gritando para salvarem seu filho, mas ninguém se mexia. Quem se atrevesse, morria! Aí, foram dando mais tiros: num joelho, depois no outro, braços, cotovelos, ombros... O rapaz urrava de dor e nada do tiro de misericórdia! Como continuava consciente, prolongavam seu sofrimento, um verdadeiro martírio. Ele ainda implorava pela vida, quando veio o golpe final: jogaram gasolina na parte de baixo de seu corpo e atearam fogo. Atiraram de novo e incendiaram da cintura pra cima, não tinha mais como resistir."

O que antes era uma dúvida, virou certeza: não queria continuar no tráfico! Rafael, com 20 anos, já tinha visto mais o lado violento da vida que muita gente de 60: " Depois daquele dia, nunca mais consegui ser o mesmo. Parei de cheirar, de beber, de comer. Entrei em choque! Dormindo ou acordado, aquelas cenas de horror não saíam da minha cabeça! Estava estressadíssimo e comecei a deprimir. O poder não me empolgava mais. Aquele negócio de comandar uns 40 caras, andar de moto pela comunidade, armado com um fuzil e cercado por três seguranças, tinha perdido o sentido pra mim! Eu só queria sumir dali... mas precisava achar uma saída!"

O estado de espírito de Rafael não passou despercebido. Zuzu, de cara fechada, o chamou para uma conversa num local retirado, no alto da comunidade. Subiram sem trocar uma palavra, mas Rafa sabia que a hora da verdade tinha chegado e temia pelo desfecho. A pergunta foi direta: "E aí, Alemão? Tá triste? Tá chapado?"

"Não, tô com saudade de casa, da minha mãe, da minha avó!", respondeu sem esperança de que se importasse com isso. O chefão pegou pesado: " Tá com saudade da mamãezinha, tá? Qual é? Não aguenta o tranco, cai fora! Teu lugar não é aqui não, meu irmão!".

Rafa ficou apreensivo, mas tentou contornar a situação apelando pra sensibilidade de artista: "Sabe como é, no fundo sou um cantor, acho que nasci pra isso. É duro reconhecer, mas cheguei no meu limite aqui, pra mim já deu! Quero voltar pra casa!". Ele se sentia querido no morro, muita gente ainda o via como ídolo do "Polegar", até a avó do traficante se confessou sua fã, mas não tinha certeza se isso era garantia de alguma coisa, muito menos de vida. Mas era. Logo a ira do chefe cedeu: " Tudo bem! Tu foi fiel aqui, ponta firme, fez um bom trabalho na comunidade. Não vou te prender, segue teu caminho, Alemão!" Virou as costas e foi embora!

Queima de arquivo ou churrasco na laje?

A surpresa viria mais tarde: fez a mala, entregou a arma, pegou o que restava do salário, um pacote de droga e... foi convocado para um almoço em sua homenagem! Ficou desconfiado, medo de alguma armação, vingança, acerto de contas, queima de arquivo: "Sei lá, pensei em tudo! Mas era um churrasco na laje, rolou até um pagodinho. O povo de lá gostava de mim de verdade." Um final inesperado!

Ao começar a descer o morro, ainda não se sentia livre. Rafa foi percebendo que aquele lugar ficaria dentro dele para sempre. Havia ali laços tortos de afeto, códigos de honra do avesso, crime de um lado, solidariedade de outro, linhas cruzadas entre violência e amizade, sobrevivência e marginalidade. Zuzu era cruel, mas foi quem salvou sua vida! Difícil essa mistura de gratidão e fuga! Em meio a essa montanha-russa emocional, Rafa ouviu vários tiros e virou pra trás. Lá em cima, o chefão disparava seu fuzil para o alto. Olhou firme para Rafael, que entendeu a mensagem: era uma salva de despedida! Ergueu o braço e acenou, pela última vez! Mais alguns degraus e, finalmente, colocou os pés na avenida: " Tinha 2 mil reais no bolso e nenhuma arma nas mãos! Estava de volta ao meu mundo, mas agora me sentia um estranho!".

As pedras do meu caminho

16   OS AMORES

"Eu era pegador mesmo, namorei muito, transei com fãs, não perdia uma chance, era muita mulher em volta, até por conta do sucesso do Polegar. Nunca fui santo, mas isso durou só até meus 20 anos. Depois, comecei a pensar em amor, daqueles com A maiúsculo. Queria me apaixonar, casar, ter filho, construir uma família. Ninguém acreditava que um cara tão jovem quisesse um relacionamento tão sério, mas era meu sonho encontrar alguém pra ficar comigo a vida inteira, pra ficarmos velhinhos juntos. Tive minhas paixões, muitas coisas boas e muitas decepções, mas não vou desistir de viver um amor assim e sei que já encontrei a pessoa certa.", confessa Rafael.

De sua agitada vida sentimental, três histórias se destacam: o namoro de conto-de-fadas com Simony, a louca paixão com Cristina Oliveira e o amor pra valer com Ana Márcia, da equipe de produção do Ratinho. O casamento com Fabiana Bejar, que lhe deu o filho Kauan, fica para um outro capítulo.

O namoro com Simony

"Ele foi meu primeiro namorado e tinha cara de príncipe encantado!". É com essa frase romântica que Simony, estrela do grupo Balão Mágico, apresentadora de programas infantis e cantora de grande sucesso, relembra sua história de amor com Rafael Ilha. Tinham em comum, além da fama, o passado de crianças-prodígio e o fato de se conhecerem desde os tempos do Colégio Objetivo, onde estudaram: "Naquela época, eu comandava programa à tarde no SBT e o Polegar ia cantar lá toda semana. Aí foi pintando uma paquerinha com o Rafa, até o dia em que trocamos telefone. Era um garoto lindo, um príncipe mesmo. As meninas olhavam e se apaixonavam por ele."

Mas foi só na festa de 13 anos dela, que o cantor criou coragem e fez o pedido:

Luizinho Coruja / Abril Comunicações S/A

Simony: "Rafael era meu príncipe encantado"

107

"A gente estava dançando e ele perguntou: "vamos namorar?" e eu respondi: "tá bom!". Simples assim. Éramos duas crianças, ficávamos de mãos dadas, durante um tempo nem beijo tinha!", recorda.

Rafael também tem suas lembranças: "Simony era uma gata, eu era louco por ela desde a época do Balão Mágico, que eu adorava, e também conhecia a prima dela, a Luciana. Acabou rolando um namoro muito legal. O que atrapalhou foi o nosso ritmo de trabalho. Ela gravava os programas e fazia shows, enquanto eu viajava direto com o Polegar, que tinha

Rafael: "Eu era louco pela Simony"

uma agenda lotada, onde não existia a palavra folga!". Só que o ciúme também interferiu: "Ela era ciumentíssima!!! Aparecia lá em casa às duas, três horas da madrugada, pra ver se eu estava dormindo. Era uma loucura, marcação cerrada!"

Simony ri e confessa: "O Brasil inteiro queria namorar o Rafael, era cobiçadíssimo, não tinha como não ser ciumenta. O jeito era pintar na casa dele de surpresa, para conferir se estava se comportando".

Quando Rafael foi internado pela primeira vez por conta das drogas, já não estavam mais juntos. Foi um choque para Simony: "Fiquei desesperada. Ele nunca usou droga na minha frente, nunca teve um comportamento alterado, jamais me ofereceu qualquer coisa do gênero, por isso não havia nada que me fizesse suspeitar que o Rafa fosse viciado." O laço da amizade continuava sólido e foi visitá-lo: "Eu o encontrei triste, amuado, sem perspectivas. Aí eu pensei: não vou abandoná-lo agora, vou dar todo o meu apoio. Cada vez que ia à clínica, levava camisetas com mensagens, notas musicais, só coisas que levantassem o astral dele, para entender que ainda tinha a vida inteira pela frente e sempre é possível recomeçar! Hoje, acho que ele entendeu isso e continuamos amigos!".

Na época, essa prova de afeto não poderia ter levado a uma reconciliação? Simony é direta: "Não, o encanto tinha acabado e o Rafa já estava de namoro com a Cristiana Oliveira!".

A louca paixão de Rafael e Cristiana Oliveira

João Santos / Abril Comunicações S/A

Apesar da diferença de idade, uma atração irresistível

Ele no auge do sucesso como o ídolo teen do grupo Polegar! Ela, a estrela mais desejada do Brasil, na pele de Juma Marruá, a mulher-onça da novela "Pantanal". Rafael Ilha, 16 anos, 1,70 m, fama de sedutor. Cristiana Oliveira, 27 anos, 1,76, já um símbolo sexual. Paixão que iria explodir em 1990, no embalo de muita polêmica, fofoca, manchetes e, claro, inveja!

Foi atração à primeira vista, como ele mesmo conta: "Conheci a Krika na Rede Manchete, quando o Polegar foi gravar o programa da Angélica. Estava nos bastidores, quando vi aquele mulherão andando pelo corredor com uma menininha, na verdade, sua filha Rafaela. Eu olhei pra ela e ela pra mim. Então, brinquei dizendo: queria ter uma mãe linda assim para cuidar de mim. Krika deu risada e aproveitei pra chegar perto dela. Começamos a conversar e fui direto ao ataque! Perguntei se era casada, disse que sim. Eu falei que não era ciumento... Já tinha percebido que ela também estava a fim..."

O encontro parecia trama de novela, quando o cantor descobriu que Cristiana morava uma rua acima da casa de seu pai, justamente onde ele ficava toda vez que tinha shows ou apresentações em rádios e TVs do Rio.

Bastou para marcar um almoço com a atriz lá, no dia seguinte: "Ela topou e acabou sendo "almoçada".", brinca Rafa. Passaram a tarde juntos e só se separaram porque naquele mesmo dia embarcaria de volta para São Paulo por conta do trabalho.

O que aconteceu no próximo capítulo dessa história deixou Rafael atordoado. Ele jamais poderia esperar a atitude que Krika tomou: "Acho que uns dois ou três dias depois que nos conhecemos, ela apareceu na minha casa, sem avisar, e com suas malas. Quando cheguei, dei de cara com ela. Tinha decidido ficar comigo... Levei o maior susto!"

Na verdade, Rafael levou um choque, segundo conta sua mãe, que foi quem abriu a porta para Cristiana: "Eu disse que meu filho não estava, mas pediu para esperar e entrou com toda a bagagem. Não imaginava que tivesse vindo de mudança. Quando o Rafa chegou, a primeira reação foi mandá-la embora. Aí eu não deixei, porque morávamos a quatro quarteirões da av. Vieira de Moraes e teria que ir a pé até lá, carregando as malas, para poder pegar um táxi. Foi assim que ela ficou!'.

Rafael, então, se acalmou: "Acabei gostando da ideia, percebi que também estava apaixonado."

"Krika morria de tesão em mim"

Arquivo Pessoal

Uma das cartas de amor de Cristiana para Rafael, direto do Pantanal, onde gravava a novela de mesmo nome como a mulher-onça Juma Marruá

As pedras do meu caminho

Era o começo de um romance que duraria quase três anos de puro fogo na cama: "Nosso relacionamento era muito sexual, ela morria de tesão em mim. Eu estava com uns 16,17 anos, no auge da minha sexualidade, era muito bem dotado (risos) e ainda gostava da coisa! Dá pra imaginar o que a gente vivia, né? Me envolvi completamente!"

Reprodução (Revista Contigo / Abril Comunicações S/A)

A estrela: "Custei para assumir que amava alguém mais jovem"

O cantor: "Sou ciumento e quase bati num atrevido"

UM FILHO NOS PLANOS DE CRISTIANA E RAFAEL

O romance entre Juma e Polegar é mesmo pra valer. Tanto que o casal pensa em morar junto e dar um irmãozinho para a filha da atriz

Campo Belo, bairro de classe média alta de São Paulo. Na casa de ar romântico, quem abre a porta é Cristiana Oliveira. De minissaia e jaqueta jeans, Crica ou Juma, como queiram, irradia simpatia e jovialidade. Após convidar o fotógrafo João Santos e a repórter Estela Madalosso, de *CONTIGO*, para entrar, ela chama o namorado: "Amor, desce pra sala, a entrevista vai começar". Rafael, do grupo Polegar, vem rapidamente e se instala ao lado de Cristiana no sofá. Beijos, abraços e olhares cúmplices demonstram que o casalzinho está pra lá de apaixonado. Quem os vê juntos, logo percebe que o que rola é um amor incontrolável, desses que armação ou jogada publicitária alguma conseguiria sustentar por muito tempo. Tanto que Crica e Rafa ficam muito magoados quando as pessoas duvidam do sentimento que os une:

— Os comentários que surgiram logo que a gente começou a sair junto me machucaram muito — revela Cristiana. — Como falaram tanto sem saber direito o que nós estávamos realmente vivendo, senti necessidade de assumir de uma vez por todas Rafael em minha vida.

O primeiro encontro de Crica e Rafael aconteceu em 1989, na gravação de um programa da Angélica na Rede Manchete. Depois de conversarem alguns minutos, a atriz e o cantor descobriram que já se conheciam há alguns anos e que Cristiana era uma velha amiga da mãe dele, Silvia. Meses depois, reencontraram-se nas filmagens de uma das produções dos Trapalhões, na véspera da garota embarcar para o Pantanal, onde iria iniciar

contigo!

111

Namorar era uma coisa, assumir era outra bem diferente. Os boatos sobre o romance começaram quando foram flagrados no maior chamego, de mãos dadas, num show em São Paulo. Mas ela desmentiu, afirmando que era amiga da família há muito tempo, principalmente da mãe dele. A possibilidade de existir um namoro, entretanto, despertava a maior curiosidade, já que se tratava de um casal famoso e totalmente fora dos padrões. Até o pessoal da equipe do Polegar não conseguia acreditar, como revela o diretor Roberto Manzoni: "Havia comentário que o Rafael estava namorando a Cristiana, a gente não entendia muito... Pô, era a mulher mais desejada do país, mais desejada mesmo! E o Rafael apontado como o namorado dela?! O namorado da Juma Marruá, de Pantanal? Muita areia para o caminhãozinho dele, mas era verdade!".

Como andavam sempre juntos e não oficializavam nada, alguns fofoqueiros de plantão começaram a publicar que se tratava de um golpe de publicidade. Aí a atriz reagiu: "Esses comentários me machucaram muito. Falaram tanto sem saber realmente o que estávamos vivendo, que senti necessidade de assumir de uma vez por todas o Rafael na minha vida!", declarou à Contigo, em edição de janeiro de 1991. A demora foi por não conseguir romper a barreira da diferença de idade: "Custei a encarar esse sentimento por uma pessoa mais jovem." Alguém muito especial também ajudou na sua decisão: "Minha filha Rafaela gosta muito dele. São os dois "Rafas" da minha vida!". confessou à revista. Livres de preconceitos para viver essa paixão, passaram a dar declarações bem humoradas: "No começo, a Krika era toda tímida, eu a transformei numa sem vergonha!", dizia ele, enquanto a estrela brincava com o fato de ser dez anos mais velha que seu amor: "Já fui até chamada de comunista, porque sou comedora de criancinha". Aliás, passou a falar abertamente de sua preferência: "Gosto dos rapazes mais jovens, com um físico meio homem, meio menino. Acho natural essa atração, porque sou mulher e menina!". Não se importava mais com as cobranças: "Eu gosto dos caras mais novos da mesma forma que outras mulheres gostam de loiros, morenos, altos.

Adoravam dormir grudados, ficar um tempão olhando um para a cara do outro sem dizer nada, se darem apelidos carinhosos como príncipe, pequeno, ursinha e grandona. Nos momentos de folga, saíam para jogar boliche, ir ao cinema ou a shows, quando sentiam todos os olhares do mundo sobre eles, mas já não se incomodavam mais. Também não faltavam planos para a vida a dois, inclusive um filho: "Apesar de novinho, o maior desejo do Rafa é ser pai. E olha que ele leva o maior jeito. Já expliquei que, por causa da minha carreira, só pretendo engravidar de novo daqui a uns três anos. Mas ele fala tanto nisso que pode acabar me convencendo... "

As pedras do meu caminho

A atração física entre eles era tão intensa que não passou despercebida por Renato Aragão. O humorista fez até piada com o casal, como Rafa conta: "Eu estava participando do filme dos Trapalhões e a Krika foi me ver no set, já que fazia alguns dias que não ficávamos juntos. Num dos intervalos do trabalho, entramos no trailer, tranquei a porta e começamos a transar loucamente por mais de 1 hora. Depois, fomos almoçar com toda a equipe e elenco. Foi aí que o Renato perguntou, na frente de todo mundo, se alguém tinha sentido o tremor de terra que fez meu trailer balançar direto. O pessoal riu muito, porque todos tinham visto chacoalhar, só eu e a Krika não nos tocamos!".

Cristiana, no começo do namoro com Rafael, ia às escondidas nas apresentações do Polegar

Cristiana gravava a novela no Rio, mas morava com Rafael em São Paulo. Seus hábitos liberais surpreenderam a mãe e a avó do cantor. Sylvia não se conformava com o fato da nora andar só de calcinha e camiseta pela casa: "Também tinha mania de ficar se fotografando de lingerie para o Rafa". E dona Yolanda ficava chocada com as coisas que a atriz dizia: "Um dia, ela acordou toda animada e me disse: "Ai, vó, tô tão feliz! Tive orgasmos múltiplos!". Eu não sabia onde me enfiar. Ela não era muito certa da cabeça, não. Muito ciumenta, dava escândalos."

"Alugava até avião para ir atrás dele nos shows"

O ciúme que tinha de Rafael chamava a atenção: "Ela era obcecada pelo meu filho. Uma vez, encontrou foto de uma garota no guarda-roupa, acho que era de fã, e chorou o dia todo sentada na calçada. O Rafa não estava em casa, foi uma situação complicada.", conta Sylvia. E revela que Cristiana era capaz de qualquer coisa para não ficar longe do namorado: "Ela alugava táxi e até avião para ir atrás dele nos shows."

Carlinhos Muniz, o diretor da Promoart, confirma essa história: "A Krika era doente pelo Rafael. Quando o Polegar tinha que viajar de ônibus, sempre queria ir junto. Eu não deixava, então seguia atrás de táxi. Era uma loucura. Uma vez, por conta de ciúme, ela sapateou em cima do carro dele!".

Roberto Manzoni, o Magrão, também tem casos para contar: "O Polegar ia fazer apresentações em vários lugares – circos, feiras agropecuárias, aniversários de cidades, etc... – e a Cristiana aparecia. Ela dava um trabalho danado para o Carlinhos. Como era ele quem cuidava da agenda de shows, Krika ligava direto querendo saber onde o Rafa estava e depois ia atrás. Uma vez, a gente chegou em um hotel em Aracaju, onde seria o show, e ela já estava lá, instalada num dos chalés com a filhinha, esperando pelo Rafa. Tinha ciúme dele pra caramba!".

Para o cantor, era difícil lidar com essa situação: "A gente queria ficar junto, viajar junto para os shows, mas a direção proibia. Então, ela dava um jeito de ficar escondida no mesmo hotel que o Polegar e equipe. Era muito ciumenta, mas apesar de mais velha que eu e de já ser mãe, não passava de uma menina brincalhona, bem humorada, simples e batalhadora."

Essas qualidades conquistaram Carlinhos, que acabou permitindo sua presença nas viagens: "Depois que dei sinal verde, ela ia até abraçada com o Gugu no ônibus. Chegou a apresentar shows do grupo em alguns lugares". Dava para ver que o ciúme era, na verdade, recíproco, como Rafael deixou claro: "Uma vez quase bati num rapaz que se atreveu a por a mão na perna da Cristiana". Por outro lado, as garotas tinham que se cuidar, porque Krika poderia virar mesmo uma onça a qualquer momento: "Até olhei para uma fã com aquele jeito de Juma Marruá!", assumiu na época.

A atriz passou a ser considerada mulher dele e, assim, comandou a festa de inauguração do bar Velho Oeste, que o cantor abriu em São Paulo, aproveitando a onda country que tomava conta da cidade nos anos 90. Linda, de cabelão e minissaia, posou ao lado de Rafa, que entrou no bar a cavalo e usando chapéu de cowboy, diante de convidados como Sergio Reis, Roberta Miranda e Sula Miranda. O líder do Polegar já não imaginava mais a vida sem ela: "Sabe aquela história: atrás de uma grande mulher há sempre um grande homem? Está acontecendo comigo!".

Sylvia expulsa Krika de casa

Como o relacionamento decolou, Sylvia resolveu botar ordem na casa: "Queria que o Rafael percebesse o lado prático da vida de um casal, o dia a dia, aí fiz ele arcar com as despesas do supermercado." Mas continuou tomando conta dos dois apaixonados: "Ela não dirigia e ele era menor de idade, mas adoravam sair. Então, quem bancava a "motorista" era eu. Como estavam no auge do sucesso, passamos por alguns tumultos. No Shopping Ibirapuera, a C&A teve que fechar as portas, porque os fãs invadiram a loja quando viram os dois lá dentro. Na Fiorucci, do Iguatemi, foi a mesma coisa. Tivemos que sair escoltados. Virou um inferno! Às vezes, Krika trazia a filhinha pra São Paulo e eu ficava com a Rafaela pra que pudesse ir aos shows com Rafael."

As pedras do meu caminho

Arquivo Pessoal

Mas, infelizmente, no pano de fundo dessa história de amor e fama, ainda existia a droga. Rafael estava num nível de dependência alarmante, o que levou Sylvia e Cristiana a terem uma briga que terminou muito mal: "Era justamente a época em que Rafa tinha entrado de cabeça nas drogas e comecei a me desentender com a Cristiana, porque eu não dava dinheiro para o Rafael, para evitar que comprasse drogas, mas percebi que ela dava. Aí a expulsei de casa!"

Rafael se revoltou ao saber da briga feia da mãe com Cristiana

Sylvia correu risco de morte por causa disso: "Quando o Rafa chegou e soube o que eu tinha feito, virou uma fera! Pegou o carro para ir atrás dela. Como ele não tinha carteira de habilitação, fiquei desesperada e entrei junto. Aí, começou o drama. Ele passou todos os cruzamentos em alta velocidade, mesmo com os sinais fechados. Eu pedia para parar, ia provocar um acidente, uma tragédia, mas não adiantava. Claro que estava alterado pela droga. Na primeira parada que deu, saltei do carro. Mas começou a me seguir para me atropelar."

Foram momentos de terror, porque Rafa não desistia: "Eu me escondia atrás de postes e árvores e ele me alcançava, eu corria mais e ele jogava o farol alto em cima de mim. Parecia uma caçada. Quando cheguei no último poste da rua, fechei os olhos e fiquei orando. Ouvi o carro se aproximando e meu coração quase parou de bater quando estacionou perto de mim. Pensei em fugir de novo, mas não tinha mais onde me esconder. Então, resolvi encarar! Ele me disse: "entra aí... " e eu respondi: "só se eu for dirigindo... ". Estranhamente, concordou!".

Novamente dentro do carro, trêmula e exausta, Sylvia pegou no volante e desabafou: "Se você me matasse, nunca ia conseguir viver com uma coisa dessas, ia parar na cadeia. É isso que você quer pra sua vida?", gritava. Fora da real, Rafael não respondeu. Depois de um tempo calado, abriu a boca apenas para dizer que estava com fome e pediu para que a mãe o levasse a uma churrascaria: "Já era de madrugada, só encontrei restaurante na Av. dos Bandeirantes, mas a cozinha estava fechada. O que salvou foi verem que era o Rafael do Polegar, aí fizeram um prato pra ele."

Por telefone, Rafael localizou Cristiana. Sylvia o deixou na porta do hotel. Era o fim da noite de pesadelo. Ela havia sobrevivido!

"Entre Cristiana e a droga, fiquei com a droga"

A paixão parecia não ter fim: "Vivemos tudo intensamente, no verdadeiro sentido dessa palavra!", diz Rafa com muita convicção. Krika era sua parceira para todos os momentos: "Ela me apoiou quando fui internado, não me deixou por causa do vício, encarou tudo numa boa. Isso me surpreendeu, porque tinha medo que fosse embora.".

Reprodução Revista Contigo / Abril Comunicações S/A

O problema é que continuou a se afundar na dependência química: "Eu estava muito debilitado, totalmente viciado. A situação tornou-se insustentável. Ela me amava, mas, um dia, num momento de tristeza, de melancolia, de depressão mesmo por ver eu me destruindo, tomou uma atitude radical: 'Olha, você vai ter que escolher: ou eu ou as drogas!'. Respondi no ato: 'Eu fico com as drogas!'. Estava tão louco que mandei que fosse embora naquela hora. Lembro que era madrugada, ela fez as malas e me pediu para levá-la ao aeroporto ou, pelo menos, chamar um táxi. Não fiz nenhuma coisa nem outra. Simplesmente a coloquei pra fora de casa! Eu também amava a Krika, só que a dependência falou mais alto. Não troquei somente ela pela cocaína, mas também o Polegar, minha carreira e quase a minha vida".

O relacionamento acabou, mas o amor ainda duraria mais um tempo, segundo a mãe de Rafael: "Ela voltou para o Rio e começou a namorar o Fábio Assumpção, mas isso não a impedia de vir pra São Paulo ver o Rafael."

Quando Sylvia soube o que estava acontecendo, teve outra briga feia com Cristiana, desta vez a última: "Pedro, meu namorado na época, é quem acobertava esses encontros. Quando vi os dois na casa dele, pus a Krika pra correr. A partir daí foi, realmente, o fim."

Ambos foram discretos e amorosos ao comentarem o rompimento: "O Rafael nunca vai ser passado para mim. De uma forma ou de outra, ele vai estar sempre presente em minha vida. Foi um relacionamento difícil, não por nós, mas pelas pressões externas. A diferença de idade nunca me preocupou. Sempre dei mais valor ao ser humano Rafael. Nosso relacionamento acabou, como duas paralelas que, de repente, distanciam-se uma da outra. Mas ele é um grande homem. Vou guardar uma bela lembrança dele!", declarou a atriz em setembro de 91 à Contigo. O cantor foi mais econômico nas palavras, mas também mais intenso: "A Cristiana foi meu primeiro e grande amor. Nunca irei esquecê-la!", afirmou em outubro daquele ano à mesma revista.

Arquivo / Camera 5

O reencontro 21 anos depois: surpresa e abraço caloroso

Não ficaram amigos e nunca mais tinham se visto até julho de 2012. O reencontro demorou 21 anos: "Eu estava cobrindo, como repórter, a morte de Ivone Kassu, a assessora de Roberto Carlos, no Rio. A Cristiana compareceu ao velório. Quando a gente se viu frente a frente depois de tantos anos, a reação foi imediata: um abraço apertado e cheio de afeto. Batemos um papo rápido, quando me contou que sua filha Rafaela estava grávida. Iria ser avó!".

Mais uma prova que o tempo tinha passado e levado junto tudo o que viveram!

Ana Márcia, amor pra valer!

Foi num show de Daniela Mercury, no Olympia, que Rafael e Ana Márcia começaram a namorar. Tinham se conhecido à tarde, durante os ensaios de uma peça da qual ela era atriz e ele amigo de uma das produtoras. No intervalo, se viram por acaso no "fumódromo" do teatro. Entre um cigarro e outro, acabaram comentando sobre a apresentação da cantora em São Paulo. Por coincidência, Rafael iria assistir e Ana estaria lá trabalhando, pois

Rafael Ilha

integrava a equipe da rádio Cidade FM, que promovia o espetáculo. O clima de atração entre os dois ficou tão evidente, que o rapaz partiu para o "ataque": "Esperei o final do ensaio e, quando foi ao banheiro tirar a maquiagem, entrei atrás dela e a beijei."

À noite, ao som dos sucessos da estrela baiana, já estavam juntos: "Decidimos que teríamos um relacionamento pra valer, não queríamos ficar saindo sem compromisso.", conta Ana.

Corria o ano de 1992, Rafael não era mais do Polegar e havia voltado a morar em São Paulo com a mãe, após uma temporada no Rio com o pai. Detalhe: seu braço direito ainda doía por conta do tiro que havia levado no morro carioca. O romance emplacou: "A nossa convivência era ótima. Ele era um cara inteligente, divertido, alto astral e romântico... A gente estava feliz!". Mas alguém a alertou sobre

Pisco Del Gaiso / Abril Comunicações S/A

Rafael e Ana Márcia se conheceram no "fumódromo" do teatro

os problemas de Rafael com as drogas: "Eu nem pensava nisso, ele estava bem, super normal, só que achei melhor deixar bem clara minha posição sobre o assunto e, então, disse: "Você sabe que eu sou uma pessoa animada, que gosta de sair, mas não uso droga e não vou conseguir conviver com isso. Aí, ele me garantiu: "Não, não, eu não uso mais. Imagina, eu parei!!!

Por dois anos, continuaram em perfeita sintonia, até o fantasma do vício voltar a rondar: "Era véspera de Carnaval e Rafael foi a um ensaio de escola-de-samba. Naquela noite, chegou estranho em casa e, a partir daí, teve uma recaída feia. Ele não podia ter experimentado de novo! Ah, eu

Arquivo Pessoal

Na casa da praia: "Eu e Rafa tínhamos uma vida bem gostosa!"

fiquei com medo, estava muito assustada, porque é de assustar mesmo. Não era uma droguinha, tipo a pessoa foi ali, fumou um baseadinho e

118

pronto. Não era isso... Era muito pior, não tem comparação. Aconteceu centenas de vezes depois e ele ficava destruído, dava pena. A minha vida se complicou, eu não tinha vícios e estava convivendo com alguém que se drogava pesado. Era muito jovem, só tinha 22 anos, não sabia como lidar com aquilo."

Mesmo assim, não pensou em se separar. Ele prometeu lutar contra a dependência, ela o apoiou e decidiram morar juntos: "Vimos um prediozinho de apenas quatro apartamentos em Pinheiros e alugamos um deles, tão aconchegante que parecia uma casa. E o Rafael, tirando essa parte das drogas, era muito legal: um marido presente, carinhoso, que gostava de receber nossos amigos, sempre muito alegre e agradável. Nunca foi do tipo de interferir no meu jeito de ser ou de me vestir e me dava a maior força. Quando entrei para o jornalismo, me ajudou a fazer contatos, pois conhecia muitas pessoas importantes.

Ana tinha esperança de que Rafael vencesse o vício

Nossa vida era bem gostosa. A gente saía pra fazer compras, dançar, visitar meus pais em São Sebastião (litoral norte de SP), onde dava para curtir praia e os cachorros de casa, que nós adorávamos. Ele era apaixonado por música, eu também. Estávamos sempre ouvindo um som novo, cantando... sempre tivemos muita sintonia para fazer coisas juntos!

Por tudo isso, é que eu ficava pensando que valia a pena continuar ao lado do Rafa, que ele se livraria do vício, que tudo iria passar... mas demorou muito, vivi um longo período com ele tendo recaídas frequentes, era um pesadelo".

O tempo foi minando as esperanças de Ana. Rafa só piorou: "Ele perdia peso gradativamente. Antes de usar a droga, mostrava-se muito agressivo e quando usava, ficava no fundo do poço. Eu o socorri em duas overdoses, levei várias vezes para o hospital, ficava arrasada de vê-lo daquele jeito. Muito triste!".

"Pensei que fosse me dar um tiro!"

Vieram outros dois anos juntos, porém no lugar da música entrou o crack; da alegria, o revólver; da sintonia, o cansaço. O amor estava perdendo essa guerra. Ana começou a enfrentá-lo: "Eu não confiava em deixá-lo sozinho no apartamento. Ele arrumou um revólver e, um dia, ficou fazendo roleta-russa. Acho que tinha vontade de tirar a própria vida. Estava revoltado, a situação era crítica. Mas eu perguntei: "Você quer se matar? Então, eu vou sair, não vou ficar assistindo!". Estava manipulando a arma e disse: "Não, você não vai sair!". Aí eu pensei: "daqui a pouco ele atira e me mata". Mas não mirou em mim. Tinha uma única bala no tambor e ficava girando, girando e apontando para a própria cabeça. Era isso que ele queria fazer, mas não teve coragem, não apertou o gatilho. De qualquer forma, percebi que era um aviso geral, tipo "eu não tô aguentando mais". Daí, fiquei lá acalmando ele, dizendo: Rafael, a gente tá aqui tentando, as coisas vão dar certo... você vai se livrar desse vício... Fui dando apoio até a crise passar. E passou... "

Depois, foi a vez da faca: "No começo, achava que poderia vir pra cima de mim. Mas quando gritava "larga isso", rapidamente ele largava. Na verdade, não queria me esfaquear. Não era uma pessoa agressiva nesse sentido, não era uma pessoa má, não tinha propensão a matar ninguém. Sempre teve bom coração. O problema era com ele, não com as outras pessoas nem comigo. Queria se destruir, era muito sofrimento. Aí conversávamos, íamos andar na rua de madrugada, uma, duas da manhã. Ele tinha que andar, andar, andar. Acho que precisava gastar energia para não usar a droga. E eu fui ficando exausta porque, além de cuidar dele, de segurar essa barra, tinha que trabalhar!".

Rafael chegava a ter delírios, mas nunca agrediu sua mulher fisicamente: "Ele só pegava forte no meu braço, me puxava, me empurrava quando eu tentava impedir que saísse de casa. Ficava transtornado, mas era frágil, estava muito magrinho, debilitado. Mesmo que quisesse fazer alguma coisa comigo, não conseguiria.".

Apesar do desgaste que a relação ia sofrendo, Ana compreendia Rafael: "Teve uma fase barra pesada do Rafa, de muita depressão. Ele queria retomar o trabalho com a música, queria o sucesso de volta. Não que tivesse ficado no anonimato, mas sua carreira não existia mais. Ao mesmo tempo, a droga destruía todos os seus planos, era mais forte que ele. A luta do Rafa era constante. A vida dele sempre foi a música, cantava o dia inteiro, nunca vai se desvincular disso. Gostava de Cazuza, Marina Lima, daquelas canções bem cheias de poesia; curtia músicas românticas, com uma história, um drama no meio. E drama foi o que não faltou na nossa vida."

Entre as crises, porém, sobravam alguns bons momentos: "A gente ia levando a nossa vidinha, não dava para ficar esbanjando dinheiro, mas tínhamos nossas coisinhas regradas e seguíamos em frente. Essa era a parte boa. A gente sabe o que viveu, foi uma fase bacana. Teve uma época em que ele realizava shows pelo interior, com playback, umas coisas que ele inventava. Nunca ficou parado como as pessoas pensam. Fazia os contatos sozinho, negociava os cachês, ia com a cara e a coragem. E eu ia junto, até ajudava a organizar a fila de fãs para tirar fotos com ele. O Rafa ganhava dinheiro assim. Impressionante como o público sempre gostou dele. Não estava mais no Polegar, não tinha música tocando em rádio, não aparecia mais na TV, mas não era esquecido.

Uma vez num festival de verão, em São Sebastião, estávamos conversando, sentados na areia da praia, quando começou a ser reconhecido. Em pouco tempo, juntou uma multidão e precisaram colocá-lo dentro de um cercadinho de madeira, no evento. Ele passou a tarde toda dando autógrafos e tirando fotos. Outro exemplo disso: atrás da nossa casa tinha uma escola e o pátio ficava bem na nossa janela. A meninada saía na hora do intervalo e ficava gritando: "Rafael, eu te amo!!!". E era uma molecadinha de outra geração, pós Polegar. Pessoas de várias gerações gostavam dele, estando ou não na mídia. Não é qualquer artista que conquista um carinho assim!"

As fãs também nunca deixaram de assediá-lo, mas Ana sabia a força do que sentiam um pelo outro: "O Rafael tem uma coisa assim, que atrai mulher de tudo quanto é lado. Sempre teve muita mulher no pé dele, correndo atrás, mas nunca me deixou insegura em relação a isso, sabe? Estava sempre comigo em todos os lugares, me apresentava como sua mulher, mantinha contato o tempo todo, eu sabia os estúdios onde estava, não tinha motivo para ficar neurótica!".

Chegou a fazer uma declaração pública de amor na edição de uma revista totalmente dedicada a ele, "A Trajetória do ex-Polegar Rafael Ilha": "Rafael é um dos raros homens de caráter. Obteve ao longo dos anos mil vitórias sobre si mesmo. Ele me deu tudo o que uma mulher poderia querer: amor, felicidade e respeito. É por isso que será sempre o grande amor da minha vida!."

Só que isso também iria acabar. Ele começou a ficar na rua, onde se drogava: "Passava a noite toda fora e só voltava no dia seguinte, muito, muito judiado. Convivia com outros viciados, brigavam, ele chegava todo machucado porque tinha apanhado. Um dia, veio totalmente ensanguentado, do dedinho do pé até a cabeça. Coisa de você ficar horas limpando tudo aquilo com água oxigenada... Ele era uma coisa fora do comum. Eu não tinha mais condições de continuar cuidando do Rafael, sofria um desgaste emocional muito grande. Resolvi ir embora e, enquanto ele não estava em casa, me mudei sem deixar endereço."

Rafael, por sua vez, passou a viver debaixo de pontes e acabou na cadeia, acusado de roubar 1 real para comprar crack. Apesar da separação, Ana não o abandonou. Ao contrário, deu todo apoio, o defendeu dos ataques da mídia, o visitou na prisão: "A dependência química dele causou tudo isso. Era e é uma dependência muito grande, que pode atacar a qualquer momento. Vai ter que lidar com isso o resto da vida. Mas que lutou bastante, isso ele lutou."

A história de amor não resistiu: "Se amei muito o Rafael? Sim, amei demais! Se foi um bom namorado? Foi perfeito. Se foi um bom marido? Foi incrível. Sei que me amou muito também. Mas a droga é cruel. Não consegui suportar. Eu nunca pensei em reatar e ele nunca me chamou de volta!".

17
A BUSCA DA CURA ATRAVÉS DAS RELIGIÕES

Rafael sempre teve fé e peregrinou de religião em religião em busca da cura para a sua dependência química: de formação católica, foi batizado e fez a Primeira Comunhão, mas a partir das drogas frequentou centro espírita, foi ao Candomblé, recebeu johreis na Igreja Messiânica, deu testemunho como evangélico, voltou à antiga crença nas missas do Padre Marcelo Rossi e hoje prefere ter seus momentos a sós com Deus, sem rótulos!

"Sempre procurei por Ele e hoje temos uma relação íntima e pessoal através da oração. Apesar de tudo o que passei, nunca me esqueci do Poder Superior, nem quando estava drogado.", afirma com a convicção de quem acredita na vida espiritual.

"Nem as drogas conseguiram acabar com minha fé!"

No começo dos anos 90, conheceu um pai-de-santo no programa Domingo Legal, do Gugu, e foi levado ao Candomblé: "No início, achei os rituais bonitos, mas depois não consegui aceitar o sacrifício dos animais. Aquilo, pra mim, parecia macumba brava! Dei muito dinheiro, mas não tinha melhora do vício, me sentia estagnado e abandonei o terreiro!". Nessa época, ele estava desesperado: "Eu cheirava muita cocaína, já não aguentava mais aquela situação, por isso continuei à procura de algo que me libertasse do vício."

Com médiuns no centro espírita

Em junho de 97, já separado de Ana Márcia, magro, sujo e mal parando em pé, procurou a Messiânica de Moema. Ficara sabendo de um caso de cura conseguido na igreja e queria uma chance. Passou três meses indo lá diariamente, quando deitava-se num colchão

Em cerimônia da Igreja Messiânica

e recebia johreis – o passe oriental que significa a transmissão da luz divina – e teve uma melhora animadora. Em novembro, se internou no polo de agricultura da instituição em Adolfo, uma cidadezinha do interior de São Paulo. Dormia num tatame junto a um altar – que limpava ao acordar às seis da manhã – e um jardim japonês. Em seguida, orava e ia trabalhar na roça até às 11:00 h, para onde voltava logo depois do almoço e ficava até às 17:00 h. "Quando chegou aqui, Rafael não sabia reconhecer um pé de cenoura, mas nunca fugiu do trabalho. Era alegre e conversador.", contou Takeshi Carlos Maruyama, responsável pelo local. A fé, reconhecidamente, tem o poder de ajudar a combater as crises de abstinência, que trazem sintomas graves como depressão, ataques de agressividade, mania de perseguição, delírios e ímpetos de suicídio. Mas mesmo assim, ele tinha recaídas quando voltava para São Paulo, uma vez por mês: "Até o dia em que, dizendo que iria retomar os estudos, foi embora e não voltou mais.", lamentou Takeshi.

Um diagnóstico de câncer de útero de sua mãe, Sylvia, abriu as portas do Espiritismo em sua vida: "Ela era nova ainda, poderia querer ter mais filhos e isso seria impossível com a doença. Aí, decidiu encarar uma cirurgia espiritual e viajou para Palmelo, no interior de Goiás, onde foi operada por um médium famoso da região. Fiquei impressionado, porque, depois disso, minha mãe não precisou tirar o útero e ficou curada. Até hoje ela tem os exames com câncer e os exames sem o tumor, após ter voltado de lá!". Apesar de sua mediunidade explícita, Rafael não conseguiu seguir essa doutrina: "Até hoje me incomoda entrar nos lugares e enxergar a aura das pessoas. Não tenho controle sobre isso." Um dia, viu um fantasma: "Eu estava na cozinha, quando senti uma presença atrás de mim e, ao me virar, dei de cara com aquele vulto branco, iluminado, que parecia ser de uma mulher. Durou só um momento e ela sumiu. Aí criei um bloqueio, nunca quis saber dessa história de desenvolver mediunidade, embora tenha o maior respeito. Talvez por isso, todas as vezes que recorri ao Espiritismo minha vida virou do avesso, só aconteceram coisas ruins e acabei me afastando."

Para a vidente Vandinha, esse foi e é o grande erro de Rafael, conforme declarou ao ficarem frente a frente no programa 'Você na TV", de João Kleber: "A mediunidade dele aflora o tempo inteiro, ele tem um grau de vidência e audição muito grande. De 2015 a 2037, querendo ou não, precisará trabalhar essa força espiritual, só assim sua vida vai engrenar de ponta a ponta, caso contrário seus caminhos continuarão sendo cortados. Na verdade, ele nasceu quatro anos antes de seu espírito estar pronto para reencarnar, não queria voltar para esse plano, mas foi obrigado. Por isso, veio despreparado e cheio de conflitos. Também deveria ter desencarnado em 2000 – quando a Terra lhe deu um chacoalhão para ver se estava maduro para entrar num resgate de vivência – mas sua fé em Deus o salvou."

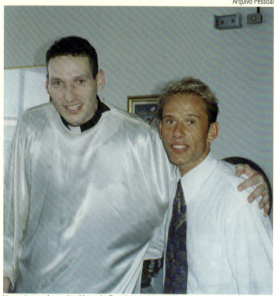
Nas missas do padre Marcelo Rossi, o maior apoio

Rafael, seguindo seu coração, voltou a frequentar missas, dessa vez as do padre Marcelo Rossi, que estava no auge do sucesso com a "aeróbica do Senhor": " Já me tratava na clínica do Dr.Sabino, em Atibaia, mas ia toda

Com a vidente Vandinha: "Rafael deveria ter desencarnado no ano 2000"

semana a São Paulo para participar e, muitas vezes, levava minha avó junto. Era uma busca constante para aliviar minha dor de viver drogado. O padre Marcelo conversava comigo em particular, rezava por mim, é um

Arquivo Pessoal
Rafael é batizado numa cerimônia evangélica

homem abençoadíssimo, que traz milhares de pessoas para Deus! Tenho imenso carinho por ele. Pena que as viagens foram se tornando cansativas devido ao meu estado de saúde e precisei parar."

Sua transformação veio mesmo através da religião evangélica: "Foi na qual permaneci mais tempo, como interno de comunidades dirigidas por pastores, dando testemunho nos cultos, gravando músicas gospel, lendo a Bíblia todos os dias e seguindo todos os mandamentos.

Hoje, acho que passei por uma lavagem cerebral, mas fundamental para largar as drogas. Depois de recuperado, eu quis ampliar minha visão espiritual, percebi que estava bitolado. Convivendo no meio, também acabei descobrindo alguns podres e isso me levou a procurar novos caminhos!"

Apesar das decepções e sofrimento, Rafa considera o saldo positivo: "Eu busquei Deus por muito tempo. Sabia que o milagre viria Dele, mas não percebia que seria uma combinação da força divina com a minha força de vontade, coisa que muitas vezes não tive e voltava facilmente para o vício. Como já tinha passado pelos melhores e piores médicos do Brasil e ninguém havia resolvido minha dependência química, eu acreditava que não era homem nem remédio que me curariam, mas sim o lado espiritual. Só depois entendi que seria uma parceria. Assim, quando me comprometi firmemente com minha recuperação, quando fiz a minha parte de coração, com fé e vontade, Deus agiu! E aconteceu o que tinha que acontecer: me livrei das drogas!". Rafael ainda conserva o hábito de ir à missa nos finais de semana: "Entro na igreja, fico lá no fundo, me sinto bem porque é a casa de Deus, mas eu não sigo mais nenhuma religião. Sei que tenho que orar e vigiar para não ter recaídas! Como diz a canção, seguro na mão de Deus e vou... "

18

A PRISÃO POR 1 REAL

Fac-símile/Revista Época/Ed. 662/2011/Editora Globo

DROGAS

A fama que virou fumaça

Ao ser preso roubando R$ 1 para comprar crack, o ex-Polegar Rafael revela-se mais uma vítima da combinação de tóxicos com sucesso

"**U**m crime como tantos outros", afirma o juiz Maurício Lemos, que está com o caso. Curiosamente, a definição do delito de Rafael Ilha Alves Pereira, 25 anos, pode ser considerada precisa e inapropriada. Precisa porque casos semelhantes acontecem todos os dias: jovens viciados roubam para conseguir o dinheiro da droga. Inapropriada porque Rafael não é um rapaz "como tantos outros". Ele é uma pessoa que, aos 16 anos, cantava para milhares de garotas histéricas, fãs da banda Polegar. Aos 18, já circulava com namorada famosa – a atriz Cristiana Oliveira, uma das mulheres mais desejadas do país. Numa dessas viradas do destino, Rafael é o mes-

OCASO O cantor esconde o rosto numa tentativa inútil de preservar a antiga imagem

As imagens que chocaram o Brasil: o ídolo pop tinha virado um mendigo

Era madrugada de 14 de setembro de 1998, mas ele ainda vagava pelas ruas. Sem dormir, sem comer e completamente noiado há vários dias, com medo do barulho do vento nas folhas das árvores, estava em busca de mais droga, apesar das dez pedras de crack que já havia fumado na véspera e que deixaram seus dedos queimados pelo cachimbo. O problema é que não tinha dinheiro para comprar, nada que pudesse trocar. Bateu o desespero. Quando cruzou com Tasso Monteiro Pinheiro, naquela segunda-feira, em Campo Belo, zona sul da cidade, decidiu pedir uma esmola. Estava pálido, com olheiras, aspecto esquelético em seus 47 quilos, usando uma malha vermelha suja e malcheirosa. O aposentado se assustou e reagiu: "ele me empurrou e eu o empurrei também. Foi quando passou um

Reprodução de Internet/Rede Record

O vale-transporte e a nota de 1 real que levaram Rafael à prisão

policial à paisana, viu "a discussão de um morador de rua com um senhor" e deduziu o que quis. Aí, parou o carro, sacou uma arma e apontou pra mim, mandando que eu fosse embora. E eu fui...", recorda Rafael.

Dois quarteirões depois, num ponto de ônibus próximo da Av. Vieira de Moraes, viu a balconista Tatiane Oliveira Pereira, de 19 anos, junto a uma outra moça. Resolveu abordá-las: "Eu disse que precisava de 1 real, um passe, qualquer coisa, porque estava mal e necessitava comprar droga. Falei a verdade e elas me deram o dinheiro e o vale-transporte. Então, saí andando, mas pouco metros adiante uma viatura da polícia me abordou. Tudo porque o policial à paisana que tinha me visto antes no empurra-empurra com aquele senhor, avisou a Polícia Militar que eu estava "tentando assaltar um velhinho".

Os Pms foram truculentos com Rafa: "Me humilharam muito, mandaram eu tirar a blusa, enquanto um deles me mostrava uma planta, espada de São Jorge, que tinha arrancado de um jardim ali perto e dizia: "é ótima pra vagabundo, pode bater que não arrebenta." Mesmo noiado, percebi na hora o que iria fazer comigo!". No momento em que levantou o braço para dar a primeira "chicotada" no corpo de Rafa, o outro policial o chamou de lado e avisou que aquele "marginal" era um artista famoso. Tinha sido reconhecido: "Ouvi quando informou o Copom (Centro de Operações da Polícia Militar) pelo rádio, que havia prendido o Rafael Ilha, do Polegar. Ele sabia que o pessoal da imprensa estava ligado na rede e iria para a porta do 27° DP, em Campo Belo, para onde eu seria levado. Os dois esperaram até ter certeza que os jornalistas já se encontravam na delegacia e aí informaram em qual carro da polícia eu estaria. Não tinha como escapar e só um pensamento veio à minha cabeça: "Agora fudeu de vez!".

Os policiais deram o "flagrante", o algemaram e jogaram dentro da viatura: "Riram muito da minha cara, fizeram chacota com minha aparência e perguntaram: "Você está pronto para o show?". Na hora, eu nem entendi direito, mas quando desci do carro, vi que minha prisão já tinha virado um espetáculo!".

O Brasil inteiro tomou conhecimento do seu drama! Ninguém conseguia acreditar nas imagens exibidas pelo Jornal Nacional, da Rede

As pedras do meu caminho

Globo, o de maior audiência do país, quando William Bonner leu a manchete: "Queda precoce: primeiro a fama, depois as drogas e agora a cadeia: Rafael Ilha Alves Pereira, o ex-líder do grupo Polegar, está preso em São Paulo." O ídolo teen estava irreconhecível, havia se transformado em um mendigo e, pela primeira vez em sua vida, tinha ido parar atrás da grades.

Lá dentro, enquadrado no artigo 157 do Código Penal - o de ladrão comum - foi colocado numa cela limpa, aceitou sanduíche e suco da delegada, que lhe entregou uns papéis dizendo: "Assina logo para eu te liberar, porque está a maior bagunça com toda a imprensa aqui." Sem noção, caiu numa provável armadilha: "Eu continuava doidão, fiz

Reprodução de Internet/Rede Globo

Abertura do Jornal Nacional: William Bonner noticia a prisão de Rafael Ilha

o que pediu. Estava sendo tão legal comigo, ao contrário dos policiais, que acreditei nela. Só que dali a pouco entrou uma advogada, muito agitada, e me perguntou: "O que você fez?" e eu disse: "assinei para ser liberado." E ela me respondeu: "Não! Você acabou de assinar dois assaltos à mão armada.". Como se eu não tinha arma? Também não fingi ter uma, coisa que chegaram a publicar na época. Mas já não adiantava mais argumentar. Não iriam me libertar e eu ainda poderia pegar de 2 a 10 anos de prisão."

Houve vigília de fãs na porta. A própria Tatiane Oliveira ficou surpresa ao descobrir, durante depoimento em que o inocentou do assalto, quem era o mendigo que lhe pedira aquele 1 real no ponto de ônibus, chegando a declarar: "Sempre achei o Rafael o mais bonito do grupo Polegar. Eu também era fã dele".

Os repórteres se acotovelavam em busca de informações e apresentadores disputavam a primeira entrevista. O amigo Beto Benvenuti conseguiu furar o cerco e foi o primeiro a vê-lo lá dentro: "Como meu padrasto era delegado, consegui entrar na cela acompanhado de um policial. Senti que ele estava doente, bem sujo, carente de amigos. Perguntei se estava precisando de alguma coisa e respondeu: "Tô sim, Beto! Tô precisando de um baseado." Aí, eu falei: "Infelizmente, não vou poder te ajudar!". Mas deixei cigarro, leite e bolachas.

Gilberto Barros dá o furo de reportagem

Reprodução (Revista Contigo / Abril Comunicações S/A)

Gilberto Barros: boa audiência cobrindo o caso

Na cobertura da prisão, a Rede Record saiu na frente, ao enviar ao local um médico e o advogado Marlon Wander Machado, possibilitando que Gilberto Barros desse o furo de reportagem, em seu programa "Leão Livre", ao colocá-lo no ar por telefone, diretamente da delegacia, onde o acesso de câmeras havia sido proibido. No palco, o apresentador estava ao lado dos garotos do Polegar, que choravam ao ouvir o desabafo do ex-companheiro. Rafael não se lembra de tudo o que disse, devido à sua confusão mental naquela noite: "O principal foi contar que tinha me isolado porque não queria fazer sofrer as pessoas que me amavam. Afinal, tinha sido uma opção minha entrar nessa vida e que, na verdade, o que eu mais queria era morrer!".

Ele também provocou uma saia justa com o antigo grupo musical: "Eu pedi no ar 2 mil reais de cachê de divulgação, já que o Polegar só estava aparecendo na TV por minha causa. Soube depois que o Cidade Alerta reprisou minha entrevista, que a Globo convidou os meninos para irem à primeira edição do SPTV e que, na segunda edição desse telejornal, o destaque foi Simony, como minha ex-namorada."

De fato, a repercussão do depoimento de Rafael foi imensa, pois levou a atração da Record à vice-liderança no ibope, com 14 pontos de média, das 21:20 às 22:56 h, contra 36 da Globo, chegando a ficar 3 minutos em primeiro lugar, com picos de 28 pontos, contra 25 da Globo e 13 do SBT, que exibia seu maior concorrente, o "Programa do Ratinho". Carlos Massa não perdoou e quando soube que o advogado pretendia pedir a libertação do ex-cantor, por considerá-lo doente e não criminoso, deu uma de suas famosas "cacetadas": "Não é porque o Rafael é artista que tem que ter privilégios, ganhar liberdade provisória. Se ele for solto, devem libertar todos os assaltantes. O Rafael é um safado!", declarou sem imaginar que, tempos depois, os dois se tornariam amigos.

Ainda naquela madrugada, foi transferido para o 95º DP, local com apenas 4 celas para 64 detentos, sob comando do delegado Hélio Bressan, encravado em Heliópolis, uma das maiores favelas de São Paulo. Gilberto Barros foi visitá-lo após a entrevista. O estado em que encontrou o ex-Polegar o deixou chocado: "Eu o vi na cela, sentado num cantinho, encolhido, todo sujo. Estava com os joelhos dobrados, encostado na parede e passando a mão na cabeça, com os olhos pregados no chão. Pedi para o delegado abrir a porta para ele, mas me disse que Rafa não poderia sair, eu é quem deveria entrar. E eu entrei, mas deu medo porque tinha uns 20 caras lá dentro! Foi terror mesmo, me lembro como se fosse agora. A hora que me viu, não esboçou nenhum sinal, baixou a cabeça de novo, daí olhou pra mim outra vez, ficou em pé e disse: "Ô Leão...". O pior é que ele não falava coisa com coisa. Tentei conversar: "Rafa, aqui não é o seu lugar, o que você tá fazendo aqui, a que ponto você chegou? Mas não tinha resposta!". Depois de uns minutos, o delegado voltou atrás e colocou nós dois sozinhos numa sala. Foi aí que entreguei para ele umas frutinhas, roupas, um abrigo e um par de tênis. Mas nem sei se foi importante para o Rafa naquele momento, porque ele estava doidão, coitado!". Rafael explicaria mais tarde: "Na realidade, eu me sentia exausto, sem energia nem para falar."

Rodrigo Faro vê a prisão pela TV e fica arrasado

Mauro Miyabara

Rodrigo Faro assistiu às imagens na TV e levou um susto: "Quando eu o vi todo sujo, parecendo morador de rua, eu pensei: "Meu Deus do céu, não é possível que esse seja o Rafael que eu conheci." Ele nunca demonstrou ser dependente de nada. Pouco antes disso acontecer, nós iríamos fazer uma peça juntos, A Bela e a Fera, mas não deu certo e aí veio essa notícia da prisão, do envolvimento com drogas. Fiquei arrasado! Foi um choque! Tive muita vontade de ajudar, mas não tinha mais o contato dele. Sofri muito de longe, vendo o Rafa daquele jeito e não podendo fazer nada. Lem-

Rodrigo Faro: "Aquele não era o Rafael que conheci"

brei muito da nossa época, ele famosíssimo no Polegar, com carro do ano e namorando a Cristiana Oliveira, e eu entrando na segunda formação do Dominó, que era um grande sucesso. Não acreditava que aquela história pudesse terminar assim."

Rafael Ilha

Raul Gil ouve no rádio e vai direto para delegacia

Mauro Miyabara

Raul Gil: "Quando me viu, Rafael me abraçou e chorou"

    O animador Raul Gil, que ouviu a notícia pelo rádio, correu para a delegacia: "Quando soube, só deu tempo de pensar: 'Ele deve estar precisando de ajuda, meu Deus!' Cheguei, por volta das duas da manhã, disposto a fazer o que fosse preciso para tirá-lo de lá, afinal eu tinha muito conhecimento na Polícia e até na Justiça. Como todos os detentos ainda estavam acordados por conta do tumulto que a presença do Rafael havia provocado, o delegado me deixou vê-lo. Ficamos numa sala reservada, acompanhados de dois investigadores. Quando me viu, ele me abraçou e chorou, agradeceu muito por eu estar ali e me pediu para falar com a mãe dele por telefone, já que ela nem dormia de tanta preocupação. Falei com a Sylvia e percebi que, no final da nossa conversa, já estava mais calma. Na hora de ir embora, o delegado me disse: "Rafael é um bom menino, a droga atrapalhou a vida dele. Acredito que estará livre, no máximo, em 48 horas." E eu saí de lá aliviado."

    Mas não foi isso o que aconteceu. A situação se agravou quando o delegado Sergio Abdala, da 11ª DP, passou a informação de que Rafael teria participado de um outro crime, um assalto a mão armada, no dia 3 de

setembro, juntamente com outras duas mulheres. Um cabo da Polícia Militar foi à delegacia e alegou que o reconhecia como sendo o ladrão que roubara seu revólver Taurus e mais seis mil reais numa "saidinha de banco", na av. Nossa Senhora do Sabará, em São Paulo. A acusação virou novo processo, que ele jamais aceitou : "Não tive nada a ver com isso, sei lá se me confundiu com alguém ou se quis aparecer. Se tivesse roubado 6 mil reais não estaria na rua pedindo 1 real, já estaria morto por overdose!".

Na manhã seguinte à prisão, após ter conseguido dormir cerca de oito horas e comer pão francês com um copo de leite, fez a barba, cortou os cabelos, tomou banho e trocou de roupa. Por volta das 10:00 h, recebeu a visita dos integrantes do Polegar, que esperaram uns vinte minutos até serem comunicados que Rafael se recusava a falar com eles. Os rapazes tentaram disfarçar o constrangimento diante da imprensa, afirmando que o ex-companheiro não queria que o vissem naquele estado deplorável, mas o motivo era outro: "Eles nunca gostaram de mim e agora querem se promover às minhas custas", justificou sem meias palavras. Alan, o amigo de tantos anos, ficou magoado: "A prisão dele foi um baque danado pra mim. Fui visitá-lo e não quis me receber. Nem a mim nem aos outros integrantes do grupo. Na hora ficamos sem saber se estava com raiva da gente, se alguém havia falado alguma coisa, só depois soubemos que achou que queríamos nos promover em cima da sua desgraça. Então, não insistimos. Se ele não queria receber a gente, tinha que ser respeitado. Só voltei a ter um contato próximo com ele em 2007."

No dia em que isso aconteceu, houve uma coincidência: a delegada que estava com Rafael era mãe de uma colega da faculdade de Medicina que Alan cursava: "Ela me contou que tinha pena dele, que não queria que ficasse trancado com outros presos, porque não era bandido. Por isso, fazia de tudo para tirá-lo da cela e deixá-lo no sofá da sala dela, longe dos outros detentos."

Por outro lado, a mãe e a avó Yolanda, não compareceram à delegacia. Ela explica o porquê: "Era meu primeiro dia de trabalho, após um ano desempregada. Começaria o treinamento como analista de cobranças da BCP (telefonia celular) para ganhar um salário de 700 reais, quando no meu último emprego ganhava 2500. Mas era melhor que nada. Não tinha como faltar. Quando eu estava pronta para sair, o pai dele me telefonou e deu a notícia. Liguei a TV na hora e vi que já era um escândalo."

Sylvia conversou com o filho por telefone, não queria que ele desse mais entrevistas por estar muito fragilizado, mas não adiantou. Como, a exemplo do que ocorrera no 27º DP, também havia um batalhão de repórteres, cinegrafistas e fãs de plantão em frente a essa delegacia, e uma coletiva foi realizada. O delegado avisou que não precisaria ficar de frente para os jornalistas, ao que respondeu: "Não dou entrevistas de costas, não sou um bandido!".

Quando se apresentou diante da imprensa, não lembrava mais um morador de rua, era de novo o Rafael dos tempos do Polegar, mas só na

Fotos: Mario Laguno / Abril Comunicações S/A

aparência. Livre das algemas por alguns minutos, fez um apelo-relâmpago: "Peço encarecidamente à promotoria que me dê uma oportunidade de me tratar e, se possível, que eu possa sair daqui logo.". Em seguida, foi novamente levado para a cela, que não era especial pelo fato de ele não ter nível universitário, apenas o segundo grau incompleto. Num espaço de 16 metros quadrados – onde caberiam apenas 12 presos e já havia 20 – Rafael conviveu com traficantes, ladrões e homicidas, que, curiosamente, o tratavam como um "ídolo" da música, a ponto de lhe darem um colchonete e até comida de suas próprias marmitas. O calor era insuportável, havia apenas um vaso sanitário e faltava espaço para dormirem todos ao mesmo tempo. Como "consolo", tinham uma TV. Foi nessa situação que Carlinhos Muniz, diretor da Promoarte, diretamente ligado ao apresentador Augusto Liberato, viu Rafael ao fazer uma visita inesperada, com um único objetivo: colocar o ex-Polegar em contato com Gugu pelo celular!

As pedras do meu caminho

19
ÚLTIMA CHANCE: GUGU FALA COM RAFA NA CADEIA

Flavio Torres / Abril Comunicações S/A
Rafael ficaria preso por mais de quarenta dias

O telefonema foi rápido, mas bastou para Rafael voltar a ter esperança de ganhar a liberdade e retomar a carreira de cantor, como Carlinhos contou aos jornalistas que o aguardavam na saída da delegacia: "Eles conversaram por uns dez minutos e Gugu ofereceu uma última chance, dizendo que banca um novo disco para ele, mas sob uma condição: tem que abandonar as drogas definitivamente. Se conseguir se livrar do vício, terá seu apoio para retornar ao meio artístico.". Muniz também justificou o motivo dessa imposição do apresentador: "No período em que Rafa foi contratado da nossa empresa, tivemos que interná-lo cinco vezes e ele sempre voltava a usar os entorpecentes. A nossa parte, a gente já fez, agora é com o Rafael." Carlinhos ainda comentou a resposta do rapaz ao ex-patrão: "ele até brincou dizendo que ficaria famoso de novo e garantiu que, assim que sair da prisão, vai direto para uma clínica de desintoxicação."

Tinha tudo para ser um final feliz, se Rafael não fosse ameaçado de morte!

Escolhido como refém em plano de rebelião

A "lua-de-mel" com os outros detentos parecia ter chegado ao fim. Deixaram claro que se Rafael não pedisse para alguém levar uma arma para dentro da prisão, seria um homem morto. Sylvia ficou sabendo e entrou em desespero: "Estavam armando uma rebelião e o único famoso lá dentro era o meu filho. Rafael como refém seria a maior garantia de vitória para eles!". Decidiu denunciar o caso à Corregedoria e exigir a transferência para outra delegacia. O Dr. Bressan foi chamado para uma reunião de urgência, segundo ela, que aconteceu no 96° DP, no Brooklin, sob comando do Dr. Tuma Filho: "A sala estava lotada. Só de delegados e investigadores tinha uns vinte, muitos em pé, encostados nas paredes, fora o pessoal da Corregedoria. Aí quiseram saber quais a minhas acusações contra o delegado. Levantei e comecei a falar sem parar, andando de um lado para o outro: vai ter uma rebelião, meu filho vai virar refém e ninguém faz nada? Ele pode morrer! E ninguém faz nada? O dr. Bressan está mais preocupado em aparecer na televisão, pensa que é James Bond, tem link da Record dentro da sala dele 24 horas por dia, fica o tempo todo dando entrevistas. Só libera entrada de artistas para ver Rafael, mas pra mim, como mãe, disse que teria de pegar a fila de visitas das quartas-feiras, passar pela revista íntima... etc.. Quando eu falei tudo isso, ele pulou da cadeira, mas os outros delegados mandaram que ficasse quieto. No final, graças a Deus, decidiram que meu filho seria transferido para o 96°. Estava salvo!".

Presos batem panelas exigindo socorro para Rafa

O que Sylvia nunca desconfiou é que foi Rafael quem se ofereceu como refém quando soube que haveria uma rebelião por conta da superlotação: "Tudo o que eu queria era sair dali. Convenci o pessoal que, por ser artista, daria visibilidade à causa deles!". Dias antes, durante visita da advogada Vera Fontes, ele já havia pensado no jeito de conseguir um revólver para os detentos. Como o delegado permitia que conversassem a sós na sua sala, Rafa aproveitou para revirar as gavetas e encontrou uma arma. Vera fez com que a colocasse de volta imediatamente e foi a sorte dele, porque um minuto depois um policial abriu a porta, foi até aquela gaveta e levou a arma embora. Se Rafa tivesse sido pego no flagra, estaria perdido: "Eu teria que rendê-lo e fazer com que abrisse a carceragem para soltar os detentos. Já que tinha me envolvido nessa história, teria que ir até o fim. Não haveria outra opção!".

Antes da transferência, ainda no 95° DP, já dava sinais de que não estava bem. Um investigador chegou a perceber que andava se comportando de um jeito estranho durante os banhos de sol, que aconteciam todos os dias, entre 9 e 18 horas: "Ele andava de um lado para o outro, como se estivesse na maior paranóia", declarou, sob anonimato, à revista ISTO É.

Rafael também chorava muito e já tinha comentado em sua cela que não estava aguentando mais, pois não consumia drogas desde a sua prisão. Pouco depois, teve sucessivas convulsões – o que fez os presos baterem panelas exigindo socorro - e acabou internado no Hospital de Heliópolis. Com crise de abstinência, apresentava tremores, erupções nas pernas, fortes dores de estômago e mal estar generalizado. Além de ser medicado com Hidantal e Lexotan, passou por uma tomografia computadorizada. Ao receber alta, foi direto para a carceragem do Brooklyn, sua família trocou de advogado e chegou a hora de Gugu cumprir sua promessa!

Confundido com traficante, continuou atrás das grades

A vida do ex-Polegar estava bastante complicada. Por mais que o dr. Marlon Wander Machado tentasse obter a liberdade provisória, alegando que "Rafael não é uma pessoa qualificada para ficar no cárcere, pois não tem consciência dos seus atos por estar sob efeito das drogas", o DIP (Departamento de Inquéritos Policiais de São Paulo) não atendia à solicitação, afirmando que um juiz corregedor ainda estava apreciando o pedido. A situação foi ficando insustentável. E Sylvia deu um basta: "Decidi trocar de advogado, mesmo porque o dr. Marlon nem pertencia à OAB (Ordem dos Advogados do Brasil). Meu filho estava drogado quando assinou um documento para que ele o defendesse. Isso só aconteceu porque, no dia da prisão, o Gilberto Barros se apossou do Rafael, sem consultar a família. Eu estava no trabalho, mas mandei a Vera Fontes, amiga e advogada, acompanhar tudo na delegacia, porém quando ela chegou já tinham armado o circo."

O Leão responde: "Nunca explorei a desgraça dele!"

O "Leão" se defende: "Nunca ganhei pontos com a desgraça do Rafael. Nunca, nunca, nunca! Deus me livre! Ele participava de meus programas de TV e sempre expus o seu lado positivo, fazendo com que as pessoas o vissem de maneira limpa. Aliás, briguei muito quando colocaram no ar a imagem dele todo sujo, ferrado, imundo, no dia da sua prisão. Foi terrível, achei desumano.

Eu tentei fazer o delegado entender que o Rafael era um dependente das drogas, estava doente, nunca tinha sido um mau elemento, era um rapaz de família, um usuário, não um ladrão ou traficante. Enquanto ele esteve na cadeia, eu sempre ligava para o dr.Bressan, que me dava o retorno:

Rafael e Gilberto Barros: nenhuma mágoa entre eles

"Tá ficando bem... ontem, falou de você... hoje chorou... " e por aí afora. Conheço o Rafael desde o começo do Polegar. O Gugu promovia o grupo no SBT e eu fazia o estouro dos meninos na rádio Globo. Quando Gugu não podia acompanhá-los nas turnês, nem o Carlinhos da Promoarte, era eu quem ia com a banda nos shows. Então, não foi nada fácil ver o Rafael preso, naquela situação extrema!", conclui.

Era a hora de Gugu dar o apoio que havia prometido ao ex-Polegar por telefone: "Ele, então, convocou um grande advogado, o dr. Gontran Guanaes Simões, que, junto com sua equipe, rapidamente se inteirou do caso e solicitou

Logo após a saída da cadeia com sua mãe e os advogados, Dra. Vera, Dra. Andréa e Dr. Gontran Guanaes Simões

à Justiça um exame de dependência química para avaliar a real condição do Rafael. Com isso, ia tentar provar que ele não tinha noção dos seus atos naquele dia 14 de setembro, quando foi levado pelos policiais.", afirma Sylvia.

Logo viram que, novamente, não seria fácil. O Dr. Guanaes tentou ainda a transferência de Rafael para uma clínica especializada, alegando que poderia ter problemas muito graves de saúde na cadeia e correr risco de morte. Não adiantou nada: "Também foram impetrados dois habeas-corpus, mas Rafa continuou preso. Era muita mídia em cima, tinha autoridade só querendo aparecer. Não havia motivo para meu filho não ser solto, já que ele tinha família, endereço fixo e a própria garota que deu 1 real para ele, o inocentou da acusação de roubo, quando prestou depoimento. A "vítima" virou testemunha de defesa e nem assim conseguimos!"

Enquanto o Dr. Guanaes batalhava por um lado, Sylvia lutava por outro: "Fui a todas as clínicas em que Rafael esteve internado para pegar laudos que comprovavam sua dependência química. Também fui à agência do banco Bradesco, onde o policial militar disse ter sido assaltado por Rafael e sua suposta "parceira", uma bandida conhecida por "Vera Verão", que estava em liberdade condicional quando tudo aconteceu. Ninguém lá tinha visto assalto nenhum. Conversei com todos os camelôs do Largo 13 para provar que Rafael não era o tal "Alemão", chefão de uma boca de tráfico, como acusou o tal PM e que a história de formar dupla com uma ladra também era mentira. Todos me confirmaram que o traficante não era o Rafael. O que houve, na verdade, foi uma confusão de apelidos, porque meu filho era chamado de "Alemão" no lugar em que comprava drogas. E esse engano fez com que Rafa continuasse preso injustamente!".

Essa história também nunca convenceu Ana Márcia, que viveu com ele durante quatro anos: "Isso não existe. Tenho certeza absoluta que não era o Rafael. Ele não tinha forças para assaltar ninguém, muito menos um policial. Estava um caco, não conseguia nem andar, era um mendigo. Esse caso judiou muito dele, que não cansava de repetir: "Eu não sou esse Alemão!". Eu acreditei, tanto que nunca deixei de visitá-lo na cadeia!".

Nuas na revista íntima para poder ver Rafa

Sylvia e Ana Márcia, mãe e ex-mulher de Rafa, o visitaram todas as semanas na prisão e passavam sempre pelo mesmo constrangimento, a revista íntima: "Só mesmo por amor a um filho, a gente aceita ficar nua na frente de gente estranha e ainda obedece à ordem de agachar três vezes pra provar que não tem nada escondido nas parte íntimas."

Elas nunca tiveram privilégios por serem ligadas a alguém famoso, como conta Ana, que havia se separado de Rafa pouco antes da prisão: "O Rafa não tinha regalia nenhuma, nem nós, nem ninguém ali. A norma era enfrentar a fila uma vez por semana. O protocolo exigia sandálias havaianas e saias para as mulheres, mas quando a gente chegava lá dentro tinha que tirar toda a roupa para as policiais femininas verem se não cairia nada de lugar nenhum. Entrava um tanto de mulher... depois outro tanto... Nunca foi fácil, passei por isso umas cinco vezes até ele ser solto."

Depois de encararem o "sacrifício", se deparavam com um Rafael triste e indignado com a situação: "Mas ele sempre foi muito forte, enfrentava, tinha facilidade de se relacionar com as pessoas, porque dentro da cadeia isso também é importante. Como ele conhecia o submundo, por ter vivido na rua, sabia lidar com todo tipo de gente.", diz Ana. E Sylvia confirma: "Quando eu chegava lá, parecia que o Rafael era o rei da carceragem. Nunca teve mordomia, mas era muito querido pelo pessoal. Só de Bíblia, ganhou umas duzentas!".

Ana Márcia e Sylvia: dor e amizade

O que Sylvia e Ana Márcia sofreram juntas uniu as duas até hoje: "Nosso relacionamento sempre foi de muita sinceridade. Ela sabe as mulheres que se envolveram com o filho dela... Ela sabe quem era quem, quem queria o quê, quem estava interessada em quê... É natural uma mãe saber. E ela sabe que eu amava o filho dela, que eu estava do lado dele no momento em que mais precisava de alguém que gostasse dele de verdade... Sempre fui muito séria com o Rafael e acho que isso fez bem pra ele, porque se eu fosse uma louca que também gostasse de se drogar, não sei o que teria acontecido. Sylvia viu tudo o que nós dois passamos. Ela é mais que amiga de frequentar minha casa, é como uma mãe pra mim, até viaja comigo pra ver meu pai, dá presente para meu filho, André, como se fosse neto dela. Ele tem a mesma idade do Kauan, filho do Rafa, e os dois são amigos desde pequenos. Essas são as coisas bonitas que restaram dessa história!"

Como o ídolo caiu no fundo do poço

Durante os 40 dias em que ficou preso, todo mundo, dos veículos de comunicação ao público em geral, se perguntava como um cantor de sucesso como Rafael Ilha tinha chegado ao fundo do poço, tão jovem e em tão pouco tempo. Uma reportagem da revista ISTO É descreveu assim o auge de sua carreira: "Era um adolescente que saboreava a fama circulando em automóveis zero quilômetro, em companhia da namorada, a atriz Cristiana Oliveira, a cobiçada Juma da novela Pantanal... Era um sedutor exemplar. Em 1991, dois anos depois do estouro do grupo Polegar, Rafael recebia de um milhão e meio a 2 milhões de cruzeiros por mês, cortava os cabelos no Jassa, o mesmo salão que Silvio Santos, e alternava o colo de Cristiana, que chamava de "Krika", com o da mãe, Sylvia, uma loira vistosa. Fazia shows de quinta a domingo, estudava guitarra, canto, inglês e ensaiava...

Reprodução (Revista Veja / Abril Comunicações S/A)

Passou 20 dias com Cristiana nos Estados Unidos, mas Rafael achou a Disneylândia "um saco". Em São Paulo, adorava ir ao Simba Safári e colecionava bichinhos de pelúcia. Usava perfumes importados, gostava de jogar boliche e de comer pizza. Queria ter um filho e fazia as vezes de pai com a filha de Cristiana, Rafaela, então com 3 anos... Com a arrogância dos adolescentes, achava os políticos "um cocô" e desprezava a igreja "por erguer templos em vez de distribuir terras". Seus interesses musicais incluíam Pink Floyd, Bon Jovi, Supertramp, Michael Jackson e Queen. Na época, sua definição de inferno era "uma penitenciária"." Exatamente onde ele estaria várias vezes, anos depois, por ironia do destino.

A descrição de moradores de rua que viviam sob o Viaduto Águas Espraiadas, o mesmo em que Rafael estava há três meses antes da prisão, choca-se profundamente com a dos tempos de sucesso, é

Arquivo pessoal

Com Cristiana Oliveira nos EUA

o retrato do submundo contra o conto-de-fadas: "Eu vi o Rafael tomar álcool com açúcar, na minha frente, por falta da droga.", afirmou um homem

Arquivo pessoal

Quase vinte anos depois, Rafael voltou ao viaduto sob o qual viveu: "A situação é ainda pior!"

com o apelido de Bahia. "Ele nunca contou quem era. Se falasse, o pessoal não ia acreditar, estava sempre sujo, como a gente aqui.", revelou Cláudio, ex-interno da Febem. Outro "vizinho", identificado apenas como M... , afirmou: "Ele vinha fumar o cachimbo dele e depois ia embora. Ninguém sabia onde ele dormia!". Na verdade, Rafael não dormia: "Eu entrava em paranóia por causa do crack, achava que se pegasse no sono poderiam roubar minhas pedras, meu dinheiro e até me matar. Ficava vagando pelas ruas. Quando fui preso por causa do 1 real, estava há 13 dias sem dormir e 10 quilos mais magro."

Tem sequelas até hoje. O ídolo teen que adorava perfumes importados andou pelos esgotos: "Muitas vezes peguei água de lá para poder aplicar a cocaína injetável e acabei contraindo hepatite C. Era uma fase bem agressiva, me machucava muito.

A angústia de reviver os tempos de drogado: "A falta de assistência continua a mesma"

Fiquei traumatizado. Até hoje não posso ver agulha de seringa entrando em ninguém, nem em filme nem na real. Não consigo mais fazer exame de sangue. Não deixo ninguém tocar no meu braço, só tiro sangue da mão ou da perna."

A memória quase evaporou junto com a fumaça do crack: "Tem passagens da minha vida, inclusive da época do Polegar, que eu, simplesmente, não me lembro; outras ficaram confusas, muitas coisas foram apagadas."

assume. Também há marcas de violência pelo corpo: "Já levei e dei facadas em brigas com outros viciados."

Numa dessas brigas, um craqueiro botou fogo em Rafa: " Eu estava cachimbando com uma garota quando o namorado dela apareceu e queria fumar com a gente. Ela disse não, gritou com ele, que acabou indo embora. Não demorou muito, eu senti algo sendo jogado nas minhas costas: era álcool e fósforo aceso. A sorte foi que eu estava com a cabeça abaixada e não deu para incendiar meu cabelo. Me joguei no chão na hora, ao berros, para tentar apagar as chamas e ela ajudou a me salvar. Apesar das queimaduras, fui atrás dele. Queria uma arma, uma faca, para acabar com a vida do sujeito, mas ninguém me deu força nessa vingança. Hoje eu agradeço a Deus, pois seria horrível carregar uma morte nas costas.".

"Ele tem que entender que a festa acabou"

Luiz Felipe Ilha Alves Pereira, auditor fiscal do Tesouro Nacional (hoje aposentado) e pai de criação de Rafael, tentou explicar à imprensa naquela época, as causas da decadência e prisão do filho, em meio a uma mistura de sentimentos como culpa, cansaço e desânimo: "Perdi a confiança nele. Tudo o que acontece com o Rafael não me causa mais surpresa. Já foi internado umas dez vezes. Quando começou a cheirar cocaína, achei que o problema era a falta do pai verdadeiro, mas ele me disse: "Meu pai é você, não quero conhecer outro." Sempre me respeitou, mas acho que depois que me separei de sua mãe, faltou uma autoridade de pai no seu dia a dia. Eu fiz tudo que podia, custeava tudo, participava de reuniões nas clínicas em que se internava, até carro vendi para tratar dele. Mas era duro viver na expectativa do telefone tocar de madrugada com alguma notícia ruim. Muitas vezes, Sylvia me ligava aos prantos e eu ia do Rio para São Paulo tentar resolver as coisas. Ele sumia de casa, fugia das clínicas, reaparecia todo machucado, faltava aos shows por causa das drogas.

O pai ficou aliviado com prisão de Rafael

Aí cansei e disse pra mim mesmo: não ajudo mais, se quiser o buraco, o buraco é dele. Botei a razão na frente do coração. Apesar da dor, da minha tristeza com tudo isso, fico aliviado com sua prisão. Vamos ver se agora aprende alguma coisa. Rafael está no fundo

Rafael Ilha

do poço e ainda acha que a vida é uma festa. Ele tem que entender que a festa acabou. Fez sucesso muito cedo, mas acabou. Não é mais o astro do Polegar e agora tem que querer se ajudar."

Já Vera Regina Fontes, sua tia e advogada, apontou o desemprego como a causa de toda aquela situação, pois ele tinha chegado a se humilhar em busca de uma nova chance no meio artístico: "Procurou várias pessoas na TV e em gravadoras, na esperança de retomar a vida de cantor, mas não foi atendido e aí entrou em depressão. Estava limpo das drogas há 3 anos, frequentava a igreja Messiânica, mas há 3 meses as coisas começaram a mudar."

Rafa chegou a pedir ajuda ao chefão da Rede Record, Eduardo Lafon (morto em 2000), que prometeu entrar em contato em um mês, o que não aconteceu. Em entrevista aos jornais, o diretor explicou, mas não convenceu: "Ele me ligou pedindo emprego, sim. Já tinha apresentado o "Casa Mágica" aqui na emissora. Então, eu estava até pensando em encaixá-lo na novela "Estrela de Fogo", mas ele sumiu depois disso. Não o procurei, porque ele nem estava morando em casa e não tinha como encontrá-lo."

As pedras do meu caminho

Reprodução Revista Amiga

Drogas levam ex-líder do Polegar à prisão
Rafael vai ao fundo do poço

Inteligente, talentoso, carismático. Rafael, 25 anos, o ex-líder do grupo Polegar, tinha tudo para fazer parte da constelação de ricos e famosos do país. Mas, viciado em drogas, foi preso no último dia 14, ao tentar assaltar a balconista Tatiane Oliveira Pereira, no bairro de Campo Belo, em São Paulo. Ela tinha apenas um real e um vale refeição. "Ele disse que ia usar o dinheiro para comprar crack", contou Tatiane ao delegado Hélio Bressan, do 95º DP, de São Paulo, onde Rafael ficou detido, numa cela com mais 20 presos, enquanto o advogado Marlon Wander Machado entrava com pedido de **habeas corpus** para transferi-lo para uma clínica de tratamento de dependentes químicos. Pelo crime, ele pode pegar de quatro a dez anos de cadeia.

No dia de sua prisão, Rafael deu uma entrevista ao vivo, direto da delegacia, ao apresentador Gilberto Barros, que levou ao programa **Leão Livre**, da TV Record, os atuais integrantes do Polegar. Sem imagens, podia-se ouvir apenas a voz de Rafael, que parecia contente de poder falar com os ex-companheiros de grupo. No entanto, no dia seguinte, Rafael se recusou a receber a visita dos rapazes, a quem acusou de tê-lo abandonado quando ele mais precisava. "Só dei entrevista para o Gilberto Barros, porque a Record está pagando meu advogado."

Os pais de Rafael – Luis Felipe e Sílvia Filha Alves – não foram ver o filho na delegacia. Mandaram a advogada Vera Regina Fontes, que explicou por que os pais do cantor

Os pais não foram vê-lo na cadeia

Em, 91, no auge do sucesso, com o Polegar, ele já usava drogas.

A cantora Simony, ex-namorada, deu entrevistas dizendo: "Quando a fama vai embora, a gente perde fãs e passa a ganhar menos dinheiro. Aí, quem não tem estrutura fica louco mesmo."

Como já fazia seis anos do final de seu romance com Rafael, Cristiana Oliveira evitou envolver-se em sua prisão e apenas comentou: "Espero que esse episódio sirva de alerta para quem está no mesmo caminho!".

De astro pop a vendedor de empadinhas

Mas Ana Márcia Freitas saiu em sua defesa, como faz até hoje: "A gente não entende o mecanismo do vício, por isso acho complicado as pessoas julgarem. É muito nítido pra quem está perto ou vive junto, que quem usa droga não está fazendo aquilo de sacanagem, não é filho-da-puta nem vagabundo. Muita gente criticava o Rafael, mas só quem era próximo dele, como eu e a família, sabia o quanto lutava contra as drogas, fazia todos os esforços, se internava, mas recaía. Em alguns momentos ficava revoltado com ele mesmo. Eu presenciei seu desespero, sua angústia, a decadência emocional e física. Não sei como ainda está vivo!"

Reprodução Revista Amiga

Ana revelou detalhes que ajudaram a montar o quebra-cabeças sobre a vida dele: "Ninguém sabe, mas depois da saída do Polegar e do fim do Casa Mágica, passou a vender salgadinhos, principalmente empadinhas, que a mãe e a avó dele faziam, andava de ônibus carregando tudo aquilo numa caixa de isopor enorme. Também aprendia coisas na Igreja Messiânica até arrumar trabalho numa loja de esportes radicais no shopping Jardim Sul. Lá ouvia provocações do tipo "agora que não é mais cantor, tem que arregaçar as mangas e trabalhar..." E ele fez isso sim! Fez todas as tentativas, apesar de ser difícil, porque mexia com a autoestima dele, tinha gente que o humilhava quando o reconhecia dentro da loja. Muitos perguntavam com ironia: "Você não é o Rafael do Polegar?". Às vezes ficava muito constrangido. Mas quando eram fãs que o viam nesse trabalho, pediam autógrafos do mesmo jeito, como se ainda fosse o ídolo da banda. Isso foi deixando ele confuso, com vontade de largar o emprego e tentar cantar de novo.".

O psiquiatra Aloysio Priuli explica as consequências da fama e sua perda: " Quem foi famoso vai sofrer reflexos disso mesmo depois de muito tempo. O fim de uma carreira de sucesso pode tirar a pessoa dos eixos. Chega um momento em que alguns artistas, por exemplo, começam a pensar:

As pedras do meu caminho

"Não sou mais famoso, então quem eu sou agora?". E essa busca pela própria identidade pode ser muito dolorosa, como aconteceu com Rafael.

Já para a psicanalista HalynaGrynberg, o caso do ex-polegar é típico: "A imagem do astro foi criada de fora para dentro e ele se alimentou disso. Mas o personagem não corresponde à realidade." A opinião dos especialistas no geral tem um denominador comum: a dura batalha para Rafael não seria mais pela fama, mas para aprender a ser um rapaz comum, o que incluiria curar-se do vício das drogas.

Arquivo pessoal

Rafael na moto que ganhou do pai e depois vendeu para gravar o CD. A seu lado, o amigo Beto Benvenutti

Ana Márcia, no entanto, garante que ele preferiu tentar se reconstruir como cantor: "Ele começou a correr atrás. Falava com um, falava com outro, ligava para um povo no Rio de Janeiro, compunha músicas... Muita gente se dispôs a ajudá-lo, porque sempre foi muito querido. Só não conseguiu ir adiante por causa da droga, botava tudo a perder. Combinava as coisas e faltava, mudava a vida de repente, dava dez passos para a frente e, depois, vinte passos pra trás. A pessoas acabavam se cansando e ficando com medo de apostar em qualquer trabalho com ele."

Ela também fez outra revelação: "Na véspera do Rafael ir pra cadeia, ele tinha me ligado, não sabia onde eu estava morando depois da nossa separação. Continuava vivendo debaixo da ponte... E aí nesse dia, me telefonou querendo um videocassete que a gente tinha, porque estava precisando de dinheiro. Eu disse que não ia levar, ele brigou comigo, falou que iria buscar no meu apartamento. Fiquei rezando para que não tivesse descoberto meu endereço. E nessa madrugada é que ele foi preso!".

Para os amigos, o golpe fatal veio quando ele vendeu a única coisa que lhe restava, uma motocicleta Honda, presente de seu pai, para investir na produção de um disco independente. Conseguiu 7 mil reais e gastou até o último centavo com as despesas de gravação e a tiragem de mil cópias do CD. Mas não conseguiu fazer o lançamento. As portas das gravadoras estavam fechadas para ele! Resultado: mergulhou no crack de vez, não saiu mais das ruas e, ao invés de morrer de overdose como desejava, acabou na prisão.

Mas se um CD jogou Rafael no fundo do poço, a promessa de um novo disco, feita por Gugu, iria resgatá-lo. Mesmo que fosse por pouco tempo!

Rafael Ilha

De joelhos, mãe implora pela liberdade de Rafa

Sem ideia de quando estaria livre, Rafa vivia um tormento: "Na cadeia tinha muita droga, muita bebida, mas não queria usar nada, tentava me controlar. Se fumasse crack, teria paranóia, iria me sentir perseguido. Se cheirasse cocaína, iria ficar maluco lá dentro. Não queria ficar alienado, indefeso, tinha medo que fizessem alguma coisa comigo. Eu estava com uns 30 presos e um deles, bem doidão, passava o tempo todo batendo com a cara nas grades da cela e repetindo: "Se a cabeça passar, o corpo também passa...". Não queria ficar daquele jeito lá dentro. Essa imagem nunca mais saiu da minha mente."

Como o caso da prisão de Rafa não se resolvia em São Paulo, o Dr. Gontran e Sylvia resolveram ir ao Ministério da Justiça, em Brasília: "Foi um dos momentos mais dramáticos da minha vida."

Reprodução (Revista Contigo / Abril Comunicações S/A)

Conseguiram ser recebidos pelo Dr. José Arnaldo da Fonseca, mas só o advogado entrou no gabinete do ministro do Superior Tribunal de Justiça, onde narrou em detalhes o que acontecia com Rafael Ilha que, inexplicavelmente, continuava na cadeia há mais de um mês, mesmo correndo risco de perder a vida se não fosse internado para tratar o vício em drogas. Angustiada, Sylvia aguardava na sala de espera, mas quando a porta se abriu, caiu aos pés dele. Mais que qualquer argumento jurídico, o coração de mãe falou mais alto naquele momento: " Eu me joguei de joelhos, aos prantos. No desespero, eu beijava as mãos daquele homem, beijava, beijava e implorava para ajudar a libertar Rafael, porque meu filho ia morrer! Ele me dizia: "Pelo amor de Deus, minha senhora, não faça isso, não faça isso", enquanto tentava me levantar", conta chorando novamente.

Não dá para avaliar o quanto o peso dessas lágrimas pode ter influenciado o rumo da história, mas o certo é que, 24 horas depois, no dia 22 de outubro de 1998, "entendendo tratar-se de um dependente químico que possui residência fixa e não representa risco à sociedade ou ameaça à ordem pública, ser réu primário, ter bons antecedentes e manifestar o desejo de libertar-se das drogas", o ministro concedeu a liminar determinando que Rafael fosse libertado da prisão.

Ele jogava dominó com um colega de cela quando soube, pela televisão, que ganharia liberdade condicional. Na mesma hora, os detentos começaram a gritar: "Vai voar, vai voar!", num coro improvisado que se espalhou pelo 96° DP, enquanto Rafael chorava. Do lado de fora, boas surpresas e muitas decepções o aguardavam...

Da prisão para o palco do "Domingo Legal"

A frente do 96° DP estava congestionada, complicando o trânsito na av. Luis Carlos Berrini, na altura do número 900. Rafael Ilha seria solto a qualquer momento, o que explicava helicópteros sobrevoando o local, carros de reportagem, links de várias emissoras, paparazzi e motoqueiros contratados para seguir o veículo que levaria o ex-polegar de volta para casa, após 40 dias de prisão. Para não ser notada, Sylvia chegou a pé e entrou pela lateral. Lá dentro já estavam os advogados Gontran Guanaes Simões e Vera Fontes. Preocupado com a agitação na rua, Dr. Tuma Filho achou melhor que Rafa saísse escondido, mas sua mãe foi taxativa: "Não, vamos sair pela porta da frente e de cabeça erguida!". O delegado avisou, então, que ela não poderia levá-lo em carro particular, pois a própria viatura da polícia iria transportá-lo até o Instituto Médico Legal central onde passaria por exame de corpo de delito, última condição para ser liberado: "Eu e os advogados cercamos o Rafa e conseguimos tirá-lo de lá sem que fosse agarrado pelos jornalistas." Claro que foram seguidos pela imprensa até o IML: "Havia, inclusive, fotógrafos de alguns países vizinhos em que o Polegar também tinha feito sucesso.", descreve Sylvia.

Legalmente livre, após o exame, Rafael colocou cabeça e braços para fora do carro e gritou para os repórteres: "Graças a Deus!". Ele seguiu com a mãe para a residência do dr. Guanaes, onde era aguardado por Augusto Liberato, Roberto Manzoni (o Magrão) e Carlinhos Muniz, entre outros convidados, para um jantar de comemoração. Depois de muitos brindes, ficou acertado que ele já se apresentaria no Domingo Legal daquela semana, para contar em primeira-mão tudo sobre sua prisão.

Já era tarde quando Rafa e Sylvia foram levados para casa, no M'Boi Mirim. Depois de um dia tão movimentado, estavam esgotados e tudo o que queriam era cair na cama. Mas, perceberam repórteres e paparazzi atrás do carro. Ao chegarem, tiveram a certeza que seria impossível dormir, porque também havia um pessoal da imprensa cercando a entrada da casa. Como durante toda a noite os profissionais continuavam de plantão, à espera de um flagrante, Sylvia decidiu que o melhor seria sair de lá. Esperou o meio da madrugada e, na surdina, escapou com Rafael para o bairro do Pacaembu, onde foram hospedados por Vera Fontes, a amiga de todas as horas. O assédio sobre Rafael era enorme, precisava se esconder também das emissoras de TV que queriam sua presença nos mais diversos programas. O ex-cantor já tinha acertado sua exclusividade com o Domingo Legal, do SBT, desde o dia em que Gugu deu ao Dr.Gontran a missão de tirá-lo da prisão. Não havia como voltar atrás: "Acima de tudo era uma questão de gratidão. Devo a liberdade do meu filho a esse grande advogado", diz Sylvia, que não se cansa de elogiá-lo. Mesmo assim, por garantia, seguranças da emissora cobriram a área, ninguém podia entrar nem sair da casa de Vera. Sob toda essa pressão da mídia, Rafa cumpriu o acordo: "Sabia que seria um grande circo por ibope, mas o Gugu estava me oferecendo uma oportunidade e eu acreditava que poderia dar certo."

Reprodução (Revista Ana Maria / Abril Comunicações S/A)

Na guerra de audiência entre Gugu e Faustão

Depois da "briga" entre Gilberto Barros e Ratinho para entrevistar Rafael Ilha direto da cadeia, veio a disputa de Fausto Silva com Gugu para exibir em primeira-mão o ex-polegar agora em liberdade. A produção do Domingão do Faustão insistiu até momentos antes de o programa entrar no ar pela Globo. Era o auge da guerra de audiência entre os dois apresentadores, aos domingos, e o SBT andava levando vantagem. Rafael relembra: "Nesse dia, eu estava na casa do dr. Gontran, quando um produtor global entrou em contato com ele solicitando a entrevista. Meu advogado expôs francamente a situação e o rapaz desligou. Depois de alguns minutos, outro produtor telefonou dizendo que o próprio Faustão queria falar comigo."

A conversa durou poucos minutos, o suficiente para deixar Rafa chateado: "Ele me perguntou se eu não poderia, ao menos,

Reprodução de Internet / SBT
Gugu apresenta Rafael com exclusividade após a saída da prisão

dar uma entrada ao vivo, através de link, no Domingão. Eu disse que não e expliquei, novamente, o meu acerto de exclusividade com o Gugu, que havia bancado um advogado para me defender. Faustão sorriu e entendeu, mas acabei ficando triste, porque era um amigo de muito tempo. Em nome dessa amizade, tentei uma saída: a autorização do Domingo Legal para que eu entrasse no ar na Globo depois que já tivesse sido entrevistado pelo Gugu, mas a reposta continuou sendo não."

Reprodução de Internet / SBT
Envergonhado, cobre o rosto quando Gugu comenta sua aparência de morador de rua ao ser preso

O retorno do cantor ao vídeo foi um sucesso. Gugu o anunciou de forma dramática: "Ele foi preso após ser acusado de roubar 1 real de uma jovem para comprar drogas. Ele, realmente, estava em busca da morte. Eu vou trazer para conversar conosco, pela primeira vez, depois dessa fase horrível que passou, RA-FA-EL!". As garotas do auditório deliraram com sua entrada no palco e o aplaudiram de pé aos gritos de "Rafael... Rafael...

lindo... lindo...". De calça e jaqueta escuras, camisa branca, sapatos esportivos, estava com ótima aparência, a ponto de Gugu comentar: "Agora, olhando pra você assim, que alívio! Nossa, quando eu vi você no Jornal Nacional com aquele cabelo de maloqueiro, não acreditei!".

Ao ouvir isso, o cantor cobriu o rosto com as mãos, como para impedir que aquela imagem de morador de rua tomasse conta dele novamente. Em casa, como bem demonstraram os índices de audiência, o público parou diante da TV para acompanhar todas as confissões do artista sobre o que havia sofrido entre o final do Polegar e o inferno das drogas até sua prisão. Em meio a um resumo de sua vida e carreira, os clipes dos sucessos do grupo e o momento em que cantou sozinho, o ibope estourou.

Na volta à TV, canta "Ando Falando Sozinho": campeão de audiência

Para ele, a sensação era a de estar fazendo as pazes com a fama. Rafa teve certeza que, depois de tanta humilhação, iria gravar um novo CD e, finalmente, decolar na carreira solo. Só que o vício continuava sem tratamento e Sylvia ameaçou o Domingo Legal: "Se não arrumarem uma clínica para o meu filho, não tem mais exclusividade!".

Pedido atendido, mas nada resolvido: "Levei um choque quando cheguei em Parelheiros, onde providenciaram a internação. Era um lugar precário, sem condições. A psicopedagoga não tinha dentes e o tratamento era na base do "amém". Tudo o que eu perguntava, respondiam com essa palavra. Apelidei a clínica de "Buraco do Amém" e decidi que iria tirar Rafael de lá de qualquer jeito." Para solucionar o caso, o "Caminhão do Gugu" chegou ao local no outro dia, carregado de material para uma reforma completa: "Fizeram até uma reportagem para o programa, mostrando a transformação, tudo arrumado, pintado... mas não era uma questão só de aparência, ali não havia estrutura para dar um tratamento decente nem ao Rafa nem a ninguém!", afirma Sylvia.

O problema é que o próprio Rafa se tornou um obstáculo à sua transferência: "Ele dizia: "não, mãe, eu não vou sair daqui. Se tiver que dormir no mato, eu durmo. Tenho que provar para o Gugu que eu quero me recuperar!". Estava com essa ideia fixa! Mas insisti tanto que consegui levá-lo para o Recanto Maria Tereza, em Cotia, onde eu tinha certeza que o tratamento seria adequado."

As despesas continuariam bancadas pelo apresentador. Tudo em paz? Nada disso! Sylvia passou a ter problemas com Roberto Manzoni, o Magrão, diretor do Domingo Legal: "Ele tirava o Rafa de lá a toda hora, até para levar ao cabeleireiro. Aliás, sempre foi do tipo que não pede, manda. Ameaçava trocar de clínica se não deixassem Rafa sair para trabalhos e outros compromissos. Um dia perdi a cabeça e briguei feio. A resposta dele foi uma só: "Deixa o Rafa ser feliz! Depois a gente trata da senhora!". Fiquei indignada!". Segundo ela, os resultados dessas interrupções causaram um enorme prejuízo à saúde do filho.

O CD é gravado, lançado e abandonado

Ainda em meio à repercussão positiva de suas participações no Domingo Legal, Rafael Ilha encarava um mês de estúdio para realização do seu primeiro CD solo, pela Virgin, uma das maiores gravadoras da época, sob direção de Rick Bonadio, que já havia lançado sucessos como Mamonas Assassinas e, mais tarde, seria responsável por outros como Banda Rouge e o grupo Charlie Brown Jr. Para ele, foi reservado o melhor estúdio, Midas, no bairro de Santana, zona norte da cidade. O repertório escolhido a dedo, mistura de pop romântico, com uma pitada de rebeldia e um toque de Polegar, tinha produção do renomado Arnaldo Sacomani. A faixa principal já estava escolhida, "Cantar Comigo", que daria nome ao CD, a primeira em que Rafael colocou voz. Também encarou mudança de visual e sessões de fotos para a capa do disco, onde aparecia vestido com um terno da grife italiana Giorgio Armani e com novo corte de cabelo, num visual totalmente fashion, incluindo pele e mãos – antes queimadas pelo cachimbo do crack – impecáveis. Impossível não se sentir um ídolo da música outra vez.

Divulgação
Novo visual na capa do primeiro CD solo

A mudança no estado de espírito do cantor foi impressionante. Em questão de semanas, sentia-se de bem com a vida, estava longe das ruas, tinha forças para lutar contra o vício, entusiasmo para recomeçar. Não estava livre dos processos, mas o fato de poder responder em liberdade deixava-o confiante de ser inocentado das duas acusações que tramitavam na 8ª e na 26ª Varas Criminais de São Paulo. Tudo bom demais para ser verdade!

O produtor Arnaldo Sacomani começou a desconfiar que Rafael estivesse travando uma intensa guerra com ele mesmo: "Ele ainda era doente, eis a questão. Eu notava nele, claramente, uma disputa interna, de quem

Rafael Ilha

Reprodução (Revista Contigo / Abril Comunicações S/A)

queria largar o vício, mas não conseguia. Dizia que estava limpo das drogas, mas acho que não estava. Dava pra entender que mentia porque precisava do trabalho, precisava reconstruir a carreira e aquela era a sua grande chance."

Apesar das suspeitas que o cercavam, Rafal foi super profissional, como o próprio Sacomani reconhece: "Ele era cumpridor dos horários, não faltou em nenhum dia de gravação, estava entusiasmado e enfrentou o trabalho de adaptação, que foi difícil. Afinal, não cantava há sete anos e sua voz já não era mais de adolescente, mas sim de um homem. Além disso, não dava mais pra ser "boy band", como nos tempos do Polegar, pois estava explodindo na mídia por ter sido preso. Desta vez, era um trabalho adulto. Mas ele mandou bem, cantou muito e o CD ficou bonito. O Rafael sempre foi muito inteligente, rápido, de pegar as coisas no ar. Ele é um artista."

Arnaldo sentia Rafael ainda assustado com a mídia: "Todo mundo queria ele, queria explorar a tragédia, era muita movimentação.". O cantor também estava completamente sem dinheiro: "Não tinha um tostão furado durante a gravação do CD. Quando saíamos pra jantar, eu pagava a conta. Dei uma força pra ele. Eu o apoiava em tudo, nossa relação foi muito boa!".

Do diretor da gravadora, Rick Bonadio, aos produtores e técnicos do estúdio, até a equipe do Gugu, ninguém duvidava de que o disco seria um estouro: "Quando o Roberto Manzoni acertou com Rick a gravação, a ideia era mesmo lançá-lo na carreira solo, aproveitando aquele momento em que estava exposto na mídia. Tinha tudo para dar certo!", afirma Sacomani.

154

As pedras do meu caminho

Longe dos comentários maldosos, quanto mais se aproximava o dia do lançamento do CD solo no Domingo Legal, mais ansioso Rafael ficava. Já estava tudo pronto e tinha gostado muito do resultado. Continuava assunto dos jornais e revistas, só que com mais espaço nas páginas de variedades do que nas manchetes policiais. As duas músicas para a apresentação foram escolhidas: Cantar Comigo, bem dançante, e a romântica Um Dia Vou Ser Feliz, essa de autoria do próprio Arnaldo Sacomani, em parceria com a filha, Thaís Nascimento, e que prometia se transformar num grande hit. O refrão era simbólico: "Vou ser feliz, eu vou fundo... /vou seguindo a luz da estrela que brilhar/a cabeça aberta para o mundo/vou com Deus aonde Ele me levar."

Nervoso, ansioso e feliz eram as palavras que definiam Rafael quando entrou no palco do programa do Gugu e, finalmente, começou a cantar: "Eu estava explodindo, um verdadeiro coquetel molotov de emoções. Tinha saído da rua, de uma situação que achava não ter mais volta e, de repente, estava tendo essa oportunidade, esse recomeço não só profissional, como de vida. Eu estava ali diante do auditório me aplaudindo, me cobrindo de carinho, estava lançando um CD super bacana, gravado numa multinacional, com o melhor produtor musical. Me vi feliz com a música, com a família, com o público e com Deus. Fiquei profundamente emocionado naquele momento. As faixas desse disco continuam na Internet até hoje e dá para perceber a alegria e a energia que coloquei nesse trabalho. Era um renascimento!".

Divulgação
No encarte do CD: loiro e com terno de grife

Apesar do sucesso, Rafael voltaria só mais uma vez ao Domingo Legal. O sonho estava por um fio: "Comecei a perceber que, após o lançamento, o disco não vinha sendo divulgado. Passei a cobrar o Magrão, que dizia que quem tinha que ver isso era o Rick, que falava que quem decidia era o Gugu. Virou um jogo de empurra-empurra. E nada do CD tocar nas rádios, de convites para cantar em outros programas, em outras emissoras, não rolava nem na internet. Eu não conseguia entender porque aquilo estava acontecendo, afinal era um trabalho de peso, que merecia uma divulgação forte, à altura do que tinha sido produzido."

Como Rafael trabalhava em televisão desde os 9 anos de idade e conhecia bem como funcionava o meio artístico, não demorou a dar de cara com a realidade: "Quando vi que cobrava, até várias vezes por dia, e nada era feito, caiu a minha ficha: tinham me abandonado, não iam levar o projeto adiante. Fiquei sem chão."

A verdade nua e crua era uma só: o CD foi gravado, lançado e abandonado. Arnaldo Sacomani tenta uma explicação: "A suspeita do uso de drogas arruinou o projeto. Tenho absoluta certeza de que alguém viu ou pegou alguma coisa nesse sentido. Acho que essa conversa apareceu no estúdio com o empresário Luiz Tarandashi, que iria trabalhar com o Rafa, e era ligado ao Rick e ao Magrão e, assim, foi parar nos ouvidos do Gugu. Não posso afirmar,mas pelo meu feeling, aí deve ter começado aquele papo de "olha, ele não tá legal" e "não adianta botar dinheiro, porque não vai rolar, só vai dar problema... ". Em menos de dois meses, estava tudo acabado.", lamenta o produtor musical.

"Me senti usado e descartado"

"Foi a maior decepção da minha vida! Minha mãe, mais calejada, já vinha dizendo que isso iria acontecer, que era só exploração. Eu dizia que não. Fui bobo, ingênuo! Ela tinha razão: me usaram, cumpriram a promessa diante do público de lançar meu CD, deram a maior audiência, e me descartaram".

A revolta ficou maior ainda quando soube do boato de que o trabalho não seguiu adiante por conta do vício em drogas: "Isso não é verdade. Primeiro, porque saí da cadeia e passei por uma ou duas clínicas, fiquei lá, me tratei. Segundo, como poderia enfrentar meses de preparação e gravação do CD usando crack? Em doses homeopáticas, por acaso? Esse tipo de coisa não existe. Eu era um dependente compulsivo, se eu usasse meia pedra de crack de novo, eu ia voltar para as 60, 70, que fumava na época em que fui preso. O vício é como uma vela, quando reacende volta de onde apagou. Aliás, dizem que volta sete vezes mais forte. Vou ser dependente químico o resto da minha vida. Não posso usar droga o resto da minha vida. O risco de recaída vai existir todos os dias. Não adianta eu me enganar, dizer "hoje eu posso tomar uma cervejinha". Não posso. Sou um dependente cruzado do crack e do álcool, um puxa o outro. Eu tenho medo do crack porque leva para o fundo do poço, sem dó nem piedade. Enfim, estou dizendo tudo isso para deixar claro que não tinha como estar me drogando e trabalhando, muito menos cantando. Era difícil? Era! Eu ainda estava muito intoxicado porque meu tratamento tinha sido interrompido várias vezes, não foi levado a sério como deveria por conta desse projeto, porém o que funcionou mesmo foi ter recuperado minha autoestima com a oportunidade de gravar o CD. Eu estava querendo me levantar de novo, estava querendo dar um "up" na minha vida outra vez, queria isso mais do que qualquer coisa! Não ia desperdiçar essa chance por nada!".

Hoje, Rafael tem certeza que não havia intenção em relançá-lo na carreira: "Não houve gasto com esse trabalho, a não ser da gravadora em prensar o CD e o das roupas compradas para as fotos da capa e encarte do disco. No mais, Gugu era uma potência na época com seus programas e contou com dois grandes amigos: Rick Bonadio, dono do estúdio Midas, onde gravei, e produtor do projeto junto com o Arnaldo Sacomani. Na verdade, tudo foi feito só pelo circo armado em torno da minha situação e que, felizmente, estava dando muito ibope para mim e para o Gugu. Mas o meu futuro não importava pra ninguém! Quando descobri isso, tive uma recaída feia nas drogas. Cada um diz uma coisa, mas a minha verdade é essa: voltei para as ruas, voltei para o crack, porque vi que tinha sido usado e o trabalho não ia mais ser divulgado!'.

A gravadora Virgin, na época, chegou a declarar que o CD havia vendido cem mil cópias: "Nunca tive conhecimento disso, nunca recebi um centavo por esse trabalho e, muito menos, meu Disco de Ouro por ter atingido tal marca!".

Rafael sabe onde dói essa mágoa: "A culpa é do Gugu só até certo ponto. Foi a proposta dele de gravar o CD comigo que me tirou da lama, do fundo do poço. Mas, além de não prosseguir o trabalho, nunca me chamou para explicar o motivo, nunca mais me convidou para cantar no programa. O cara me conhecia há anos, sabia que eu estava doente. Então, a partir do momento que prometeu, devia ter cumprido. Acho que faltou respeito e humanidade naquela época. Talvez se fosse hoje, tudo tivesse acontecido de um jeito bem diferente. Eu amadureci e ele também!".

As pedras do meu caminho

20 FAUSTÃO PAGA CLÍNICA EM SEGREDO E SALVA VIDA DE RAFA

Reprodução (Revista Contigo / Abril Comunicações S/A)

Drama
Alerta vermelho
Rafael é internado na Unidade de Terapia Intensiva de um hospital em São Paulo, com crises convulsivas

Por MARIANA CASTRO

A luta de Rafael Ilha contra as drogas continua. Sofrendo crises repetidas de convulsão, o ex-integrante do Polegar precisou ser transferido da clínica onde fazia tratamento de recuperação para drogados — Green Wood, em Itapecerica, região da Grande São Paulo — para um hospital da capital paulista, segunda-feira 17. Como as convulsões continuaram, terça-feira à tarde ele foi internado na Unidade de Terapia Intensiva, UTI. O nome do hos-

Apelo da mãe: sem dinheiro

O sangue espirrou no teto quando Rafael enterrou de um só golpe a agulha da seringa com cocaína injetável na veia. Sylvia entrou em desespero, sentiu que a o filho se aproximava cada vez mais da morte. Ela já vinha tentando interná-lo desde o fim traumático do projeto de Gugu de lançá-lo em carreira solo, o que provocou sua pior recaída. O caso era urgente, mas estava sem dinheiro para pagar uma clínica particular e não conseguia vaga em hospitais públicos. Chegou até a ligar para a Argentina em busca de tratamento para o filho: " Era uma clínica famosa, numa ilha de lá, mas muito cara, sem chance de conseguir uma vaga. Eu já tinha vendido o carro dele, quando saiu do Polegar, para cobrir despesas. Depois de um tempo, apesar de trabalhar, fiquei sem condições financeiras para arcar com todo esse gasto. Nessa crise, também procurei a ajuda de um psiquiatra, dr. Jorge Figueiredo. O problema é que queria cobrar 600 reais por sessão. Reclamei do preço, mas foi taxativo: "Se você não gastar comigo, ele vai gastar com drogas na favela!". Fiquei desorientada, já não sabia mais o que fazer!".

Sylvia estava chorando muito, quando recebeu um telefonema do repórter Marco Antonio Sabino, da Rede Globo, que havia feito a cobertura da prisão do ex-cantor no caso do 1 real e se tornado amigo dela: " Aí, me desabafei com ele. Contei que o Rafa ia morrer a qualquer instante de overdose, estava se picando e usando crack, tudo de uma vez! Pedi que me ajudasse, pelo amor de Deus!".

Sabino percebeu que se tratava de uma situação de emergência e procurou Fausto Silva. O apresentador, imediatamente, mandou que providenciassem a melhor clínica para dependentes químicos e o internassem por sua conta. Era uma luta contra o tempo!

Sylvia já tinha uma indicação feita pelo dr. José Roberto Nunes, psiquiatra, que havia cuidado de Vera Fisher, na Clínica Solar, no Rio de Janeiro, quando a atriz também lutava contra o vício das drogas. Para o médico, Rafael deveria ser levado para a Clínica Greenwood, um centro de referência nacional, segundo ele, localizado em Itapecerica da Serra, a 33 km de São Paulo. O problema era o altíssimo custo, já que a mensalidade variava de 5.890,00 a 13.390,00, só no primeiro semestre. Dependendo do paciente, o prazo médio de recuperação seria de 2 anos e oito meses, fazendo com que a terapia ultrapassasse 41 mil reais, podendo chegar a 86 mil.

As cifras não assustaram Faustão e, ao custo de 8 mil reais por mês, Rafael deu entrada na caríssima GreenWood, em Itapecerica da Serra, onde, em 2008, também ficariam internados o ator Fábio Assumpção e o craque Casagrande. Era a última sexta-feira de abril quando, mais uma vez, dona Yolanda arrumou uma mala cheia de roupas para o neto, colocou uma Bíblia junto e disse: "Meu filho, só vou ser feliz quando você também for." Ele respondeu: "Estou bem perto disso, vó.",minutos antes de sair para mais uma internação. Faustão cedeu seu próprio carro para que fosse levado até a clínica e, em troca, pediu uma única coisa a Sylvia: que não deixasse ninguém saber que era ele quem estava bancando tudo. Na verdade, fez muito mais do que isso: salvou Rafael de uma overdose fatal.

As pedras do meu caminho

Em 1990, no Domingão, e em 2015, o reencontro na Globo: "Gratidão eterna pelo Faustão"

"Melhor que ajudar, foi Rafa aceitar"

Depois de tantos anos, Fausto Silva faz um balanço dessa história: "Eu penso no Rafael como aquele garoto de 13 anos, já um astro do grupo

Polegar, fazendo shows sem parar e encarando a doideira que é vida de artista, num mundo em que os jovens estão mal preparados para lidar com frustrações e angústias. A fama traz também vaidade, um sentimento que destrói a inteligência, e pessoas para alimentar - por interesse financeiro ou inveja – a neura e a loucura que é tudo isso. Poucos são os que ajudam a baixar a bola, a manter os pés no chão. E as drogas sempre aparecem nesse caminho. Muita gente acha que artista tem dinheiro para se tratar e isso resolve tudo, mas é justamente o contrário. Quanto mais fama e grana, mais distante da realidade ele fica. O Rafa, apenas um menino, caiu nessa armadilha do sucesso.

Acho que mais importante do que ajudar, foi ele querer se ajudado, senão nada teria adiantado. Teve fibra e humildade para aceitar o que muito dependente não aceita. Mais do que a história de ascensão, glória e queda de um ídolo, o que viveu é uma mensagem para que outros não caiam nessa ilusão, sejam artistas ou não. Tudo o que ele passou vai além de uma lição consistente, real e sem fantasia. Na verdade, vejo como uma vitória que só uma minoria consegue. Ele tem que olhar no espelho todo os dias e sentir orgulho de não ter sucumbido ao vício. Não é qualquer um que consegue virar esse jogo da vida. Para mim, Rafael é um milagre".

"Mãe, me tira daqui!"

O tratamento na GreenWood tinha três fases, sendo que a primeira, de seis meses, era a mais delicada por conta da abstinência das drogas, e consistia em aprender a suportar frustrações e a viver em comunidade. Os pacientes iam ganhando privilégios conforme seus avanços, tais como sair nos finais de semana e visitar a família. Só depois desse estágio, é que poderiam decidir sobre continuar ou não. Mas Rafael teimava em ir embora antes do tempo previsto. Estava num quarto sem fios e objetos cortantes, sob acompanhamento constante de uma enfermeira, e suas atividades de lazer e recreação limitavam-se a vídeos e palestras. Ansioso, insistia com Sylvia: "Mãe, me tira daqui!!!", o mesmo apelo que havia feito quando estava na cadeia. Aliás, a sensação dele era a de ser, novamente, um prisioneiro: "Eu só queria sair dali! Me lembro que, nessa época, eu estava muito doente. No fundo, eu desejava me livrar do vício, mas não tinha forças e nem conseguia parar.", confessa.

De nada adiantava saber que, na segunda fase, já seria transferido para São Paulo, onde iniciaria um ciclo de técnicas de relaxamento, sessões de psicanálise e exercício físicos: "Cheio de marra e com abstinência, tentou sair de qualquer jeito, e não conseguiu. Foi aí que engoliu pilha e pedaço de escova de dentes. Acabou sendo levado para o Hospital Alvorada, na Av. Francisco Morato, onde passou pela primeira das cirurgias para retirada de objetos do estômago. Isto consta na imprensa da época", revela Sylvia. Só que Rafael não se recorda desse episódio, mas sua mãe justifica: "Ele não tem como lembrar, porque estava totalmente fora do ar, cheio de drogas."

No final das contas, em apenas dois meses, já estava longe da clínica: "Depois de ter alta, em julho, voltou para casa, jurou que não iria mais usar entorpecentes, mas recaiu em seguida.". Numa rápida passagem pela Comunidade Terapêutica do Projeto Fênix, em Mairiporã, também teve problemas: subiu no telhado e ameaçou se jogar. Outras vezes, mesmo vigiado constantemente, tocou fogo nos sapatos, chegou a pegar facão e foi mandado embora.

Em setembro, acabou preso de novo: "Peguei o carro da minha mãe, um kadett Ipanema prata, ano 91, e fui buscar pó. Comprei 6 pinos de cocaína, mas na volta havia uma blitz. Policiais em uma viatura me viram e correram atrás. Eu fugi porque, na época, era crime. Só que dei azar: uma mulher avançou o farol no cruzamento e eu batí no carro dela. Aí a polícia me cercou, encontrou metade da droga, porque a outra metade eu já tinha cheirado, e me levou para o 96° DP." Uma situação complicada para quem respondia em liberdade a dois inquéritos.

Sylvia já não aguentava mais essa vida: "Além do Rafa detido, estava desempregada e sem dinheiro para liberar meu carro. Senti que iria explodir quando, ainda em setembro, a Comunidade Terapêutica Maxwell entrou em contato comigo oferecendo-se para interná-lo e mandou um coordenador até minha casa, em M'Boi Mirim, para uma entrevista. Não me perguntem para que, mas ele abriu até os meus armários... Ainda bem que deu tudo certo: meu filho foi solto para tratamento de dependência química, segundo resolução da Justiça, pelo dr. Luis Carlos Tucho, e encaminhado para a chácara, em Atibaia, onde ficava a clínica".

"Na clínica entrava crack e garotas de programa"

A Maxwell também era uma das mais caras e reconhecidas do Brasil, mas Rafael não pagaria absolutamente nada, como deixou claro seu proprietário, o dr. Sabino Ferreira de Farias Neto, psiquiatra baiano, formado pela Faculdade de Medicina da Universidade de São Paulo e um dos pioneiros em terapia com drogados no país. Localizada numa área rural, a 67 km da capital paulista, era do tipo "cinco estrelas", cuidando de gente famosa, de artistas a atletas, de políticos a milionários, que sofriam com a dependência química. Entre as celebridades, o ator Maurício Mattar passou por lá para um simples período de desintoxicação, sempre visitado pela apresentadora Angélica, sua namorada na época, que chegava de helicóptero. Com um estilo provocativo nas entrevistas, Dr. Sabino assumiu que seu súbito interesse pelo rapaz famoso era fruto da vaidade de provar que seria capaz de resolver esse caso. A relação médico-paciente se estreitou, como se fossem pai e filho, e acabou por gerar ciúmes em familiares de ambos. Começava assim a internação mais tumultuada da vida de Rafael, que duraria um ano, incluindo cirurgias, fugas, nova banda, romance e surtos, até virar caso de polícia.

Fac-símile/revista Época/Ed. 103/Ano III/Editora Globo

Rafael sabia que, na verdade, era o garoto-propaganda da Maxwell, por isso o tratamento gratuito e as mordomias: " Estava lá em troca da mídia que dava para a clínica. O regime era aberto, eu podia entrar e sair a hora que quisesse, o que me dava a chance de continuar no vício, como acontecia com todos os outros dependentes. Muitos saíam, bebiam, se drogavam e depois voltavam. Eu usava crack até no meu quarto. Fiz isso durante todo o tempo em que fiquei lá, entre 1999 e 2000. Na verdade, era um spa de luxo. Pagando, qualquer paciente tinha o que quisesse: massagistas, drogas, garotas de programa... Só não tinha tratamento! O dr. Sabino era um louco, um mercenário!", analisa quase 20 anos depois.

Enquanto ainda se tratavam como "pai e filho", Rafael garante que o médico chegava a lhe dar dinheiro para comprar drogas e, desta forma, não ter motivo para ir embora e deixar de render publicidade ao local. Com isso, afundava cada vez mais na dependência: "Quando exagerava, aí me dopavam. Era comum entupir a gente de remédio. No meu caso, aplicavam um coquetel de anticonvulsivo com antidepressivo!".

Começou a surtar e, num dia de fissura, exigiu que o psiquiatra conseguisse mais crack. Temendo o pior, ele se recusou, porém não esperava ver uma cena de arrepiar: com um golpe, Rafa quebrou a vidraça, pegou os cacos e começou a mastigar. Não dá pra esquecer: "Fiquei com a boca toda machucada, cortei a língua, mas não fui para o hospital. Acabei conseguindo o que queria!". Seis meses depois da internação, quase morreu.

Engole pilha, caneta e três isqueiros

No dia 9 de fevereiro de 2000, após sofrer convulsão provocada por uma crise de abstinência, engoliu uma pilha, três isqueiros e uma caneta, com a qual ameaçava perfurar a barriga, na frente dos funcionários. Ele se lembra que a esferográfica era Bic, a mesma marca para a qual, aos 9 anos, estrelava comerciais. Desta vez, só sobreviveu porque o Dr. Sabino agiu rápido, levando-o para o centro cirúrgico da Santa Casa de Bragança Paulista em seu próprio carro. O psiquiatra

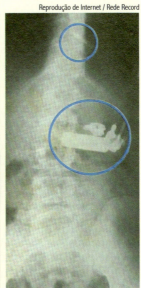

Radiografia mostra os objetos que engoliu e, na foto, Rafa exibe cicatriz da cirurgia

O hospital de Bragança Paulista onde Rafael foi operado

estava tão perplexo com a situação que não trocou uma palavra sequer com Rafael durante o trajeto, não esperou o fim da endoscopia e, segundo relatou à imprensa na época, foi direto para casa, onde se olhou no espelho e ficou, por alguns minutos, se perguntando o porquê de tudo aquilo.

Para o bem da reputação da clínica e da privacidade de seu paciente, tentou abafar o caso, mas a notícia vazou e, a partir daí, desistiu de esconder a situação e fez uma série de desabafos aos jornais, inclusive à repórter Keila Gimenez, do Notícias Populares, a quem declarou sem meias palavras: "O Rafael me dá preocupação 24 horas por dia. Ele já fugiu algumas vezes do tratamento para fumar maconha e também se drogar com cocaína na veia em um terreiro de Candomblé. Depois de alguns dias, voltava pedindo ajuda novamente. Numa dessas escapadas, trocou seus documentos pelo equivalente a 30 reais em cocaína. É uma loucura a preocupação que temos com esse menino.".

Ainda abalado com o episódio acrescentou: "Os sustos que ele dava na equipe já faziam parte da rotina, mas nada se compara ao que aconteceu na quarta-feira (9/02). Estou chocado com a capacidade de auto-agressão de Rafael. Uma pessoa que engole objetos como ele fez, assusta muito a gente. Não tínhamos nenhum controle da situação."

"Se tivesse veneno de rato, eu tomaria!"

Ainda em recuperação da cirurgia de emergência, Rafael tentou se explicar: "Eu estava fora de mim! Se tivesse veneno de rato na minha frente, eu teria tomado!'

Para o dr. Sabino, o ex-polegar teria engolido os objetos para chamar a atenção de Gugu: "Ele disse que estava chateado porque o apresentador não foi visitá-lo na clínica. Não descarto essa possibilidade!", declarou à "Isto é Gente". A resposta do artista veio rapidamente, divulgada pela sua assessora de imprensa, Esther Rocha: "Rafael tem que entender que está doente e precisa superar essa fase, se tratar, e não ficar esperando que os outros o socorram.".

Nova banda, dinheiro e carro zero km

Um dos caminhos pensados pelo psiquiatra para acalmar Rafael e tomar carona na sua fama, foi a volta dele à música, através do lançamento de uma nova banda que pudesse repetir o sucesso do Polegar, justificando que ele era um ídolo, tinha carisma e precisava reencontrar o seu meio. Mais uma vez, o dr. Sabino estava na contramão do que recomendavam grandes especialistas, como o dr. Arthur Guerra, médico do Grupo Interdisciplinar de Estudos de Álcool e Drogas (Grea), ligado ao Instituto de Psiquiatria da USP, e que também tratou do ex-cantor: "O que Rafael precisa, agora, é se livrar dessa vida. Deve-se temer os efeitos de um possível sucesso estrondoso!". Sylvia também não apoiava a ideia: "Daria tudo para meu filho não voltar para o mundo artístico!".

As pedras do meu caminho

Dr. Sabino investe na banda Los Lokos para Rafa reencontrar a fama

Sem se importar com polêmicas, o psiquiatra conseguiu uma gravadora para o projeto, a GGM, especializada em música sertaneja, mas disposta a apostar em outros gêneros, de propriedade de Mário Guerino, um fazendeiro rico, que ofereceu 100 mil reais como adiantamento aos recém-contratados. O grupo estava formado e se chamaria Los Lokos: Rafael no vocal, Almir na percussão, Lúcio no violão e Bruno na guitarra. Uma união perfeita, já que os integrantes anônimos precisavam de um ídolo para alavancar o sucesso, enquanto Rafael se beneficiaria do convívio com garotos saudáveis, todos sem vícios, os chamados "caras-limpas". Passou a dividir com eles, uma modesta casa de colonos dentro da própria comunidade, onde também ensaiavam.

Rafael com a banda Los Lokos e beijando o empresário Mário Guerino

Com dinheiro no bolso, a primeira providência de Rafa foi comprar um carro Honda Civic, saldar dívidas e depositar 5 mil reais na sua conta. Sentiu-se inspirado e começou a compor para o repertório da banda. O reggae "Olinda", entre outras coisas, dizia: "Leva/no sorriso a vida/e um olho que abriga/quem vai chegar... ". Pela primeira vez, em muitos anos, estava se sentindo motivado e feliz! O Dr. Sabino chegou a dizer que seu cliente estava ótimo e esperava que ficasse assim definitivamente. Para a dependência química, no entanto, não existe a palavra "cura", apenas "reabilitação". O tempo mostraria que Rafael ainda estava muito longe de se recuperar. Seu tratamento era considerado uma fraude!

Convidado a posar nu, ele foge com o cachê

Desde os tempos do Polegar, Rafael tinha fama de sedutor e "bem-dotado", como revelaram os companheiros de grupo, o que acabou despertando o interesse da editora Fractal, em São Paulo, dona da G Magazine, a mais famosa revista de nu masculino, criada e dirigida por Ana Fadigas em 1997. Inicialmente dedicada ao público gay, na maioria homens, acabou fazendo muito sucesso também entre as mulheres e dominou esse mercado até 2013. Rafael ficou surpreso com o convite e em dúvida se toparia o desafio de posar para fotos de nudez frontal e, principalmente, as com ereção, marca registrada da revista para avaliar a centimetragem e potência dos astros de suas edições. Sem maiores pudores, os atores Alexandre Frota e Matheus Carrieri foram os campeões em número de capas, mas tbm estamparam a publicação jogadores de futebol como Dinei, Vampeta e Túlio Maravilha, ex-BBBs como Kleber Bambam, Buba e Rogério (jardineiro de cemitério com apelido de "dotadão), integrantes de grupos musicais como Rodrigo Phavanello do Dominó e Roger Moreira do Ultraje a Rigor, os cantores Latino, Conrado, Rafael Vannucci (filho de Vanusa) e Toni Salles (marido da morena do Tchan, Sheila Carvalho), além de galãs de novela como Marcelo Picchi, Théo Becker e Nico Puig, chegando ao requinte de ter pai e filho,

Arquivo pessoal

Para as fotos, pediu mulheres e champanhe

David Cardoso e David Cardoso Jr., em suas páginas. Clodovil foi o único que posou de cuecas, mas o estilista Ronaldo Ésper não fez cerimônia para tirar a roupa. Para quebrar a resistência de Rafael, a editora se dispôs a pagar 60 mil reais de cachê, um dos maiores da época. Diante disso, ele perdeu a inibição e assinou o contrato: " O problema é que eu estava recaído e logo em seguida fui pego numa blitz com cocaína no carro. Aí o tempo fechou para o meu lado!". A imprensa apostou que a G Magazine quebraria o contrato, mas Ana Fadigas avisou: " A nós não cabe o papel de juiz. Estamos aguardando o desenrolar dos acontecimentos para estudarmos junto ao departamento jurídico as providências a serem tomadas." Em questão de dias, o advogado Luiz Tucho assumiu a defesa de Rafael e o ensaio erótico não foi descartado. O cantor teve até direito a mordomia: " A direção disse que eu poderia escolher o fotógrafo e o que mais eu quisesse para me estimular no estúdio. Pedi duas mulheres e muito champanhe!" Rafa foi prontamente atendido, só que nunca fez as fotos: "Me deram metade do cachê adiantado e eu fugi com os 30 mil reais. Com todo aquele dinheiro, recaí fundo nas drogas!". A revista não ficou no prejuízo, a dívida foi paga pelo seu empresário musical Mário Guerino. Rafa se condena pela fuga, mas acha que agiu certo ao não ter posado nu: "Ainda bem que não fiz o ensaio. Tenho certeza que me arrependeria pelo resto da vida!".

"O psiquiatra maluco levava meu filho para as boates"

Arquivo pessoal

Revoltada com o que estava vendo acontecer com Rafa na Maxwell, Sylvia detonou: "O tratamento do médico maluco era ficar passeando em São Paulo com meu filho por bares, restaurantes e boates de putas, pegando mulheres. Entrei em sérios atritos com o Dr. Sabino e resolvi me afastar. Eu não podia fazer nada, meu filho era maior de idade e eu não tinha mais forças para discutir com ele nem com aquele psiquiatra doido. Então, larguei mão e entreguei a Deus!". Na verdade, ela estava à beira de uma crise nervosa: "Fugi para Serra Negra, onde fiquei no hotel-fazenda de minha amiga Isabel, durante uma semana. Depois, fui para Salvador, porque precisava ficar com meu pai, que havia piorado do câncer. Passei 45 dias com ele no hospital."

Descontração na clínica com Rafael e Dr. Sabino

Rafael não se comoveu com a doença do avô - dr. Vital Henrique de Mello Vieira, um grande advogado da Petrobras - por conta de uma mágoa profunda, como explica: "Ele tinha muito dinheiro, mas quando eu estava desesperado por ajuda e pedi para que pagasse a minha internação, riu da minha cara e disse: "Seu lugar é atrás das grades ou a sete palmos debaixo da terra!". Foi cruel, mas teve o seu castigo, porque logo depois descobriu um câncer irreversível e morreu definhando, sofrendo, com os cinco filhos brigando no hospital, dividindo as coisas dele... "

Na ausência de Sylvia, Rafael levou dona Yolanda para morar com ele na Maxwell: "Minha tia Patrícia a expulsou de casa, no bairro do Itaim, porque ela insistia em manter contato comigo. Fui buscá-la e passou a residir na ala dos idosos. Sempre tive uma ligação afetiva mais forte com minha avó do que com minha mãe!". O dr. Sabino autorizou a mudança por achar que seria de grande apoio psicológico para seu paciente, uma presença fundamental no processo terapêutico, tanto que não cobrou nada pela hospedagem.

"Preferia morrer a abandonar meu neto"

O amor que une avó e neto é indestrutível, como ela mesma faz questão de frisar: " O que sinto por ele é algo especial, espiritual mesmo. Rafael é o mais velho dos meus seis netos e sempre precisou de mim. Quando nasceu, minha filha tinha apenas 18 anos e eu ajudei a cuidar dele, fazia até mamadeira, trocava as fraldas, botava pra dormir. Com 5 meses, Sylvia carregava Rafael de moto para vários lugares, mas depois o deixou sob os meus cuidados para poder trabalhar. Sempre foi um bom menino, muito inteligente e estudioso, muito apegado comigo."

Fernando Figueiredo / Abril Comunicações S/A

Com a avó Yolanda, amor a toda prova

Antes mesmo de se mudar para a clínica com Rafa, já tinha morado um período sozinha com o neto: "Ele se drogava, mas eu tinha paciência, batia na porta do banheiro para saber se estava vivo. Pedia dinheiro, eu dava. Nunca o enfrentava, nunca levantava a voz para ele. E Rafael jamais me agrediu, nunca me bateu. Só tive medo uma vez, quando me encostou na parede e perguntou: "O que acha que vou fazer com você agora?". Eu travei, não conseguia responder. Aí ele me chacoalhou pelos ombros como pra me tirar daquele transe e disse: "Vó, eu não vou fazer nada. Só vou te abraçar e beijar.". E foi o que ele fez!".

"Um dia, Sylvia apareceu com a polícia para me tirar da casa onde eu vivia com Rafa. Ela estava com dois PMs mais sua amiga Dinorah e disse bem alto: "Mãe, sai daí. Você vai se dar mal.". O guardas também falaram: "Viemos buscar a senhora porque está correndo risco de morte. Não pode ficar trancada com um drogado. Sua filha está preocupada!". Sem abrir a porta, eu gritei: "Posso morrer, mas daqui eu não saio!". Apavorado, Rafa me perguntou: "Vó, a polícia veio me buscar?" e eu o tranquilizei: "Não, só veio ver se a vovó está bem!". Os policiais, então, deixaram um número de telefone caso eu precisasse de socorro e foram embora com elas. Claro que nunca precisei chamá-los!".

Para dona Yolanda, as más companhias levaram Rafa para as drogas: "Na época do Polegar, principalmente, estava cercado de amigos falsos, começou a frequentar boates muito cedo e daí para o vício foi um passo. Eu sentia uma tristeza imensa, mas não perdia a esperança de que se recuperasse. Nas noites em que ele tinha crises, eu me agarrava com Deus no meu quarto e rezava até que se acalmasse. Mas quando engoliu pilhas e caneta, mesmo estando num hospital psiquiátrico, achei que ia perder meu netinho, porque a pilha poderia estourar na barriga dele. Graças a Deus, sempre teve sorte e ajuda quando precisou."

Apesar de lidarem de modo diferente com Rafael, ela e Sylvia sofreram juntas durante muitos anos: "Minha filha entrava em favelas aos gritos de "Cadê meu filho? Quero meu filho! Rafaeeeel!", enfrentava traficantes para defender a vida dele. Eu quase morri quando foi preso, mas não tive coragem de ir vê-lo. Meu coração não aguentaria ficar com meu neto por alguns momentos e depois deixá-lo sozinho, atrás das grades."

Viver com ele mais de um ano na clínica não foi sacrifício nenhum: "As drogas não tiraram sua inteligência e nem a bondade de coração. Só pedi para sair porque não aguentava mais ver aquele médico levando Rafa para as boates, deixando que consumisse drogas e se envolvesse com mulheres!".

Na balada com o médico, Rafa começa a namorar

Como para confirmar tudo o que havia deixado Sylvia indignada, certa noite, Rafael e o dr. Sabino saíram juntos para a balada, num bairro nobre de São Paulo. Ele queria apenas se divertir, mas deu de cara com uma garota que estava por lá, com sua irmã, comemorando o aniversário da amiga. Seu nome: Fabiana. Um novo romance iria começar, como ela mesma conta: "Estava acompanhado por um médico, foi cordial, educado, vi que era inteligentíssimo. Logo me pediu em namoro, mandava flores, tudo muito romântico. Mas foi um início meio conturbado, porque o namoro começou numa quinta-feira e, na sexta, saiu uma revista de circulação nacional contando

Rafael Ilha

Reprodução (Revista Contigo / Abril Comunicações S/A)

Drama

Polegar pra baixo

Depois de uma recaída, Rafael é internado em hospital de regime fechado para evitar risco de suicídio

Por **MARIANA CASTRO**

A história se repete. Submetido a tratamento de recuperação para dependentes químicos, Rafael Ilha perdeu mais um round na luta contra as drogas. Ele está passando por outro período de recaída. Por precaução médica, o ex-integrante do grupo Polegar foi internado segunda-feira 15 em um hospital próximo a Bragança Paulista.

— O risco de o paciente cometer suicídio implicou na indicação da internação mais restritiva — explica seu médico, dr. Sabino Ferreira de Farias Neto, o mesmo responsável pelo caso de Maurício Mattar.

Há cerca de três meses Rafael deu início a um tratamento acompanhado por dr. Sabino. Segundo o médico, ele apresentou melhora depois do primeiro mês sob seus cuidados, vivendo na clínica Maxwell.

O ex-Polegar voltou a fazer ginástica, freqüentava as missas de padre Marcelo Rossi, acompanhado apenas da namorada, e se mostrava empenhado na recuperação. Por estar melhor, Rafael tentou retomar a carreira de cantor. E, mais uma vez, passou por frustrações, como não conseguir arrumar emprego. Diante delas, teve, de novo, uma recaída.

— O dependente químico tem tolerância muito pequena para frustrações — explica dr. Sabino.

Há cerca de trinta dias, Rafael saiu em busca de drogas. Ele deixou a clínica do dr. Sabino e, em São Paulo, trocou

"Ele não está colaborando com o tratamento", diz dr. Sabino

seus documentos pelo equivalente a 30 reais em cocaína. Apesar do incidente, voltou para a Maxwell.

O uso da droga fez com que Rafael passasse por período de abstinência e por duas crises convulsivas.

Segundo dr. Sabino, o risco de Rafael cometer suicídio foi decisivo na opção de internar o cantor em um hospital de regime fechado.

O que vai acontecer com Rafael daqui para a frente é difícil prever. Mas a idéia é mantê-lo internado por cerca de vinte dias. Neste período, ele está sendo sedado e não pode receber visitas. Depois disso, se ele manifestar vontade e empenho, deve voltar à fazenda para seguir o tratamento.

— Rafael não está colaborando com o tratamento — conta dr. Sabino. — Mas estarei à disposição para prosseguir com o caso, desde que ele queira se tratar.

Nas últimas semanas, Rafael chegou a marcar presença na TV. Convidado do *Sem Limites para Sonhar*, de Fábio Jr., ele levou uma bronca ao vivo de seu médico, entrevistado por telefone. Doutor Sabino alertou sobre a falta de disciplina do paciente durante o período de recuperação. Em *Festa do Mallandro*, o ex-Polegar também apareceu como convidado. Já sua participação no *Programaço*, de Astrid Fontenelle, na Band, teve de ser cancelada duas vezes.

— Acredito que qualquer pessoa possa se recuperar — diz dr. Sabino. — Mas quem necessita de ajuda tem de ter humildade para aceitar ajuda. ∎

Rafael na fazenda onde funciona a Maxwell: indisciplina na fase de recuperação

a história dele com as drogas. Eu não sabia nada sobre isso. Quando li aquilo, fiquei chocada, assustada. Minha primeira reação foi de surpresa! Eu olhava e dizia: "Meu Deus!". Não parecia que era um viciado, eu nunca tinha tido contato com alguém assim, e estava ali lendo sobre suas internações, crises de abstinência, vendo fotos das coisas que ele engolia, achei tudo muito forte.".

Ao contrário do que se esperava, não rompeu o namoro: "Consegui enxergar por trás de toda aquela polêmica, uma pessoa bacana, carismática, alegre, alto astral e me apaixonei. Passei a pesquisar sobre dependência química, porque as pessoas têm preconceito, acham que os drogados são vagabundos e isso é horrível. Quando a gente começou a namorar, continuou internado, vivia uma fase mais tranquila. Mas logo depois, veio a recaída!".

Ela tinha entrada livre na clínica, onde podia dormir com o namorado e acompanhar o seu dia a dia, porém continuava morando na casa dos pais. Foi lá que Rafael apareceu para buscá-la ao lado de um traficante com quem havia torrado todo seu dinheiro, momentos antes, comprando crack. Despachou o bandido num táxi, e rumou com Fabiana para Campo Belo, atrás de mais drogas. A barra começou a pesar: "Eu pedi que me arrumasse dez reais, mas se negou. Então, vi que estava usando o anel de ouro com brilhantes, que eu tinha dado de presente. Pedi de volta para trocar pelo crack, me disse não de novo. Começamos a discutir e parti pra ameaça : "Se você não me der o anel agora, vou assaltar alguém!". Foi nessa hora que vi um automóvel entrando numa vila em frente. Não pensei duas vezes, embiquei na calçada, desci rapidinho, meti a mão na cintura, fingindo que era um revólver, e peguei a bolsa da mulher."

Apavorada com o que via, Fabiana assumiu a direção do carro, deu ré e fugiu, deixando-o a pé e abandonado: "Fiquei puto da vida! Mas como já tinha conseguido grana novamente, peguei um táxi e fui comprar crack na favela da Av. Águas Espraiadas (hoje Av. Roberto Marinho) e depois segui para um hotel em frente ao aeroporto de Congonhas. No caminho, liguei várias vezes pra ela, mas não atendia. Por volta das 5:00 h da manhã, telefonei para a clínica e me informaram que estava lá. Virei bicho! Tinha usado crack a madrugada inteira, estava completamente alterado. Foi o tempo de entrar num táxi, chegar em Atibaia e agarrar Fabiana pelos cabelos!".

A briga ficou violenta: "Eu a arrastei pelos cabelos do meu quarto até o corredor. Começou a gritar e dei uns tapas nela, mas conseguiu escapar e pulou o muro da mansão vizinha. Pulei atrás e o alarme disparou. Ela saltou o muro de volta, correu pra rua e eu também. No meio da perseguição, chegou a polícia! Em pouco tempo, estava cheio de viaturas em frente à clínica. Fomos parar na delegacia!".

O Dr. Sabino e Fabiana fizeram um acordo: "Ela não prestaria queixa, se eu fosse transferido para uma outra comunidade, desta vez, fechada. Deixou claro que era minha única saída para não responder a mais um processo."

A versão oficial do médico para a transferência era a de que Rafael não estava colaborando com o tratamento e corria risco de suicídio,, mas fazia uma ressalva nas entrevistas: "Acredito que qualquer pessoa possa se recuperar, desde que queira, realmente, se tratar. Nesse caso, continuarei à disposição dele."

O próximo passo foi emitir um laudo para que o paciente deixasse sua clínica: "Fui levado pelos próprios policiais para o Sanatório Ismael, em Amparo, também no interior de São Paulo. Quando entrei naquele lugar, vi que estava de novo num hospício."

Para escapar do sanatório, engole mais duas pilhas

O sanatório era, na verdade, um manicômio judiciário, onde Rafael ficaria incomunicável e cercado por muros de dez metros de altura, em meio a pessoas com problemas mentais seríssimos, como descreve: "Aquilo era uma penitenciária de loucos, um lugar horrível! A gente usava apenas um avental, ficava completamente nu por baixo. Os pacientes comiam fezes, brigavam, se batiam. Era só jogar uma bituca no chão, pra dez caírem em cima. A maioria já tinha pirado geral.".

O sanatório de onde Rafael fugiu, em Amparo, interior de SP

Com medo de enlouquecer lá dentro, já que os enfermeiros também batiam e judiavam dos doentes, começou a fazer de tudo para ir para o hospital, única maneira de conseguir fugir: "Eu fingia convulsões, ataques epiléticos, fazia que estava morrendo, mas nada de me tirarem dali. Cheguei a bater duas vezes com um cinzeiro pesado na minha cabeça, não adiantou. Até que um dia, ouvindo um discman, arranquei as duas pilhas, encarei o enfermeiro e disse: "Olha!". Ele viu o que eu tinha nas mãos e veio correndo para pegar, mas antes que chegasse perto, eu engoli!".

Rafael não foi socorrido no ato, naquele 30 de junho de 2000. O enfermeiro comunicou a equipe responsável e a direção da clínica, que demoraram a decidir o que fazer. Algumas horas depois, preocupado que não o levassem para um atendimento fora dali, começou a fingir que estava sentindo fortes dores na barriga: "Aí, preferiram não arriscar em me deixar com as pilhas no estômago. Afinal, eu era conhecido e se acontecesse alguma coisa grave, ia dar encrenca. Tenho certeza que se fosse um pobre coitado qualquer, ficaria abandonado lá dentro, sem nenhum socorro! Foi só por isso que me mandaram para o hospital".

Para manter as aparências, ordenaram que tirasse o avental e vestisse as roupas que usava quando chegou ao sanatório e que haviam sido guardadas na enfermaria. Antes de entrar na ambulância, acompanhado por dois funcionários, Rafa ainda teve tempo de pegar seu boné. Enquanto seguia para o hospital, a notícia vazou e a imprensa cobrou explicações do dr. Roberto Ramos, o médico responsável pelo sanatório, que tentou justificar: "Aqui é um hospital psiquiátrico, os pacientes ficam em enfermarias, não tem como colocar um enfermeiro para cada paciente."

No Beneficência Portuguesa, o plantonista colocou Rafael no aparelho de raio-X, que mostrou a localização exata das pilhas. Seria preciso aguardar o cirurgião para saber os próximos passos: se optasse pela endoscopia, tudo se resolveria de uma forma simples. Caso decidisse operá-lo, teria que pedir a autorização da família. Percebeu que era hora de agir. Driblar seus "seguranças" – um senhor gordo e outro velhinho – não seria difícil. Com cara de malandro, olhou para os dois, sentados num banco, e saiu correndo, mas voltou em seguida dando risada. Eles acharam graça. Aí, repetiu a "brincadeira" e descobriu que no final do corredor havia uma escada. Retornou com ar inocente, sentou-se ao lado deles, que não desconfiaram de nada. Na terceira vez, levantou-se e disse em tom de gozação: "Eu vou fugir... .", saiu correndo e não voltou mais.

Em questão de minutos, estava na rua. Quase sem fôlego, não sabia para onde ir, mas seguiu dobrando as esquinas, pegando uns atalhos, até que encontrou uma estrada. A intenção era conseguir carona para São Paulo. Olhava para um lado e nada de movimento. Olhava para o outro, nenhum carro na pista. Começou a ficar angustiado. Não podia demorar ali, porque iriam encontrá-lo. De repente, ouviu o ronco de uma moto atrás dele. Ao se virar, viu uma motoqueira, que foi logo tirando o capacete e perguntando: "Ei ,você não é o Rafael, aquele cantor?". Entre desconfiado e esperançoso, respondeu com ironia: "Sou sim, por que? Quer um autógrafo? ". Aflita, ela responde: "Não, cara! É que tem um monte de polícia atrás de você. Sobe aí na garupa, te levo pra um lugar onde ninguém vai te achar." Topou na hora, preferia morrer a voltar para o sanatório.

Pouco depois, estava sentado no chão da casa de um traficante, preparando um baseado: "Enrolei no jornal mesmo, porque ele não tinha seda!". Havia conseguido a "paranga" (outro nome do cigarrinho de maconha) em troca do seu boné, objeto de desejo do bandido que, meia hora depois, avisou: "Você precisa ir embora daqui, para não me comprometer." Rafa entendeu a situação e concordou: "Só perguntei se não tinha, pelo menos, uma ficha de telefone para me dar, porque queria ligar e pedir para meu médico ir me buscar." Ele nem respondeu, mas a motoqueira tirou uma da bolsa e ainda se ofereceu para levá-lo ao orelhão numa praça perto dali. Depois de um rápido "tchau, valeu!", ele foi direto para o telefone público e discou nervosamente para a Maxwell, ainda com o baseado na mão. À beira da exaustão, ouviu o primeiro toque, o segundo... ouviu o terceiro, mas ninguém atendia sua chamada. Olhou para trás por instinto e não acreditou no que viu: a praça estava sendo cercada por viaturas da polícia, que não acionaram as sirenes, para pegá-lo de surpresa. Em pânico, deu uma olhada geral pra tentar encontrar uma brecha por onde fugir. Sem chance. Soltou o fone, que ficou pendurado pelo fio, levantou as mãos e se entregou.

Rafa é operado de novo com urgência

Na delegacia de Amparo, Rafael tem permissão para telefonar. Consegue falar com o dr. Sabino, que conversa com o delegado, e se dispõe a ir buscá-lo. Enquanto o médico não chega, os policiais aproveitam para tirar fotos com o ex-Polegar e pedir autógrafos. O que seria uma prisão, virou uma reunião de fãs. Mesmo assim, ele respira aliviado quando, finalmente, se vê dentro do carro voltando para São Paulo.

Como não pode retornar à clínica de Atibaia, por causa do escândalo da briga com Fabiana, Rafa é levado para o haras do psiquiatra em Bragança Paulista, onde retomaria os ensaios com a banda Los Lokos, prestes a lançar o primeiro CD. Mas, havia o detalhe das pilhas no estômago, o que o levou no dia 3 de julho, com urgência, para a mesa de cirurgia do Hospital Nove de Julho, em São Paulo, também por conta das aderências nas paredes abdominais, onde os médicos colocaram uma fina tela. Mesmo com a barriga cheia de pontos, fugiu na manhã seguinte. Ele se lembra dos detalhes como se fosse hoje: "Eu já estava entrando em abstinência, queria ir pra rua atrás de drogas. Minha mãe e meu pai estavam comigo no quarto, mas percebi que ele tinha deixado as chaves do carro em cima do criado-mudo. Num instante de distração deles, passei a mão no chaveiro, saí correndo pelas escadas, consegui chegar no estacionamento e fui embora dirigindo em alta velocidade, para não dar tempo de ninguém me alcançar.".

Perseguição policial e fim do "tratamento"

De volta ao haras, não estava bem clinicamente. Além das dores da operação, a fissura pelo crack continuava. Mesmo com a livre circulação das drogas pelo ambiente, ele era insaciável. Acabou surtando de novo. Sim, a vida de Rafael Ilha daria uma novela, mas com sequências cinematográficas, como as que começam a partir do momento em que ele pega um facão e ameaça o psicólogo: "Eu sabia que ele tinha oito mil reais em uma mala e exigi o dinheiro para fugir. Além disso, obriguei a me dar as chaves do carro e me mandei! Sabia que iriam avisar a polícia!".

Já na rodovia Fernão Dias, olhou pelo retrovisor e viu que a perseguição tinha começado. Acelerou fundo rumo a Atibaia. As viaturas correram mais, uma delas com o filho do Dr. Sabino. Os ponteiros no painel já apontavam velocidade máxima, mas nem assim conseguia abrir distância, os policiais estavam colados na traseira do seu carro. Decidiu largar o veículo e fugir a pé. Tentou escapar pulando os muros de uma casa, mas percebeu que os guardas estavam atrás; pulou os de outra, escondeu a mala entre as plantas do jardim, e saltou fora. Mas aí foi preso e revistado na hora: "Claro que não encontraram nada comigo, nem me virando do avesso. Eu olhava para o "Sabininho" e dizia que não ia mais voltar para o haras. Mas veio a ameaça: " devolve o dinheiro ou não sai nunca mais da clínica!" Não teve jeito, Rafa cedeu, não sem antes negociar: devolveria 7 e ficaria com mil. Foi o preço que o Dr. Sabino pagou para se ver livre dele, depois de ter falhado em seu tratamento. Rafael saiu da Maxwell mil vezes pior do que entrou.

Rafael "Pilha": apelido vira caso de polícia

Depois de ser machete de jornais por ter engolido pilhas – em tentativas desesperadas de fugir de clínicas e manicômios – o ex-polegar ganhou o apelido de Rafael "Pilha", fato que, para surpresa de muitos, nunca o incomodou: "Passei por tantas coisas piores na minha vida, que estou blindado! Não ligo, levo na brincadeira, na boa! Afinal, foi uma coisa que eu vivi. Muita gente me chama assim quando cruza comigo, eu dou um "oi" e sigo em frente!"

Só o que não permite é o tom ofensivo, muito menos quando a família está por perto: "É difícil acontecer isso, mas se alguém diz o apelido com agressividade, ainda mais se estou com minha mãe, minha mulher ou meus filhos, eu questiono e faço ter respeito! Mas vou na lição de moral, jamais na violência!"

O que ele não esperava era ser registrado assim num boletim de ocorrência, como foi feito em maio de 2015, no Deic (Departamento de Investigações Criminais), ao ser detido durante 24 horas por ter esquecido de atualizar seu endereço na Justiça, exigência ainda por conta de um antigo processo. O fato foi registrado com estardalhaço pela imprensa e o delegado João Renato Weselowski tentou justificar: "Isso deve ter sido alguém querendo zoar!"

Rafael Ilha

Rafa na delegacia: "Não houve seriedade e respeito"

Para Rafael, não tem sentido tamanha falta de seriedade da própria polícia: "O delegado assinou o depoimento e depois deu entrevista dizendo que foi brincadeira idiota de algum policial, quando foi ele quem tinha feito isso! Então, o idiota era ele!"

Triste esse Brasil onde o drama da dependência química é encarado com preconceito e vira alvo de piadas até por parte de autoridades!

As pedras do meu caminho

21

A PEGADINHA DO MALLANDRO

No dia 5 de agosto de 2000, Rafael Ilha - recém-saído de mais um tratamento contra a dependência química, desta vez com o médico espiritualista dr. Bortolodamo - dirigiu-se à TV Gazeta, em São Paulo, para participar da "Festa do Mallandro", programa comandado por Sergio Mallandro, nas noites de sábado, onde iria cantar e divulgar o CD intitulado "Até o Fim", com sua nova banda, Los Lokos. Recebido pelo pessoal da produção, foi encaminhado a um camarim, onde aguardaria sua vez de entrar em cena. E assim começava a pegadinha mais polêmica já exibida na TV até hoje.

Sem imaginar que havia uma câmera escondida no local, Rafael não estranha a presença de um rapaz, certo de que se tratava de mais um convidado da atração. Após um breve bate-papo, o cara lhe oferece "cocaína". Ele se assusta e não aceita! O outro insiste, Rafael vai ficando nervoso, recusa novamente, pede para que jogue fora: "Sai dessa, cara! Você vai me fuder, vai se fuder... Isso é o fundo do poço." Mas o desconhecido ameaça: "Se alguém entrar aqui, eu digo que a droga é sua!". É o quanto basta, para o cantor acertar um tremendo soco na cara dele. Transtornado, continua a bater e a dar pontapés, até que funcionários da emissora entrem para apartar a briga. Mallandro também corre até o camarim e, para desespero de Rafael, a "vítima" inverte a situação e garante ao apresentador que foi o ex-Polegar quem ofereceu o pó. Um requinte de crueldade nos 15 minutos

Reprodução (Revista Veja / Abril Comunicações S/A)

| Rafael (à esq.) recusa a suposta droga que lhe é oferecida | Depois de muita discussão, o cantor se descontrola e parte para a briga | Funcionários da TV Gazeta têm de conter o transtornado Rafael |

As imagens da pegadinha foram apagadas, só restou esse registro em fotos da revista VEJA

que durou a armação. Quando, enfim, Sergio revela que se trata de uma pegadinha, Rafael está esgotado física e emocionalmente.

A repercussão foi imediata, proporcional à indignação do público, que se solidarizou com o artista, colocado numa situação de risco, já que era viciado e estava em recuperação. O Ministério Público Estadual de São Paulo recebeu inúmeras denúncias contra o programa e o promotor Fernando Capez requisitou à TV Gazeta cópia da pegadinha para análise, sob a alegação de incentivo ao uso de drogas e atentado contra a dignidade humana.

Enquanto isso, Sergio Mallandro comemorava a audiência, que havia pulado dos 5 pontos habituais para picos de 11, sem saber que a revista VEJA o acusaria de "oportunista e desumano" e a ISTO É o chamaria de "irresponsável", além de dezenas de outras críticas da imprensa. Para VEJA, o apresentador "mostrava ter plena consciência do que estava fazendo, repetiu várias vezes que ia veicular um quadro "perigoso". Até sugeriu suspendê-lo. Tudo uma farsa, é claro...', conforme escreveu o jornalista Ricardo Valadares, na edição de 16 de agosto de 2000.

As pedras do meu caminho

Televisão
O horror, o horror

Pegadinha sádica prova que não há limite para a falta de escrúpulos de Sérgio Mallandro

Desta vez, Sérgio Mallandro foi longe demais. Exibido pela TV Gazeta, o programa do animador carioca *Festa do Mallandro* há tempos vinha abusando do mau gosto. No último dia 5, porém, a vulgaridade se misturou à completa falta de escrúpulos e o resultado foi de embrulhar o estômago. No quadro *Câmera Escondida*, o cantor Rafael Ilha, que não consegue escapar do inferno das drogas, foi filmado secretamente numa sala da emissora enquanto um ator lhe oferecia um pó com aspecto de cocaína. Transtornado, Rafael recusou. Diante da insistência do ator, acabou perdendo a cabeça e partiu para a agressão. Precisaram apartar a briga. O próprio Mallandro interveio, mas, em vez de encerrar o quadro, prolongou a tortura por vários minutos. Quando finalmente revelou a armação, disse que se sentia "orgulhoso" com o resultado obtido. Pouca gente compartilha desse orgulho. Ao longo da semana passada, médicos e psicólogos qualificaram a pegadinha de "sádica". O promotor Fernando Capez, do Ministério Público de São Paulo, pediu uma cópia do programa e pode vir a processar Mallandro.

Rafael garante que não sabia que estava sendo filmado. "Entrei em pânico", diz ele. "Só pensava que estaria acabado se alguém entrasse na sala e visse o pó." Preso em flagrante, em setembro de 1998, ao roubar dinheiro para comprar crack, o cantor vem se submetendo a tratamentos desde então. Até pouco tempo atrás, estava sob os cuidados do médico Sabino Farias Neto. Não deu certo: Rafael não só recaiu no vício como tentou o suicídio mais de uma vez, engolindo pilhas e até o cabo de uma escova de cabelo. "Sabino estava mais interessado em divulgar seu nome do que em ver minha recuperação", afirma o cantor. Atualmente, ele está sendo tratado pelo psiquiatra Arthur Guerra, diretor da área de dependência química do Hospital das Clínicas, em São Paulo. Rafael também procura retomar sua carreira na música. Está prestes a lançar o disco *Até o Fim*, com a banda Los Lokos. Foi para divulgar esse trabalho que ele procurou Sérgio Mallandro.

No dia 5, Mallandro mostrava ter plena consciência do que estava fazendo. Repetiu várias vezes que ia veicular um quadro "perigoso". Até sugeriu suspendê-lo. Tudo uma farsa, é claro. A pegadinha foi explorada ao máximo enquanto esteve no ar. Nos dias seguintes, quando as críticas começaram, o apresentador se defendeu dizendo que a experiência foi positiva para Rafael e que ele até ficou agradecido com a "brincadeira". Para surpresa de muita gente, o cantor realmente demonstrou não guardar mágoa, exibindo um número musical no outro programa de Mallandro, o *Allegria Geral*, que foi ao ar na noite da quarta-feira 9. Mas isso só prova duas coisas. Primeiro, que Rafael continua sendo uma vítima fácil para quem deseje se aproveitar de sua desgraça. Em segundo lugar, que o figurino de palhaço e os gestos infantilóides de Mallandro não passam de camuflagem para um sujeito oportunista e desumano, disposto a tudo para conquistar migalhas de audiência. ■

Ricardo Valladares

Mallandro: disposto a tudo para ganhar audiência, ele se disse "orgulhoso" com o resultado do quadro

veja 16 de agosto, 2000

Ainda abatido, Rafael contou seu lado da história: "Eu não sabia de nada, fui pego de surpresa e entrei em pânico quando vi a cocaína que, na verdade, era um saquinho de açúcar." E negou veementemente as suspeitas de que soubesse da armação: "Eu jamais iria me expor daquele jeito conscientemente! Tudo isso mexeu psicologicamente comigo, mas não quero pensar que ele possa ter feito a pegadinha pensando apenas no ibope." Sergio reafirma que não foi por audiência: "Claro que as minhas pegadinhas sempre tiveram o objetivo de levantar o ibope, mas dessa vez foi diferente, foi para dar força a um amigo! É melhor falar que ele resistiu do que estampar nos jornais que fica engolindo pilha. A partir de agora, quem for oferecer droga pra ele vai ficar com medo de levar porrada!".

Sylvia, a mãe de Rafael, não engoliu essa desculpa e, revoltada por tudo o que viu o filho passar, fez questão de mandar uma carta ao apresentador:

"Aquilo foi de um sensacionalismo inacreditável! Foi a coisa mais nojenta que eu já vi na minha vida. Escrevi para o Mallandro dizendo que o problema daquela "brincadeira" era o que poderia vir depois. E não deu outra: passado pouco tempo, o Rafael recaiu nas drogas. Está claro que a tal pegadinha teve influência. Uma pena que meu filho nunca tenha me deixado processá-lo!".

De acordo com opiniões de vários especialistas, na época, Sylvia estava coberta de razão. Para o psiquiatra Dartiu Xavier da Silveira, que naquele ano, era o coordenador do Proad (Programa de Orientação e Atendimento a Dependentes da Universidade Federal de São Paulo), a pegadinha foi de alto risco: "O processo de superação da dependência química é repleto de recaídas. Uma pessoa nessas condições não deve ser exposta às drogas dessa maneira, ainda mais publicamente. Só de ver a droga, pode ter reações físicas terríveis. No mínimo, foi uma brincadeira sádica.", conclui.

Já a psicóloga Ana Olmos, uma das fundadoras da OngTVer, que estuda o conteúdo exibido pela televisão brasileira, declarou ser extremamente perigoso brincar com drogas nos veículos de comunicação: "Rafael foi vítima de um marketing truculento e agressivo. Não se brinca assim com uma pessoa vulnerável como ele. E não se mostra cocaína, mesmo que de "mentirinha", do jeito que foi mostrado."

O acerto de contas nove anos depois

Por mais que Rafael tenha tentado não alimentar a polêmica em cima da atitude de Mallandro, a ponto de afirmar que a intenção do apresentador havia sido apenas a de ajudá-lo, na verdade guardou uma mágoa profunda. Demorou nove anos para que pudesse jogar na cara dele o que, de fato, pensava sobre a pegadinha. O acerto de contas foi feito em público, no quadro Porta da Fama, do Superpop, apresentado por Luciana Gimenez, na Rede TV!, em que o convidado via a foto de quem poderia estar ou

As pedras do meu caminho

No Superpop, Rafael não abriu a Porta da Fama para Sergio Mallandro

não atrás da porta e, antes que se abrisse, tinha que dizer o que pensava a respeito da pessoa.

Quando viu a imagem de Sergio, Rafa não se conteve: "Sacanagem o que você fez comigo, cara! Se estiver aí atrás, vai levar porrada! Não vou abrir pra você. Foi uma brincadeira de mau gosto, não precisava!".

Em vez de o apresentador entrar no palco, surgiu no telão, em um depoimento gravado: "Rafael Ilha é um grande garoto, carismático, fui conhecendo em pílulas, conheço há muitos anos. Eu tinha um circo e ele fazia shows lá com o Polegar, devia ter uns 15 anos. Lembro quando pegamos um voo da ponte-aérea e ele estava com a Cristiana Oliveira, sua namorada, a maior gata, estrela de Pantanal. Na época, eu já era famoso, não pegava nem jacaré no Pantanal e ele já tinha pegado a Juma! Infelizmente, foi mais uma vítima das drogas, se envolveu e teve todos aqueles problemas que a mídia já noticiou e todo mundo já sabe. Mas é um moleque que eu gosto muito, tem sensibilidade de artista, sempre fez muito sucesso!".

Só depois desses elogios, tocou no assunto delicado, que marcou as carreiras dos dois: "Toda pegadinha é de mau gosto pra quem é vítima. Eu já fui vítima de pegadinha e já peguei muita gente também. Pra quem assiste em casa é engraçado, as pessoas se divertem. O Rafael foi ao meu programa cantar. E como gosto muito dele, perguntei: "Rafa, você tá curado dessa história toda, você merece voltar a cantar na TV? A gente tem que merecer as coisas na vida." E ele respondeu: "Serginho, eu parei! Tô limpo!".
Aí, o diretor, junto com a produção, teve a ideia de testar o Rafael pra ver se merecia cantar no programa, já que estava se dizendo curado. Então, bolaram o negócio do açúcar como droga pra que um ator oferecesse pra ele

no camarim. O cara entrou lá, fez toda a simulação e o Rafael se saiu muito bem. Eu fiquei super feliz nesse dia, porque demonstrou que estava curado, não aceitou a proposta do rapaz, não caiu na história dele, ficou firme. Não me arrependo de ter feito essa pegadinha com ele, porque fiz com uma ótima intenção. E quando a gente faz uma coisa com muito boa intenção, não tem do que se arrepender. Eu prejudiquei o Rafael? Não, muito pelo contrário... O resultado foi positivo!".

O ex-polegar acompanhou o depoimento atentamente e, ao final, comentou: "Bacana, eu nunca tinha parado para conversar com o Serginho sobre essa pegadinha. As pessoas se indignaram, eu também me indignei, fiquei bravo, saí do programa, acabei nem gravando, desisti de cantar e fui embora! A revolta me fez machucar o ator, bati muito na cara dele, que gritava "para, é pegadinha!" e eu dizendo "ah, é pegadinha?" Então, vai apanhar mais ainda!".

Rafa mal terminou de falar e a "Porta da Fama" se abriu! Mallandro ficou frente a frente com ele, uma surpresa que terminou em abraços e beijos diante das câmeras. Mes-

Luciana Gimenez faz o reencontro de Mallandro e Rafael no Superpop

mo assim, ainda houve espaço para uma ligeira troca de farpas. Sergio não se deu por satisfeito e afirmou: "Olha, estou triste porque você fechou a porta pra mim. Você sabe que eu gosto de você, sabe tudo o que aconteceu, sabe a intenção com que nós fizemos tudo isso!". A resposta veio rápida: "A verdadeira intenção eu não sabia! Estou sabendo agora!".

O apresentador, então, se explicou mais uma vez, esperando que fosse a última: "Essa pegadinha foi feita há muito tempo, quando eu estava na TV Gazeta e deu tumulto porque as pessoas não entenderam. Na verdade, o que nós fizemos naquele momento era o que ele viveria dali em diante, porque quando uma pessoa sai da clínica de reabilitação e volta a viver em sociedade, se ele já está caminhando na rua, indo aqui e ali, é claro que esses zumbis, esses vampiros do tráfico e do vício, vão pra cima dele. O Rafael sabe disso. E se ele for homem o suficiente, vai dizer aqui, agora, ao vivo, quantas pessoas já ofereceram cocaína pra ele, chamaram de novo para as drogas... Eu tive amigos que morreram por causa disso!".

As pedras do meu caminho

Sem dar tempo do próprio Rafael confirmar ou não, Mallandro continuou: "Eu estava cansado de ver esse garoto na mídia porque tinha engolido pilha! Rafael Ilha engolindo pilha! Para quem gosta da outra pessoa, é triste vê-la assim. É triste ver um amigo carismático, talentoso, se destruindo." Nesse momento, ele interrompe Serginho: "Nada disso! Nessa época eu não tinha engolido coisa nenhuma!". O apresentador, porém, não se deteve nesse detalhe e, como prevendo a depressão que ainda tomaria conta do cantor naquele ano de 2009, olhou pra ele e disse: "Você está amargurado com a vida, você não é mais aquele Rafael que me ligou chorando, quando eu estava no Superpop, pra dizer que eu era seu irmão porque tinha te defendido no programa. Defendi porque gosto de você, que é uma vítima das drogas. Por isso, quando me perguntam qual foi o meu prazer em realizar aquela pegadinha, eu digo: "Era um VT, não era ao vivo, e ele não aceitou o pó! O próprio Rafael autorizou que a pegadinha fosse ao ar – porque tem que ter autorização – para mostrar o lado positivo dele, o de estar curado e digno, de ter voltado à condição de ser humano. Esse foi o meu papel! Agora, é claro, que se tivesse topado usar aquele porcaria, não entraria no ar e ainda iria tomar um esporro meu, porque eu gosto dele. Enfim, o resultado foi positivo! Esse é o meu orgulho: mostrar que estava curado. Sei que muita gente nas ruas dizia pra ele: "E aí, Rafa? Gostei! Você não aceitou, tá curado!". E ele podia andar de cabeça erguida. Para quem viu na TV e era viciado, ficou uma esperança no ar: "Se ele pode dizer não às drogas, eu também posso!".

Depois da conversa cara a cara, tudo termina num abraço

Apesar de terem esclarecido a situação de uma vez por todas, o trauma deixou marcas. Palavras como "prazer" e "orgulho" para justificar o que aconteceu só serviram de consolo a Sergio Mallandro. Para Rafael sobraram outras duas palavras como consequência do que passou naquela noite: recaída e sofrimento! Um capítulo que as câmeras nunca mostraram!

185

22

TRANCADO NO HOTEL COM 200 PEDRAS DE CRACK E UM REVÓLVER

Reprodução (Revista Contigo/Abril Comunicações S.A.)

Ele voltou para as ruas, destruído física e emocionalmente. A banda Los Lokos lançou o primeiro CD, não fez sucesso e acabou em questão de meses: "Aí veio a "descabelada" (fase em que afundou de vez). Eu consumia 60 pedras de crack por dia e passei a assaltar porque precisava de 700 reais a cada 24 horas para poder comprar tudo isso, o que dava uma média de 20 mil reais por mês. Dos 700 reais diários, 600 eram para o crack e 100 para bebida e cigarros, porque eu simplesmente não comia".

Não havia perspectivas, não acreditava em mais nada, nem nele mesmo. Só tinha a certeza de que nunca se livraria do vício, o que tornava sua existência insuportável. Estava saturado do círculo vicioso de surtos, clínicas, reabilitações e recaída: "Tinha vergonha da minha fraqueza". Decidiu colocar um ponto final em tanto sofrimento comprando "toneladas" de crack e um revólver. Na sequência, hospedou-se num pequeno hotel na Vila

Mariana. Trancado no quarto, iria fumar até explodir. No desespero, misturou as duas coisas: durante três dias consumiu 200 pedras e, por último, colocou a arma na cabeça para fazer roleta russa. No instante de puxar o gatilho, veio uma crise de choro incontrolável. Deixou o revólver cair no chão e agarrou o telefone: "Liguei para o único número que me lembrava, já que estava totalmente drogado." Do outro lado da linha, atendeu o dr. Carlos Magno, do DENARC (Departamento de Investigações sobre Narcóticos em São Paulo): "Eu disse para ele: doutor, se o senhor não chegar aqui em vinte minutos, não vai mais me achar, porque vou me matar!". A resposta foi imediata: "Segura aí, que estou chegando!". Nesse meio tempo, Rafa correu até a rua Funchal, no Itaim, onde havia uma boca de tráfico: "Dei azar, porque estava fechada por conta de uma blitz da Rota. O jeito foi esperar, escondido na esquina, até que os policiais fossem embora. Comprei mais pedras e voltei ao hotel." Quando o dr. Magno chegou, meia hora depois, Rafa estava "viradão", mas concordou em ser levado para São Carlos, no interior paulista, onde seria tratado em uma comunidade evangélica: "Era minha última escolha: me internar ou me suicidar.". A viagem seria longa!

Enquanto Rafael encarava quatro horas de estrada usando crack sem parar, sob o pretexto de evitar uma crise de abstinência, o telefone tocou na sala de Sergio, o Bururu. Era o pastor Marçal, responsável pela Clínica Saber Amar, avisando-o de mais uma missão: teria de fazer o resgate do ex-Polegar, que estava sendo levado por um representante do Denarc, um psiquiatra e um repórter da Folha de São Paulo.

Já era noite, quando o carro do Dr. Magno parou no acostamento da rodovia Washington Luiz (SP 310) para deixar Rafa aos cuidados da equipe de resgate, que já o aguardava, como conta Bururu: "Encontrei Rafa bastante alterado. Começou a oferecer resistência e aí eu disse pra ele: "Ou você entra na ambulância agora e não volta, ou fuma o que tem que fumar e vai embora!". Ele me respondeu: "Acho que vou embora!". Para ganhar tempo, falei: "Então dá uma paulada (fumar crack) e vai... " e eu mesmo comecei a ajudá-lo a preparar a pedra."

A estratégia funcionou: "Quando fumou e teve o tuim (pico de ação da droga), aproveitei e disse que ele estava sofrendo uma overdose, que precisava de socorro e abri a porta da nossa viatura. Entrou apavorado e, no ato, foi sedado pelo nosso pessoal."

Rafael dá a versão dele dos fatos: "A viagem havia acabado e o crack não. Quando comecei a fumar outra pedra, Sergio me disse que a polícia estava chegando. Fiquei assustado, ainda tinha muita droga no bolso, e subi rápido na ambulância. Lá dentro, dei de cara com uns cinco "residentes" (ex-internos especializados em resgate de viciados) e percebi na hora que tinha caído numa armadilha. Não deu tempo de fugir! Eles me agarraram para aplicar o Dormonid injetável, um sedativo pesado. Comecei a me debater e foi pior: como não conseguiam enfiar a agulha na minha bunda nem no meu braço, passaram a furar onde dava, principalmente nas coxas. Aí eu caí duro!"

Era o começo de outro capítulo dominado pela palavra tortura! Afinal, na ciranda de clínicas em que sua vida havia se transformado, já tinha recolhido bosta de vaca com as mãos como teste de humildade, voltado do abismo das convulsões rodeado de pastores a declamar salmos e a expulsar forças demoníacas, quando tudo o que precisava era de um médico e não de louvores; sabia o que era ser trancado em um quarto escuro se não tivesse boa nota em comportamento e o peso de sofrer o assédio de um enfermeiro que lhe oferecia cocaína em troca de "favores sexuais". Tudo isso ainda seria pouco perto do que iria amargar nos próximos 14 meses.

23 NA CLÍNICA EVANGÉLICA: CHUTES E ORAÇÕES!

Rafael está de joelhos orando em meio ao culto, em seu primeiro dia na clínica evangélica. O sol começa a nascer. Um pastor caminha entre os pacientes – todos descalços – e para perto dele, que está de olhos fechados e mudo. Na verdade, está prestes a cochilar, mas leva um chute tão forte, que cai no chão gemendo de dor. Dormir durante o culto não tem perdão. O pastor ainda chama um funcionário que, de cassetete na mão, o obriga a se ajoelhar novamente e a continuar em oração.

Essa cena nunca mais sairia da memória de Rafael, pois deixava claro como seriam seus dias dali pra frente: "Era um lugar radical, nem sapatos a gente podia usar. Chutavam quem não orasse, usavam cassetetes, batiam. Eu também apanhei. O tratamento incluía até máquinas de choque! Foi muito difícil, porque tinha que acordar às 5:30, ir para o culto, orar, tomar café da manhã e, depois, trabalhar na roça. Não havia acesso à rádio, televisão, qualquer tipo de informação era proibido. Nem jornais, revistas, nada! Só a Bíblia. Apesar de tudo isso, eu quis ficar lá. Foi a maior internação que já tive, de agosto de 2000 a outubro de 2001. Estava disposto a continuar por séculos se necessário, desde que me curassem. Já tinha perdido mais de dez anos da minha vida por causa do vício, então tempo nenhum seria longo demais pra mim, se me dessem a certeza de que sairia recuperado. Sofri todos os dias, mas tive um despertar espiritual e encontrei sentido para minha vida!".

Arquivo pessoal

Com Sérgio Bururu, o protetor na clínica evangélica

Depois do chute nos joelhos e das orações, Rafael, mesmo mancando, teve que ir para a sala do café da manhã, onde o aguardava aquele que seria o seu guia nos bons e maus momentos: Sergio Augustus Gonçalves de Oliveira, o Bururu, ex-drogado, ex-piloto da aviação, que se tornou bacharel em Direito, teólogo e especialista em dependência química, formado pela Universidade Federal de Santa Catarina. Responsável pelo resgate de Rafael, queria apresentar-se oficialmente, já que o novo paciente nem se lembrava dele, por conta do crack que havia consumido na noite da internação. A sintonia entre os dois foi imediata.

Enquanto Rafael comia seu pão com manteiga, ele se aproximou:

_ "Seja bem-vindo, meu nome é Sergio, e serei seu guardião aqui na clínica!"

_ "Ah, então você é meu anjo-da-guarda? Tá aqui pra me proteger?", respondeu ao simpatizar, de cara, com Bururu.

_ "Para te proteger de você mesmo, garantir sua segurança. Agora levanta que é hora de pegar na enxada. Aqui a vida é dura, não tem tempo para tentações do Diabo", retrucou Sergio de maneira firme, mas amigável.

Rafael passou um ano e dois meses levantando quando o céu ainda estava escuro, orando, limpando banheiros, carpindo, cuidando dos porcos e das vacas no sítio, ajudando a retirar novos pacientes da ambulância, tomando remédios, lendo a Bíblia. Parecia tranquilo, mas teve também que enfrentar seus demônios: as crises de abstinência. Nessas horas, virava outra pessoa, disposto a enfrentar tudo e todos para fugir da clínica, indo da dissimulação à agressividade. Quando nada surtia efeito, colocava a vida em risco novamente e engolia objetos, como pilhas, canetas, parafusos, escova de dentes, o que visse pela frente.

Bururu lembra de tudo isso em detalhes: "No total, foram cinco tentativas de fuga. O Rafael não evoluía no tratamento, o que só foi acontecer no oitavo mês de internação. Na primeira crise, engoliu bucha e parafusos. Aí, saiu correndo, pegou um discman, tirou a pilha e engoliu também. E gritava o tempo todo: "Vou morrer se não me tirarem daqui!". Tentamos acalmá-lo, nos reunimos em sete profissionais da clínica, inclusive o Pastor Marçal, para conversar com ele, mas não adiantava. Fazia ameaças: "Não me interessa, eu vou processar vocês por cárcere privado, vou pedir uma indenização milionária se me acontecer alguma coisa aqui!". De repente, caiu no chão e fingiu uma convulsão. Ele era um artista nesses momentos." Mas Rafael não contava com a reação do seu anjo-da-guarda, que já havia percebido a farsa, pura chantagem emocional: "Foi minha vez de gritar: "Pastor, esse cara tá fingindo. Vamos parar ele na raça, porque tá pensando que é inteligente, mas não me engana, não! Vou arrancar as calças dele, vou bater na bunda dele... ". Aí, Rafael "acordou" na hora e foi levado para o hospital."

Ele deu entrada na Santa Casa de Misericórdia de São Carlos, onde o exame de endoscopia revelou que a pilha já estava no intestino e a situação era grave. Na sala de cirurgia, passou por um corte vertical no abdômen. Foi um choque para o pessoal da clínica, que nunca tinha encarado um caso como esse, com agravante de se tratar de um artista, o que levou dezenas de repórteres até a cidade. Bururu conta que foi necessário fazer um contrato com o hospital para garantir a privacidade de Rafael: "O assunto já tinha virado outro escândalo na mídia. Tivemos que alugar dois quartos, separados apenas por uma porta de vidro, porque assim o pessoal da segurança podia ficar de olho no Rafael 24 horas por dia e impedir qualquer pessoa estranha de se aproximar dele. O assédio da imprensa era tão grande que até eu saí no tapa com um fotógrafo! Maior que isso, só a conta do tratamento, que ficou uma fortuna!"

Arquivo pessoal
Acordava às cinco da manhã para cuidar das vacas e porcos

Laudo médico: paciente irrecuperável

A repercussão da cirurgia gerou uma dúvida crucial na clínica: seria viável manter Rafael como interno ou o melhor seria dispensá-lo para que fosse se tratar em outro lugar? Afinal, na visão da direção, ele era um paciente com poucas chances de recuperação, que trazia prejuízo e gerava intranquilidade. Como um verdadeiro protetor, Sergio Bururu comprou a briga por Rafael e assumiu a responsabilidade pela continuação dele na comunidade. Era o chefe da reintegração social, portanto o mais indicado para tratar "extremistas", como são chamados os dependentes radicais, como Rafa: "De fato, era um caso complicadíssimo, não só por causa da fama e da marcação da imprensa, mas porque já trazia um laudo em que o psiquiatra que havia cuidado dele se isentava do tratamento, afirmando que Rafael era mais do que irrecuperável. Mesmo assim, consegui convencê-los a abraçar a causa e não repudiá-lo!"

Os médicos resolveram, então, adotar a estratégia de medicá-lo, mas não de modo pesado, para poderem analisar mais detalhadamente as reações dele no seu dia a dia na clínica. O resultado foi outro susto!

Apenas um mês após a operação delicada e ainda em recuperação, Rafael tentou de novo: mais duas pilhas garganta abaixo. Desta vez, teve mais sorte, pois os objetos ainda estavam no estômago e foram retirados através da endoscopia, sem necessidade de reabrir a barriga. O neurologista dr. Pedro C. Kamimura, que cuidava dele desde sua internação, foi chamado para opinar sobre o caso e resumiu tudo numa frase: "Ele atenta contra a própria vida inconscientemente. É preciso ter cuidado!". A primeira providência foi manter vigilância 24 horas por dia e ter só homens nessa tarefa, porque Rafael era muito carismático, persuasivo e costumava seduzir as enfermeiras: "Ainda no hospital, depois da primeira cirurgia, ele insistia em querer um cigarro, o que estava proibido, é claro. Mas, pegou na mão de uma enfermeira, loira e muito bonita, e implorou para fumar. Olhou pra ela de um jeito, que a moça desmontou e virou fã, a ponto de questionar o médico sobre o motivo de não dar o cigarro a ele. Acabou demitida.", conta Bururu.

A equipe que cuidava de Rafa também sofreu cortes: "Ele não aceitava ficar na clínica e, como era muito inteligente e bom de conversa, quanto menos pessoas em volta dele, menos chances teria de convencer alguém a ajudá-lo numa fuga!"

O tratamento na clínica era cristão, baseado no tripé Verdade-Ciência-Espiritualidade, como Sergio Bururu explica: "Nunca mentíamos para os pacientes, eles tinham sempre todos os cuidados médicos e aprendiam a se amparar na palavra de Deus, através da Bíblia. Às vezes, parecia que Rafael era atormentado por espíritos negativos, a ponto de, um dia, estar anestesiado e, mesmo assim, tentar morder o cateter. O Senhor foi fundamental na vida dele!".

Mas demorou até que o ex-cantor voltasse a entender a importância da fé em sua recuperação. A falta do crack gritava dentro dele e, no quarto mês de internação, veio nova tentativa de escapar da clínica, quando engoliu uma caneta Bic e um lápis. Não teve jeito: voltou para a mesa de cirurgia. A pressão sobre Sergio aumentou, a direção não acreditava mais em qualquer chance de Rafael se livrar das drogas: "O crack fala na mente e no coração da pessoa de tal forma, que o dependente se sente como se estivesse morrendo de sede no deserto. Como argumentar com alguém assim? Mas é nessas horas que não se pode desistir!". E o guardião não abandonou seu protegido, parecia disposto a carregar essa cruz, sem imaginar que ficaria ainda mais pesada. No quinto mês de internação, Rafael engoliu mais duas pilhas e foi levado para Minas Gerais, onde o parente de um dos internos tinha um hospital e faria o atendimento de graça. Ele chegou na Santa Casa de Misericórdia, da cidade Brasília de Minas, certo de que, finalmente, conseguiria fugir. Só que o médico, dr. José Maria Ruas, também diretor do hospital, foi direto ao ponto: "Não vou operar, tentaremos expulsar as pilhas com laxantes. Não vou te enganar: se engolir mais algum objeto estranho, você morre! Vai ter aderência no intestino e aí não escapa!". Rafael eliminou as pilhas naturalmente, ganhou do dr. Ruas o apelido de "Lanterna" e voltou para a clínica com a intenção de mudar seu comportamento: "Ele me prometeu que iria parar e que ouviria as palavras de Deus!", revelou Sergio. Outra promessa que não cumpriu. Aos seis meses e meio de internação, engoliu uma escova de dentes. A situação ficou muito complicada. Em São Carlos mesmo, passou por outra endoscopia. A médica não queria arriscar mais uma cirurgia, ele poderia não aguentar. Decidiu pela "pescaria" no estômago, o que levaria mais de quatro horas. Rafael teve que tomar anestesia computadorizada, porque era um procedimento de risco, depois de tudo que já havia passado. Mesmo sedado, a cada vez que ela conseguia puxar a escova até a garganta, ele engolia de novo. Para acabar com isso, Sergio, que acompanhava a intervenção, segurou a ponta do cabo com os dedos e a arrancou de vez. Foi a quinta e última tentativa. A clínica não estava mais disposta a aguentar esse tipo de coisa, o que levou Rafael a viver o episódio mais dramático de todo o tempo em que ficou internado.

Amarrado na cama com um capacete na cabeça

No quarto do lado de fora do alojamento, para onde havia sido transferido, Rafael está suando, tremendo, com respiração acelerada, como um bicho acuado. Os companheiros olham uns para os outros assustados, sabem que é uma crise de abstinência. Ele entra em parafuso e grita: "Quero sair daquiiiiiii!!!!". Começa a se debater, a se jogar contra as paredes. O enfermeiro-chefe entra às pressas, vê a cena, e ordena a dois auxiliares: "Tragam o equipamento de segurança, é uma emergência!". Rafa, agitadíssimo, continua gritando: "Eu quero sair daqui, ninguém mais vai me prender aqui!", e ouve uma resposta em tom ameaçador: "Daqui você não sai nem morto!". Ele desafia: "Saio sim, você vai ver como eu saio. Vou fazer isso até morrer e vocês vão ver quem é mais louco aqui!" Olha para aBíblia sobre o criado-mudo e decide engolir a caneta ao lado, com que costumava grifar trechos do salmo 123: "A Ti levanto os meus olhos. Oh, Tu que habitas nos céus... "

Nesse momento, chega o equipamento e Rafael se apavora quando vê o que o enfermeiro-chefe traz nas mãos: um capacete e cordas. Tenta fugir, mas é agarrado pelos funcionários e jogado em cima da cama, onde tem pés e mãos atados, o corpo amarrado com uma faixa sobre o peito e um capacete colocado em sua cabeça. Ele se contorce, grita, mas a porta se fecha e ouve apenas o som da chave girando no buraco da fechadura. Trancado e imobilizado, ele passaria os próximos três meses.

"Me sentia enterrado vivo"

No isolamento, tomado por uma crise aguda de ansiedade, achava que iria enlouquecer ou morrer: "Só entravam ali para me levar o café da manhã, almoço e jantar, quando abriam a viseira do capacete para eu poder comer. Não era desamarrado nem para ir ao banheiro ou tomar banho, apenas passavam um pano com água no meu corpo, mas sem sabonete. Fora do horário das refeições, ninguém aparecia. Eu gritava e chorava para me tirarem da cama, mas era como se eu não existisse. Implorava para me libertarem daquele quarto escuro, com portas e janelas fechadas o tempo todo, como se tivessem me enterrado vivo, mas me ignoravam!"

Uma única vez atenderam a um pedido: "Já tinha passado de dois meses que eu estava amarrado e queria muito ouvir um louvor. Aí, colocaram o CD da banda Diante do Trono, que tinha a Ana Paula Valadão como vocalista.

A música era "Preciso de Ti" e nunca mais esqueci os versos". Rafa ainda repete a letra como se fosse uma oração: "Preciso de Ti/preciso do Teu perdão/preciso de Ti/quebranta meu coração./Distante de Ti, Senhor,/não posso viver/não vale a pena existir/Escuta o meu clamor/Mais que o ar que eu respiro/Preciso de Ti, Senhor!"

Livre do castigo, não consegue mais andar

Sergio Bururu foi quem, mais uma vez, intercedeu por ele e conseguiu que a tortura tivesse um fim: "Eu disse para o pastor Marçal que aquilo era desumano, já fazia 60 dias que o Rafa estava preso naquela cama. Expliquei que o perigo de outras crises de abstinência já havia diminuído, que ele poderia voltar para o nosso convívio e, graças a Deus, ele entendeu!". Mesmo assim, foi convocada outra reunião, que demorou quase um mês para ser realizada, a fim de decidir se compensava ou não Rafael continuar ali: "Foi quando senti o preconceito em relação a ele até nos meios profissionais, uma discriminação total. Para se ter uma ideia, fui o único a votar pela sua permanência. Não desisti e chegamos a uma solução: ele prosseguiria o tratamento na comunidade, mas iria morar comigo. Deixei de cuidar de 12 recuperandos para me dedicar só a ele!".

Com essa decisão tomada, a direção permitiu que fosse libertado: "Quando soltaram as amarras e me tiraram da cama, eu não sentia mais meu corpo. Tinha desacostumado com o peso dele, por ter ficado três meses só deitado, sem poder me mexer. A sensação era horrível e levei vários dias para voltar a ter equilíbrio e conseguir andar. Foi a pior crise de abstinência durante minha internação e o pior castigo, tão sofrido que depois disso nunca mais eu engoli nada!", confessa.

Também encarou com alívio o fato de passar a viver na casa de Bururu: "Achei ótimo, porque a clínica cobrava muito e não oferecia nada. Vendia uma imagem de primeira para os pais dos pacientes, mas não possuía estrutura de hospedagem nem de atendimento médico. O psiquiatra só aparecia de 15 em 15 dias e não examinava ninguém, medicava através do que lia nas fichas dos pacientes."

A fé do guardião na recuperação de Rafael, finalmente, começa a dar frutos. Aos oito meses de internação, ele se conscientiza que levar o tratamento a sério é a única saída: "A luz da vida tocou Rafael. Ele aceitou Deus e percebeu que poderia viver sem as drogas!". Aos poucos, vai desarmando o espírito, volta a cantar – o filho do pastor tinha escola de música para estudo à distância – continua pegando na enxada na roça, mas também se inicia no trabalho do resgate de viciados. Em pouco tempo, já era expert na tarefa de lidar com os novos pacientes: "Toda sua experiência como dependente químico, deu ao Rafa muita sensibilidade para cuidar deles. Sabia o que era aquele sofrimento. Virou meu braço-direito, o melhor "resgateiro", um verdadeiro "pitbull", a ponto de ganhar o título de agente comunitário."

Nessa fase, Rafael despertou novamente para o sexo: "Ele era muito assediado. O que não tinha em porte físico compensava em sedução, um conquistador nato. Um dia, ajudou a levar internos para tratar os dentes e não resistiu: agarrou a secretária no consultório! Foi uma confusão danada. Levei a maior bronca do dentista, que acabou me culpando e disse: "Cuida do seu galo que as minhas galinhas estão soltas!". Até hoje dou risada quando me lembro disso. Mas, no fundo, também é aquela coisa do prazer imediato que todo dependente busca. Então, se não tem droga, tem sexo!".

Protetor sai no tapa com Rafa

Apesar da evolução no tratamento, logo Bururu sentiu que a convivência com ele na mesma casa seria tumultuada. A situação degringolou e chegou à agressão física, um drama que, mais de uma década depois, ainda mexe com o coração dos dois.

Rafael é quem começa a contar: "Depois de ter me libertado daquele quarto, o Pastor Marçal passou a me dar tratamento vip, até o dia em que me chamou para uma reunião e disse: "Vamos fazer um filme sobre sua vida!". Gostei da ideia, achei interessante, mas a conversa engrossou em seguida: "Você terá que ceder todos os direitos para a comunidade terapêutica!". Fiquei indignado e respondi: "Não, de jeito nenhum!". Irritado, ele ameaçou: "Então não tem filme!". Aquilo me soou como chantagem, o pastor estava tentando se aproveitar da minha fragilidade. Bururu ficou do lado dele e o clima pesou entre a gente!"

Em casa, estourou a briga: "Sergio falou que eu estava sendo injusto, porque Marçal tinha me recuperado. Aí eu perguntei: "Me recuperou? Desde quando me amarrar na cama é tratamento? Desde quando ser obrigado a cortar cana e milho, só de bermuda e chinelo, e ficar todo machucado com o facão, é tratamento? Esse pastor é um safado!" Aí, levei um soco na cara! Tentei abrir a porta para ir embora, porque estava sendo agredido por um homem de 160 quilos e 1,90 m de altura, e ele me deu um chute com sua bota de motoqueiro, que abriu um corte profundo na minha perna e começou a sangrar. Precisei levar seis pontos, tenho a cicatriz até hoje!"

Bururu se defende: "Rafa estava tenso, começou a dizer que o pastor o explorava, insistia em voltar a falar com ele, mas Marçal não apareceu para a conversa. Foi o que bastou para surtar. Quis passar por cima de mim para alcançar a porta e tentei impedir. Vi que estava procurando alguma coisa em cima da mesa, tipo uma faca, e aí não tive dúvidas: dei um chute nele, joguei em cima do sofá, dei mais um tapa na sua cara e o imobilizei."

Depois que saiu da crise, Rafa se levantou e foi para o quarto, seguido por Bururu que, arrependido, entrou atrás dele dizendo: "Desculpa, bati na sua cara! Você é um homem, eu não podia fazer isso! Mas você tá dormindo na cama do meu filho, foi acolhido na nossa casa como alguém da família, como tem coragem de vir pra cima de mim? Na época em que você rebolava na TV, eu ouvia Led Zepellin, ok? Tá na hora de aprender que sim é sim e não é não. As coisas não podem ser sempre do jeito que a gente quer!".

Arquivo pessoal
Sylvia nunca deixou aniversário do filho passar em branco

De costas, Rafa ouviu tudo calado: "Sabia que estava pedindo desculpas só por causa do ferimento na minha perna, o que poderia causar problema pra ele, mas eu não tinha outra saída. Apesar de ele ter me machucado, preferia continuar morando lá do que voltar para a clínica. Tive que optar em ficar ali e não apanhar mais ou fugir e continuar apanhando."

Dia do aniversário: bolo e revolta

No dia seguinte era aniversário de Rafael, que recebeu a visita de Sylvia e da avó. Levaram um bolo e um relógio como presentes, mas nem isso serviu de consolo pelo que havia passado. Muito pelo contrário, ficou revoltado: "Minha mãe pediu explicações ao Bururu sobre meus ferimentos. Ele justificou dizendo que eu havia desrespeitado o pastor e, para meu espanto, ganhou o apoio dela. Protestei e me respondeu: "Faz parte!". Teve a coragem de ver as marcas das agressões, os pontos, os curativos, e não tomar nenhuma providência. Isso foi me deixando louco. Então era assim? Tinha que engolir todos os maus tratos, ficar dois, três, quatro meses sem que aparecesse na clínica para me ver e "dona" Sylvia ainda achava que, mesmo arrebentado, eu estava vivendo num hotel cinco estrelas? Só minha avó bateu boca com Sergio pra me defender!".

O próprio guardião confirma que a discussão foi pesada: "Eu disse para dona Yolanda, com todas as letras: "Bati no seu neto sim, mas é melhor bater do que fazer garrote para aplicar cocaína como a senhora já fez no braço dele!". Rafael não nega, mas toma as dores da avó até hoje: "Quando isso aconteceu, ela não tinha outra outra saída. Se não tomasse essa atitude, eu iria morrer de abstinência.".

Sylvia e Yolanda voltaram para São Paulo, o filme não foi realizado, mas Rafa e o pastor fizeram as pazes e Bururu acabou perdoado pelas agressões!

Depois das agressões, as confissões

O vínculo de afeto e confiança havia sobrevivido ao impacto da briga: "Tive certeza que, naquele momento, ele entendeu o que era o "Amor Disciplinar", a linha de tratamento cristão que adotamos, onde o sentimento existe, mas as leis de Deus e as regras de convivência também. Por amor, a gente coloca limites. Se a pessoa não tem discernimento sobre o certo e o errado, como acontece com os dependentes, é hora de intervir e redirecionar. Se a pessoa tá se destruindo, alguém tem que tomar as rédeas. Isso é diferente do "Amor Exigente", uma linha de terapia que deixa o paciente cair no fundo do poço para começar a recuperá-lo. Isso não serve, principalmente, para quem usa crack, caso do Rafa, porque no fundo do poço deles tem cobras e escorpiões que matam!".

Depois das porradas, vieram as confissões. Rafael passou a contar muitas coisas de sua vida, segundo Bururu: "Falou dos três casamentos da mãe, disse que ela o roubava, que o encontro com o pai biológico tinha provocado uma confusão mental, que a avó era a única que nunca o tinha abandonado, enfim, botou o dedo nas feridas. Ficou claro que Rafa não tinha uma família constituída, por isso tinha topado morar lá em casa. Me viu também como um pai. Eu acredito no amor, no vínculo, na confiança. Quando um dependente tem isso, as chances de seguir o tratamento e se recuperar são enormes. A outra parte fica por conta da espiritualidade. A Ciência segura as crises de abstinência, que são muito fortes, atenua o sofrimento e o perigo que o drogadependente representa para si mesmo, mas o trata como um doente mental. A psiquiatria não aproxima a pessoa de Deus, então a recuperação não é efetiva, não existe a transformação de vida, a inversão de valores. Rafael teve o seu encontro com Deus, através do Evangelho. E isso o salvou!"

O encontro com Deus na plantação

Uma experiência mística em meio à natureza

Pôr do sol na plantação. Termina mais um dia de trabalho duro. Os pacientes largam as enxadas, enxugam o suor do rosto, recolhem os equipamentos pelo chão. Rafael sente algo estranho no peito, mal consegue respirar. O silêncio toma conta da paisagem, enquanto os companheiros estão indo embora. De repente, ele está só em meio ao crepúsculo e é invadido por uma angústia infinita.

Com o pastor Marçal: altos e baixos

Flashes de sua vida começam a se misturar com tudo em volta, numa sequência sem sentido, como um thriller do avesso. A cabeça explode em imagens que não consegue dominar. Os pés não sustentam o peso da alma naquele momento e ele cai de joelhos em meio à plantação. De olhos fixos no céu, começa a fazer perguntas a ele mesmo e a Deus:

– "Senhor, o que estou fazendo aqui? Não aguento mais sofrer desse jeito! Por que eu perdi minha juventude, minha família, minha carreira, minha vida? Eu quero sair desse inferno! Não me abandone, Senhor! Eu tô aqui de joelhos implorando: me toca com sua mão de infinita bondade e me livra de tanta dor. Me salva, Senhor! Me salva..."

As pedras do meu caminho

Curvado sobre o próprio corpo, soluça palavras que nem ele entende mais. Cai a noite e continua na mesma posição, agora chorando baixinho, quando sente alguém tocar em seu ombro. É o pastor Marçal, de lanterna na mão quem, finalmente, o encontra:
- Rafael, o que aconteceu, filho? Você está bem?
Ele levanta a cabeça, olhos inchados, e diz quase sem voz:
- Acho que Deus me ouviu, pastor! Senti alguma coisa se transformar dentro de mim...
A resposta é comovida:
- Então você foi tocado pelo Espírito Santo! Esse toque divino significa um novo chamado da vida. Está chegando a hora de voltar pra casa!".

Mãe impede casamento arranjado

O aviso espiritual em meio à plantação começou a se concretizar. A liberdade estava muito próxima, embora a direção da clínica tivesse outros planos para Rafael, depois de curado. O pastor queria que se tornasse um "instrumento nas mãos de Deus", divulgando, como cantor, o trabalho de recuperação de drogados, enquanto iria se preparando para ter seu próprio centro de reabilitação. Como parte desse projeto, foi realizado um show em que cantou ao lado de Mara Maravilha, chamado "Ajude essa Santa Causa", na Santa Casa de São Carlos, com muito sucesso. Para completar o "pacote", veio também uma "oferta de compromisso", ou seja, casamento arranjado com uma moça evangélica. Tudo que ele

Arquivo pessoal

Surpresa: mãe e avó brigam com a direção da clínica e levam Rafael embora

queria, na verdade, era ir embora: "Só que eu achava que não tinha jeito de sair, porque eu mesmo fui pra lá disposto a permanecer internado o tempo que fosse preciso, desde que ficasse bom. Então, apesar de não aguentar mais estar fechado ali dentro, me tranquilizei e deixei essa história rolar, mesmo porque seria uma chance de eu voltar a ter uma vida sexual. Foi aí que minha mãe reapareceu de surpresa, dizendo que ia me tirar da clínica."
Decidida, Sylvia brigou feio com a direção por conta do casamento. O "anjo da guarda" conta detalhes: " Ela já chegou afirmando que Rafael não ficaria mais nenhum minuto com a gente. Inventou até que tinha um contrato

de trabalho e o levou embora. Na verdade, tinha medo que ficássemos com Rafa e o dinheiro dele!".

A mãe alega motivos completamente diferentes: "Eu nunca toquei num tostão do meu filho. O que não permiti foi a lavagem cerebral que estavam fazendo nele, a ponto de tentarem segurá-lo lá dentro com um casamento arranjado. Jamais deixaria uma coisa dessas acontecer. Não tem desculpa!".

Bururu contra-ataca: "A moça escolhida para ele é uma cristã que, hoje, tem marido e dois filhos, além de trabalhar como personal-trainer. Rafa poderia ter sido feliz com ela, poderia ter formado uma família, finalmente teria um lar. Com certeza, não teria vivido momentos trágicos como prisão e tentativas de suicídio, que vieram depois que deixou a clínica!".

Rafa sai da clínica e cai na real

Para Rafa, foi um dia tão inesperado que considera um marco: "Sair da clínica, assim, de repente, só pode ter sido um livramento. Achava que ainda ia demorar muito pra ter alta, tentava me conformar. Estava com a cabeça feita, tinha me tornado evangélico pra valer, bitolado e radical. Mas quando abriram as portas, no lugar do medo e da insegurança, senti uma felicidade enorme. Não parei pra pensar: "Ah, e agora? Como vai ser?". Pelo contrário, me senti muito forte, sabendo o que eu queria para a minha vida, mesmo tendo passado tudo o que passei naquela clínica, a pior de todas em que estive internado. Senti que todo o sofrimento tinha valido a pena. Fazia muito tempo que eu não sabia o que era ficar sóbrio como fiquei durante 1 ano e três meses lá dentro. Estava preparado, já podia enfrentar o mundo de cara limpa!".

Folhapress

Lá fora, as bancas de jornais ainda estampavam manchetes sobre o atentado de 11 de setembro às Torres Gêmeas, em Nova York. Um choque de realidade para Rafa. Era outubro de 2001. Tinha chegado a hora. Ainda ouvia a voz de Deus na plantação...

As pedras do meu caminho

24
O RECOMEÇO: CULTOS COM MARA MARAVILHA

Fernando Martinho / Editora Globo

Mara: "O que fiz pelo Rafael, já tinha feito por outras pessoas"

A Igreja da Assembleia de Deus, no bairro do Bom Retiro, em São Paulo, estava lotada. Quem dava o seu testemunho naquela noite era Rafael Ilha: "Hoje sou um homem de fé! Agradeço a Deus pela minha transformação. Se estou livre do inferno das drogas, se tenho voz para cantar novamente e hoje posso louvar o Senhor através desse novo CD, se voltei para minha família e ainda tenho muitos sonhos a realizar, é porque trago no meu coração a força do Amor de Deus ,que nunca nos abandona!".

Emocionado, dá a mão a Mara Maravilha e diz: "Agora vou cantar com minha irmã de fé, que esteve ao meu lado nas horas mais difíceis e me fez entender que Deus tinha uma missão muito especial pra mim: a de semear, através da música, a Sua Mensagem." Aos primeiros acordes de "Rompendo em Fé", os fiéis explodem em aplausos e formam um imenso coral. Esse seria o caminho de Rafael por um bom tempo, levado por Mara que, como evangélica, fortaleceu o seu espírito desde o dia em que, por acaso, passou diante da clínica de São Carlos, numa fase em que estava isolado do mundo e jamais poderia imaginar que ela bateria naqueles portões: "Eu voltava de um show no interior de São Paulo quando li uma placa na estrada com o nome da comunidade e me lembrei que o Rafa estava internado ali. Então, resolvi parar para visitá-lo", conta a cantora. Apesar da boa intenção, foi impedida de entrar, pois o regulamento ainda não permitia o contato dele com pessoas de fora. Sem poder vê-lo, escreveu na hora uma carta para que fosse entregue ao amigo. E a força das suas palavras iriam se transformar numa âncora, como ele relembra: "Não sei onde a carta foi parar, mas nunca esqueci o que ela me disse sobre o amor de Jesus pela minha vida. Escreveu que Deus nos faz semelhantes, mas não iguais, porque tem uma história para cada um de nós, e nada acontece por acaso. Pediu que eu confiasse no Senhor acima de todas as coisas, porque o Amor de Deus dura para sempre. Essa mensagem me deu um novo ânimo, renovou a minha fé e me fez seguir em frente.".

Meses depois, as visitas foram permitidas e Mara voltou à clínica. Quando se viu frente a frente com ele, levou um choque: "Encontrei o Rafael gordo, inchado, parecia um peixe com falta de ar quando é tirado da água. Mas continuava muito carinhoso e afetivo. O que fiz por ele, já tinha feito por outras pessoas. Não teve nada a ver com o fato de ser artista, mesmo porque na época em que o Polegar se apresentava no meu programa, eu não simpatizava com o Rafa. Do grupo, era o que eu achava de personalidade mais complicada. Hoje, vejo que sempre foi sincero, para o bem ou para o mal. E também é humilde, porque soube pedir ajuda quando precisava. Depois desse encontro na clínica, fizemos shows em dupla e, quando ele saiu de lá, trabalhamos juntos por dois anos. O Rafa nunca me desrespeitou, nunca levantou a voz pra mim, sempre soube o lugar dele. Temos vida muito parecidas: somos filhos únicos, com relações difíceis com os pais, crianças precoces que viraram sucesso. Só que, graças a Deus, eu não enveredei pelo caminho das drogas. Mas também acho que esse não é um caminho sem volta, como dizem. Todo mundo que enfrenta esse drama com fé tem chance sim. Eu

Arquivo pessoal

Foto para capa do primeiro CD evangélico, "Eu não sabia viver", maio de 2002

espero que Rafael continue sendo usado pelo Senhor para salvar muitas vidas!", finaliza.

Livre do vício, a vida de Rafael deu uma guinada: "Eu estava engatinhando na reconstrução da minha existência aqui fora. E foi de uma forma bem bacana, porque passei a frequentar a igreja três vezes por semana, a dar testemunhos e cantar em vários cultos e, em troca, recebia ofertas em dinheiro. Voltei a ganhar minha grana de forma honesta e consegui lançar meu CD gospel. Com isso, o trabalho com as igrejas aumentou, os caminhos se abriram e tudo se estabilizou."

Sem dúvida, tempos de paz depois de ter descido os sete círculos do inferno. Estava bem espiritualmente, mas o ser humano sempre quer mais, há sempre um buraco na alma a ser preenchido, e Rafael começou a sentir um vazio: "A minha vida era de casa para a igreja, da igreja para casa. Eu só falava em Deus. Eu não tinha nenhuma outra atividade a não ser essa que, para mim não era obrigação, mas sim uma opção de vida muito boa. O problema é que comecei a sentir falta de um relacionamento, de uma mulher ao meu lado!".

E ele foi buscar essa mulher no seu passado: Fabiana. Casou com ela e teve um filho. O que parecia um final feliz, quase acabou com sua vida!

O casamento e o caminhão de presentes do Faustão

Rafael estava rodando pelo Parque São Domingos, onde Fabiana morava, mas não conseguia se lembrar de onde era a casa. Enquanto dirigia, puxava pela memória até que, em dado momento, se viu diante do portão em que costumava deixá-la. Mas não foi a ex-namorada quem o atendeu. Ela tinha ido embora, contou a madrasta, e levado a filha pequena, Raíssa, para viverem em Moema, do outro lado da cidade. Apesar de surpreso, Rafa esticou a conversa e conseguiu o novo número de telefone. Ligou e conversou com a irmã, com quem Fabiana dividia o apartamento, e anotou o endereço. Só que o reencontro não aconteceu como esperava. Chegou sem avisar, no momento em que Fabiana estava saindo do prédio. A reação dela foi a de se esconder. Não deu chance para uma aproximação: "Fazia uns dois anos que não me via, não sabia como eu estava, o que eu queria, e ainda não tinha esquecido os tapas que dei nela na clínica de Atibaia. Acho que ficou com medo.". Decidiu insistir e, numa outra tentativa, abriu o caminho para a reconciliação: "Ela conversou comigo e combinamos de nos encontrar. Aí contei tudo o que tinha passado, a internação, o tratamento, os cultos, a gravação do CD, etc... etc... e reatamos."

Logo depois, foram morar juntos, uma situação que, no fundo, incomodava Rafael: "Como evangélico radical, eu me sentia vivendo em pecado. O certo, pra mim, era casar. Abri o jogo : "Eu quero casar pra vida toda, você quer? Ela respondeu: "Quero!". Aí, falei: "Quero formar uma família, ter filhos. Você quer?". Ela confirmou: "Quero!". Então, fiz o pedido: "Quer ser minha esposa?" e a resposta veio na hora: "Quero!". Começamos a programar a cerimônia, apesar de minha família ser contra, principalmente mãe e avó, porque achavam que Fabiana era interesseira.".

A família dela também estava preocupada com esse relacionamento: "Era natural por causa da dependência química dele. Rafael tinha ficado um ano e três meses internado, depois voltou e reatamos. Mas meus pais nunca falaram algo radical, sempre fui uma pessoa de cabeça muito boa, então sabiam que não poderiam se meter, que eu iria fazer o que quisesse, independente da opinião deles!", afirmou determinada.

Não houve tempo para maiores desentendimentos, pois Fabiana descobriu que estava grávida. A partir daí, ninguém mais questionou a união, era só alegria: "Meu pai veio do Rio para alugar um apartamento pra gente aqui em São Paulo, mas quando soube que estava para vender, comprou e nos deu de presente.".

Fausto Silva que, muito antes do sucesso do Polegar, já era amigo de Rafael, tratou de mobiliar o novo lar do casal: "Eu tinha pedido os presentes mais caros para os padrinhos, mas o Faustão mandou um caminhão com os presentes de todos os padrinhos e muito mais. Tinha máquina de lavar, TV, fogão, geladeira, tudo o que uma casa precisa! E um cartão muito bonito assinado por ele. Sempre me deu força, desde o tempo do Perdidos na Noite, na TV Gazeta, quando eu e o Rodrigo Faro íamos lá divulgar nossas peças de teatro infanto-juvenil. Vou ser grato eternamente por isso!". Em contrapartida, ficou a mágoa de Gugu: "Não mandou nem um telegrama desejando felicidades."

Três anos, após o início do namoro, subiram ao altar em 2003. A repórter Cíntia Lima acompanhou, com exclusividade, para o programa A Tarde é Sua, da Rede TV!, os preparativos dos noivos para a cerimônia naquele dia. Ambos foram cuidar da beleza no Jacques & Janine, um dos mais badalados salões, na época, em São Paulo. Ao chegar, Fabiana deu uma declaração divertida à repórter: "A noiva é o Rafa! Eu sou o noivo, tô mais calma, tô tranquila, dormi bem. Ele é quem está ansioso, nervoso, não desgruda do celular!". Rafa entrou minutos depois, agitado e feliz, trazendo o terno do casamento e o pequeno estojo de veludo vermelho com o par de alianças de ouro. Foi logo avisando o pessoal que precisava disfarçar a espinha que havia espremido na testa, causando o maior estrago ao seu visual. Enquanto o noivo cuidava da pele, Fabiana tomava um banho aromático, hidratante, numa banheira cheia de espuma e pétalas de rosas. Não faltavam declarações de amor de ambos os lados.

Depois do banho, ela ficou aos cuidados do cabeleireiro Glauber Serafim, que decidiu prender seus cabelos num longo rabo de cavalo, que entremeava tranças e fios soltos, o penteado ideal para a tiara de pequena folhas de prata e cristais que usaria, já que havia dispensado o véu tradicional. Ao mesmo tempo, continuava a conversar com a repórter Cíntia Lima, desta vez apontando as qualidades do homem amado: " É extremamente correto, não gosta de mentir, não sabe mentir, não mente. É justo e alegre. Não tem um dia em que acorde de mau humor. Está sempre de bem com a vida! Tem horas que isso até me irrita e eu falo pra ele que parece criança!", conta sorrindo. Do outro lado do salão, Rafa, em meio a uma escova para disfarçar um princípio de calvície, confirma: "Acordo cedo, não passo das nove da manhã. Gosto de fazer o café, ir à padaria, ao parque, levar o carro pra lavar, ligar para a clínica para saber da molecada em recuperação. Esse é o meu jeitão!"

Mas claro que também tem seus defeitos: "Se o bom humor faz dele uma criança, as manias são de um velho. É sistemático e teimoso!". Rafael justifica: "É que sou perfeccionista. Se chego em casa e tem um papelzinho no chão, eu já vou catando. Depois, vem meu ritual: ouço os recados na secretária-eletrônica, tiro o relógio e coloco sempre na mesma gaveta, penduro minha camisa e dobro a calça. Sou ligado em arrumação, gosto de cada coisa em seu lugar, tudo organizado!". Enfim, nada que pudesse interferir na harmonia do casal.

Depois de três horas, estavam prontos. Ele num elegantíssimo terno preto, de corte italiano, camisa branca, colete e gravata cinzas, ambos de seda, sapatos de verniz. Ela com um vestido branco, tomara-que-caia, cheio de plumas e saia ampla de várias camadas de tule, com o toque romântico de um belo par de luvas e o mini buquê de rosas, nas cores rosa-champanhe e branca. Faltava pouco para o momento de dizerem o sim diante do pastor.

Sem ver a noiva, para não quebrar a tradição, Rafael foi antes para o buffet, onde seria realizada a cerimônia religiosa e o casamento civil. Fazendo jus à fama de perfeccionista, queria verificar todos os detalhes. Conferiu se o pastor Jabes e os vários casais de padrinhos haviam chegado, respirou aliviado ao ver que seus pais Sylvia e Luiz Felipe já estavam no local, gostou da mesa de doces com o bolo branco enfeitado de rosas e ladeado por outros quatro iguais e menores, num belo efeito decorativo. Também aprovou as taças de cristal e as muitas garrafas de champanhe no gelo. Aliás, toda a decoração, do salão de festas ao altar, era de flores brancas e rosas vermelhas, em arranjos delicados, de vários tamanhos.

Arquivo / Camera 5

Rafael e Fabiana: casamento evangélico

Entre um sorriso e outro para os convidados, enfiava as mãos nos bolsos várias vezes para ter certeza de que não havia esquecido as alianças, um medo que atormenta todo os noivos. Tudo em ordem, foi para o altar esperar pela chegada de Fabiana.

A noiva chegou numa limusine prata, de teto preto, protegida por vidros escuros e acompanhada de três daminhas de honra e um pajem. Ao descer do carro e avistar Cíntia Lima, foi logo perguntando: "Você viu o Rafa? Como ele está? Nervoso?". Foi tranquilizada pela repórter, enquanto arrumava o vestido para entrar no buffet ao som da tradicional Marcha Nupcial.

Diante dos noivos, o pastor Jabes Alencar estava solene, Sylvia chorava e o pai de Rafael também não conseguiu esconder as lágrimas, dizendo: "Casar um filho é uma coisa muito marcante, ainda mais depois de tudo que o Rafael sofreu. Daqui pra frente, ele tem que continuar do jeito que está, positivo e bem de coração!".

A comemoração durou até o princípio da madrugada. Na hora de ir embora, o casal tentou fazer segredo sobre a lua-de-mel. Rafa brincou que iriam para o Taiti, enquanto Fabiana queria fugir com ele para a Grécia. Mas, na verdade, foram para a Fortaleza e, depois, Guarujá.

Rafa se imaginou fazendo bodas de prata e até de diamantes, porém a separação veio depois de oito anos e meio. O tempo de Deus nada tem a ver com o calendário dos nossos sonhos.

Premonição: Rafa sonha que o bebê é um menino

Havia um pacto: se o bebê fosse menina, Fabiana daria o nome e Rafael, claro, escolheria o do menino. Um sonho do pai, no entanto, revelou o sexo da criança e também como se chamaria. Foi tão impressionante, que não esqueceu os detalhes, mesmo depois de mais de uma década: "Vi perfeitamente que estava em uma maternidade, já com meu filho recém-nascido no colo. Ele me olhava e sorria, tudo era muito nítido. Ao mesmo tempo, eu o chamava de Kauan. Quando acordei, já comecei a chamá-lo por esse nome na barriga da mãe. Sem dúvida, foi uma premonição, porque veio um menino e eu o registrei assim. Nem podia ser diferente, né?",

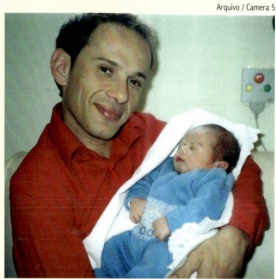

Arquivo / Camera 5

A emoção de ser pai pela primeira vez: "Kauan é o meu príncipe!"

O filho nasceu no dia 16 de maio de 2003, à 1:59 h de uma madrugada de eclipse carregada de energia e bons fluidos. Rafa já estava na maternidade desde a meia-noite: "O parto foi normal, assisti a tudo. A enfermeira ficava me dizendo "não vai desmaiar, não vai desmaiar!", mas aguentei firme. O garotão nasceu forte, com 3.400 Kg e 50 cm. Nunca estive tão feliz. Saí do mundo das drogas, casei, tô trabalhando e agora o Kauan vem completar tudo isso!."

Quando pegou o bebê no colo, já de banho tomado, vestido com um macacãozinho azul e envolto numa manta branca, não se conteve: " Sou um papai de primeira viagem, tô babando mesmo! Olha a boca, olha o queixo. Parece comigo. Só espero que cresça mais do que o pai!", brincou.

Impossível não pensar no futuro de quem acabara de chegar: "Ele vai ser o que quiser: cantor, jogador de futebol, engenheiro... darei força para o que decidir. Essa data marca a realização do maior sonho da minha vida, que era ser pai. Nunca tive uma emoção tão forte. Ele é o grande amor da minha vida, o meu príncipe!".

A força do amor e o peso da responsabilidade mudaram sua visão de mundo: "Percebi que teria de ir mais além, para poder dar o melhor para o meu filho, inclusive materialmente. Comecei a pensar em outros meios de ganhar dinheiro e me veio a ideia de ter uma clínica para dependentes químicos, exatamente como o pessoal de São Carlos queria que eu fizesse e até vinha me preparando para isso. Seria mais que um trabalho e a chance de melhorar de vida, seria principalmente um meio de salvar as pessoas do inferno das drogas. E eu sabia tudo sobre esse assunto, tinha passado mais de dez anos vivendo esse drama na minha própria pele.".

Enquanto Kauan crescia forte,saudável e cada vez mais a cara do pai, Rafa ia à luta. Se experiência não faltava, dinheiro era o problema. Começou a negociar suas aparições na TV: "Bem nessa época, Gilberto Barros, o "Leão", me convidou para fazer o quadro Máquina da Verdade, no seu programa Boa Noite Brasil, na Band. Se a máquina – um detector de mentiras israelense – apontasse todas as minhas respostas como verdadeiras, eu ganharia 5 mil reais. Aí, eu disse que topava, mas queria receber os 5 mil mesmo se eu perdesse para a máquina, porque descontavam grana do prêmio a cada vez que o aparelho interpretava uma resposta como falsa. O convidado corria o risco de sair sem nada, por isso me garanti! O legal é que eu fui bem no teste, ganhei 4.500 reais. Então, o programa teve que me pagar só 500,00 a mais", relembra com um sorriso de vitória. Sua participação no quadro rendeu muita audiência e foi convidado a voltar ao programa mais duas vezes. Disposto a conseguir um parceiro para o seu projeto, aproveitou a chance para fazer a proposta ao apresentador: "A reação dele foi muito boa, achou a ideia da clínica ótima e topou entrar no negócio. Marcamos um outro encontro para acertar os detalhes". Rafa foi embora pra casa eufórico e, no dia seguinte, começou o levantamento de custos: "Vi preço de aluguel de sítios e algumas chácaras, de equipamentos, mobília, fiz orçamento para contratação de profissionais especializados, esquema de segurança, etc... ,etc... Realizei um trabalho completo e, com tudo pronto, fui para a Band finalizar nosso acordo!".

Gilberto Barros foi prático, objetivo e direto: "Ele me disse NÃO! Tinha pensado bem e desistido da sociedade. Fiquei sem chão!". O sonho de Rafael virou poeira, mas dois anjos já estavam vindo em seu socorro...

Zezé Di Camargo e Luciano caem do céu

Quando a porta do camarim do "Leão" se fechou atrás de Rafael, ele se sentia perdido: "Eu entendi o lado do Gilberto, era muita responsabilidade e

Fotomontagem: Alexandre Amaro / Divulgação

Ídolos sertanejos revelam: "Ficamos muito comovidos!"

preferiu focar em seu trabalho na TV. Isso não abalou nossa amizade, mas naquele momento fiquei puto e também desesperado!", confessa. Sem rumo pelos corredores, não achava a saída da emissora e nem a saída para a própria vida: "Ia de um lado para o outro me perguntando "e agora?", "onde vou conseguir esse dinheiro?", "será que ninguém vai me ajudar?", "Meu Deus, o que é que eu faço?". De repente, deu de cara com Zezé di Camargo e Luciano, que iriam gravar um especial na emissora. Correu ao encontro da dupla sertaneja, mas foi brecado pelos seguranças, que não o deixaram se aproximar. "Foi uma situação humilhante, afinal eu também tinha sido um ídolo da música. Por sorte, os dois me viram e vieram me abraçar. Luciano pediu um lugar para que pudéssemos conversar e fomos para um outro camarim".

Rafael abriu o jogo sem rodeios: "Expliquei o projeto da clínica na esperança de que pudessem me indicar para alguém. Só que eles mesmos quiseram participar, apoiaram a minha causa, foram muito solidários. Na hora, Zezé e Luciano conversaram, por telefone, com o dono das lojas Marabraz e conseguiram, não só que ele me recebesse, como também providenciasse toda a mobília para a clínica. Foram 40 beliches, 80 colchões, mesas, cadeiras, sofás, armários e muita coisa mais, que fizeram questão de enviar para a chácara que consegui alugar um tempo depois, em Itapecerica da Serra.".

Zezé e Luciano são mais de fazer do que falar, mas não escondem o motivo que os levou a estender as mãos ao ex-polegar: "Nós conhecemos o Rafael no auge, quando ainda era uma criança, um menino talentoso. Ele viveu o auge do sucesso e se perdeu. Não há razão que justifique um vício, mas ele entrou nesse mal. Então, quando decidiu abrir uma clínica de reabilitação, para livrar outros dependentes das drogas, ficamos muito comovidos.", afirma Zezé.

Segundo Luciano, "quando ele contou pra gente sobre seus planos de ter uma clínica, sobre as dificuldades que estava enfrentando e pediu ajuda, na hora procuramos nossos amigos da Marabraz. Ajudar o ser humano a superar seus problemas tem de ser um dever de todos. Que o Rafael possa auxiliar outros a saírem do vício. Acho que essa é a sua missão!".

"Inaugurar a clínica foi um ato de fé"

Zezé e Luciano puxaram uma corrente de energia positiva: "Na sequência, conheci o pastor Odair, que desenvolvia um trabalho de recuperação de garotos drogados. Ele topou fazer sociedade comigo e ficou com 30% da clínica, em troca de fornecer a mão de obra, monitores, seguranças, pessoal de cozinha,etc... Aí, o Dr. Aloísio Priuli, que era meu psiquiatra, aceitou ser o responsável clínico, inclusive com corpo de enfermagem. Como num passe de mágica, a equipe estava montada."

Arquivo pessoal
No dia da inauguração: "Sempre acreditei em Deus"

Conseguir alugar a chácara foi um ato de fé: "Gostei muito do local, tinha espaço, natureza em volta, um astral ótimo, de muita tranquilidade, exatamente como os dependentes necessitam. Mas faltava a grana. Então, fui conversar pessoalmente com os proprietários, um casal de médicos, dra.

Célia e dr. Edson Capuano. Expliquei o projeto e minha situação para eles. Disse que se em um mês de funcionamento da clínica, eu não tivesse o dinheiro para pagar o aluguel, poderiam ficar com tudo que iríamos colocar lá dentro. Eles toparam. Era um risco, mas sempre acreditei muito em Deus. Sabia que iria dar certo. E deu!".

Discurso de abertura da Revive diante do coronel Ferrarini (à esquerda) e o psiquiatra Aloysio Priulli (ao centro)

A Comunidade Terapêutica Revive foi inaugurada com festa no dia 11 de março de 2004, como um centro de recuperação especializado em dependentes químicos e alcoólatras. A finalidade era recuperar e reintegrar à sociedade as pessoas com problema de drogas, atuando na desintoxicação, com acompanhamento médico-psiquiátrico, clínico e psicológico.

Rafael Ilha virou notícia novamente, recebeu equipes de várias emissoras para reportagens no local, deu dezenas de entrevistas e tinha a agenda cheia de convites para participar dos programas de TV. A clínica ficou tão famosa que, em vinte dias, estava lotada e com fila de espera para novas internações. O aluguel foi pago em dia. E ainda tem gente que não acredita em anjos. Os dois que ajudaram Rafa não tinham asas, mas vozes que continuam a emocionar o Brasil inteiro.

Rafael recebeu a imprensa à beira da piscina da nova clínica

O abandono da vida espiritual

Na Revive havia lugar para 30 pacientes, mas rapidamente Rafael teve que se mudar para um lugar maior, para 60 dependentes. A procura por vagas continuou enorme e a única solução foi abrir uma segunda clínica, desta vez em Embu-Guaçu. Durante a implantação dessa nova unidade, Odair deixou a sociedade devido a problemas pessoais, e Rafael seguiu sozinho, inaugurando, meses depois, a Comunidade Terapêutica Ressureição. Durante quatro anos, viveu em função da recuperação de cerca de mil drogados que passaram por lá: "Eu trabalhava de segunda a segunda, sem hora para acabar, administrando, organizando, fazendo resgate de pacientes, acompanhando as terapias de famílias... Me voltei somente para o dinheiro que estava ganhando e não percebi que tinha deixado de lado o que era meu verdadeiro sustento: a parte espiritual. Deixei de ir às igrejas, de dar meus testemunhos, de cantar para os fiéis. Nem divulguei mais o meu CD. Daí, começaram as surgir desavenças no meu caminho. A paz em família ficou abalada, porque não tinha mais tempo para minha mulher e filhos. Sem a proteção da minha fé, acabei atingido por uma onda de acontecimentos ruins, do assassinato de um funcionário à acusação de sequestro, da morte de um paciente ao final do meu casamento, seguidos de uma uma profunda depressão, que desmontaram a minha vida!"

O assassinato do funcionário Zecão

O primeiro grande choque nessa fase negativa foi a perda do funcionário José Carlos dos Santos, de 54 anos, auxiliar de manutenção: "Era dia de pagamento, Zecão recebeu seu salário e saiu do trabalho junto com outro empregado, que cuidava da jardinagem. Eles estavam ainda a poucos metros da clínica, quando alguém saiu do mato e atirou nele, que morreu na hora. Eu ouvi os tiros e fui para a rua ver o que tinha acontecido".

Reprodução de internet / Rede Record

Um dia de luto na Ressurreição

Quando chegou ao local, não conseguiu acreditar no que via: " O corpo dele estava lá caído e meu outro funcionário tinha sumido.

Reprodução de Internet / Rede Record

O caminho percorrido pelo jardineiro antes de levar os tiros

Achei que tivesse assassinado o amigo para roubar o salário dele e fugido em seguida. Mas não era nada disso.

Na verdade, tinha se escondido no matagal quando atacaram o Zecão e, assim, escapado com vida.".

Rafael pegou seu Honda Civic e tentou encontrar o criminoso ali pela redondeza, mas foi inútil e, então, voltou ao local do assassinato. Nesse exato momento, a polícia chegou: "Aí um PM veio conversar comigo, perguntou se eu tinha colete à prova de balas pra correr atrás de bandido e se eu estava armado. Eu disse que tinha arma, porque em dia de pagamento transportava de 16 a 20 mil reais e precisava me proteger. Quatro policiais revistaram meu carro, mas não encontraram nada. Eu mesmo fui lá, peguei a pistola escondida numa bolsa atrás do banco do passageiro e entreguei a eles."

O carro de Rafael apreendido pela polícia

Como se tratava de uma Taurus 380 com numeração raspada, Rafael foi detido e levado para a delegacia de Itapacerica da Serra, onde responderia por porte ilegal de arma, segundo informações da 1ª Companhia do 25° Batalhão da Polícia Militar, que atendeu a ocorrência. Ficou arrasado: "O Zecão era uma pessoa muito querida para mim. Agora, todos os amigos vão para o velório e enterro dele, poderão se despedir, menos eu, que estou detido aqui!", afirmou chorando.

Sozinho na cela durante alguns dias, ele começou a cavar um túnel: "Apesar do esforço, eu não dei sorte. No dia em que foram colocar outro preso comigo, arrastaram meu colchão e descobriram o buraco. Fui transferido, imediatamente, para Centro de Detenção Provisória (CDP) da região, onde fiquei por dois meses." Essa tentativa de fuga não contou na sentença de Rafa, que acabou condenado à prestação de serviços comunitários apenas pelo problema da pistola. O assassino de Zecão foi encontrado: era o vizinho do seu sítio, que se vingou do fato de ele ter matado e feito churrasco de sua vaca.

O clima negativo continuou a perseguir Rafael e chegou ao auge durante 2008, um ano negro na sua biografia.

Na delegacia, lágrimas por não poder se despedir do amigo morto

As pedras do meu caminho

25 ACUSAÇÃO DE SEQUESTRO E PRISÃO

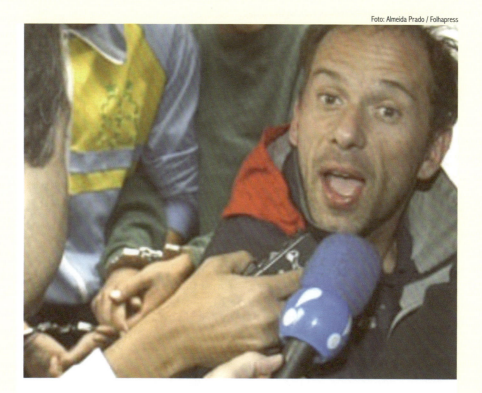

Foto: Almeida Prado / Folhapress

Ex-polegar Rafael Ilha foi preso em flagrante acusado de tentativa de seqüestro em São Paulo

O telefone tocava sem parar no escritório da Comunidade Terapêutica Ressurreição, em Embu-Guaçu, região metropolitana de São Paulo. Lá fora, debaixo de sol e coberto de poeira, Rafael supervisionava as obras que a Vigilância Sanitária havia exigido. Queria tudo pronto o mais rápido possível, para que nada atrapalhasse a rotina dos pacientes. Mas, o trabalho foi interrompido por um chamado de Neusa, a enfermeira de plantão. Era Pedro, um ex-paciente e amigo, na linha. A partir daí, o ex-cantor voltaria às páginas policiais do jornais, em meio a acusações de tentativa de sequestro, formação de quadrilha e usurpação da ordem pública. Seria algemado e preso. Muita polêmica, sofrimento e um "circo da mídia", como Rafael define até hoje esse episódio.

"Não tinha tempo pra atender ninguém. Por causa das obras, já estava há dez dias trabalhando direto, das oito da manhã às oito da noite. Pedi para que Pedro telefonasse mais tarde, mas Neusa insistiu dizendo que ele já tinha ligado várias vezes, desesperado, por conta de um problema com a ex-mulher, Karina, que estaria se acabando nas drogas, não sabia se crack ou cocaína, e precisava da minha ajuda. Só que ele estava fora de São Paulo e não tinha nenhum parente dela na cidade. Numa situação assim, falei que não podia fazer nada. Minha enfermeira deu esse recado ao Pedro, mas não adiantou. Ele começou a ligar no meu celular."

Rafael tinha pressa em cumprir prazos, estava focado em construir mais quartos, deixar a clínica em ordem, não queria se envolver com outros problemas, porém naquele mesmo dia – 1 de julho de 2008 -, por volta das 17:00 h, o celular tocou novamente. Não dava mais para ignorar o amigo, atendeu. A conversa foi tensa: "Ele pedia: "pelo amor de Deus, me ajuda! A minha esposa tá perdida no crack, acho que na cocaína também. Descobri que está me traindo com um policial viciado, ele é quem tá dando droga pra ela. Me ajuda, cara! Ela precisa ser internada!". E eu disse: tô te entendendo, Pedro, mas você não tá aqui perto, não tem ninguém da família dela pra entrar em contato comigo, aí é complicado, né? Não dá pra pensar em resgate!". Nesse momento, ouviu o único argumento que o faria largar o trabalho: "Ela tá maltratando meus filhos, eles só têm 7 e 3 anos de idade, tá espancando o caçula!". Diante de um fato tão grave, na mesma hora decidiu conversar com Karina para checar a situação.

Mas como fazer essa abordagem, se nem se lembrava do seu rosto? Pedro já tinha um plano: "Leva a Neusa! Elas se conheceram quando minha mulher ia me visitar aí na clínica." Então, Rafael avisou a enfermeira sobre o encontro: "Ficou tudo acertado. Mesmo assim, ele continuava ligando de dez em dez minutos, falando um monte de coisas, insistindo que eu tinha que estar lá entre 19:00 e 19:30 h, que não podia me atrasar de jeito nenhum. Passou o seu endereço e me disse para encontrá-la em frente ao prédio dele. Achei estranho, o normal seria ir até onde ela morava. Nem disse nada, porque ele estava muito ansioso, agitado e me repetiu o pedido: "Tenta levar a Karina pra clínica." Para acalmá-lo, ainda falei: "Tudo bem, Pedro, vamos ver, ok?"

Mas o rapaz não se tranquilizou, continuava telefonando, querendo saber se já tinham chegado ao local, controlando o horário o tempo todo:

"Não pode demorar para chegar!", pressionava. Na hora de sair com a viatura de atendimento da clínica, ao lado de Neusa, apareceu Cristiano, um jovem baiano de Jequié, que estava para ter alta: "Ele perguntou se podia ir junto, queria dar uma volta pela cidade, começar a ver o mundo lá fora de novo. Estava recuperado, iria embora naquele mês de julho mesmo, não vi problema nenhum em levá-lo com a gente."

Eram 19:00 h, pontualmente, quando Rafael estacionou a picape Hylux prata, de vidros escuros, na rua Maestro Cardim, proximidades do Shopping Paulista, no bairro da Bela Vista: "Esperei uns quinze minutos e, enquanto isso, Pedro não parava de me ligar. Num dos telefonemas, justificou: "Pedi para ela passar no meu apartamento para pegar um dinheiro, porque indo ao meu prédio, fica mais fácil pra vocês conversarem." Rafa teve um mau pressentimento: "Percebi que, na verdade, não queria apenas que eu falasse com ela, estava armando uma situação de internação compulsória, ou seja, à força."

Não estava enganado! A imagem de Karina chegando ao prédio do ex-marido, provocou um impacto: "De dentro do carro, vi a menina se aproximando da portaria e não acreditei: estava usando roupa de academia, com aparência muito saudável, nada a ver com quem anda mergulhada nas drogas, como Pedro tinha dito. Eu já fui viciado em crack e em cocaína, então eu sei o que é realmente a dependência. Nenhum desses dois vícios permite à pessoa que ela vá à academia e tenha vida saudável. De fato, a situação era esquisitíssima e disse pra Neusa: tá tudo estranho, fica aqui, deixa só eu descer do carro pra conversar." Todo desarrumado, com os mesmos boné, jeans e camiseta com que acompanhara as obras na clínica - onde tinha lixado e pintado paredes, tomado sol e chuva naquele dia - Rafa se aproximou da moça, quando ela saía do edifício, após ter trocado algumas palavras com o porteiro. Se a sua aparência pesou ou não na reação dela, Rafa até hoje não sabe avaliar, mas lembra exatamente que só teve tempo de dizer: "Oi, Karina! Tudo bem? Posso conversar com você?". E ela voou pra cima dele, já gritando por socorro, como descreve: "Começou a me arranhar, consegui segurar o braço dela e disse: calma, eu só quero conversar com você, para, para... mas ela me arranhou inteiro. Nisso, um senhor negro que estava ao telefone num orelhão, perguntou: "o que está acontecendo?" e ela gritou: "Ele está me sequestrando!". Aí, ele veio pra cima de mim na base da porrada. Nessa hora, não sei de onde, apareceu um cara altão, careca, de mão na cintura, também perguntando o que estava ocorrendo e ela gritou de novo: "Ele está me sequestrando!". Aí, começou a berrar: "Vou chamar a polícia!" e veio me bater também. E eu apanhando e respondendo: chama, pode chamar. Eu não devo nada pra ninguém, você está me agredindo, ela está me agredindo, esse outro tá me agredindo...

Rafael Ilha

Na delegacia, é amparado por seu advogado, José Vanderlei Santos

Quando os policiais militares chegaram, Rafa estava apanhando dos dois homens e dela. Já havia dezenas de pessoas em volta. Neusa e Cristiano viam tudo de dentro do carro, apavorados. A enfermeira resolveu sair em defesa do patrão, antes que fosse linchado, mas assim que abriu a porta, levou um soco na cara: "Ela só queria dizer "olha, ele trabalha num centro de recuperação... e tal", explicar a situação, mas aquele altão careca acertou o rosto dela." Resultado: foi todo mundo para a delegacia.

Preso em flagrante, Rafael virou manchete. Jornais, telejornais, revistas, rádio e internet davam a notícia com estardalhaço. No 5º DP, na Aclimação, para onde foi levado, o clima passou a ser o de exibicionismo de autoridades, como relata: "Fiquei na porta da delegacia até antes da chegada dos repórteres. Estava tranquilo, mas na hora que a imprensa começou a chegar, o tratamento mudou. Foi, então, que me algemaram e me colocaram no xadrez. Infelizmente, o trabalho feito foi falho, um trabalho de exibicionismo, que acabou me prejudicando. Não me

Levado para o Centro de Detenção Provisória

deixaram dar entrevistas, mas Karina fez declarações o tempo todo lá dentro e disse o que bem quis aos jornalistas, sem que eu pudesse me defender!

A versão da vítima

Uma das entrevistas da estudante de Direito Karina Souza da Costa, natural de Belém, e então, com 28 anos, foi publicada no Jornal da Tarde, de São Paulo. Curiosamente, confirmava 99% do depoimento de Rafael à polícia, divergindo apenas quanto ao desfecho, que ele definia como "abordagem cordial" e ela como "sequestro". Apesar disso, não há como negar: Rafael foi claramente usado na separação de um casal problemático! Basta conferir o texto, onde acusa o marido, Pedro José de Santana Vaz, na época com 36 anos, de ter elaborado um plano para prejudicá-la junto à Justiça, no processo que travavam pela guarda dos dois filhos e, no qual, ele acabou envolvendo Rafael. Karina começa a contar seu lado da história justamente a partir do telefonema do marido para que passasse no apartamento dele para pegar dinheiro: " Estava na academia, tinha feito sete minutos de esteira quando Pedro me ligou de Macapá (no estado do Amapá, onde nasceu) pedindo para que pegasse o dinheiro que havia deixado na portaria do seu prédio e pagasse a escola das crianças. Fui lá, mas não tinha dinheiro nenhum. Quando estava saindo, Rafael veio e tentou me levar num "resgate". Falou que eu estava drogada e que ia me levar. Chegou a falar que era policial e, mesmo com a chegada da polícia, continuava me segurando. Graças a Deus tive a ajuda das pessoas!"

Karina ainda diz na reportagem que havia feito um boletim de ocorrência contra o ex-marido no domingo, 29 de junho, ou seja, apenas dois dias antes de Pedro ligar para Rafael e pedir auxílio: "Estou em processo de separação há três meses. No domingo, fiz um boletim de ocorrência contra Pedro, que esteve lá em casa tentando me agredir. Ele não está aceitando a separação. Essa acusação de que eu uso drogas era para tirar meus filhos de mim. Iam me colocar no carro, me dopar, tinha uma seringa lá dentro. Me levariam para a clínica, não tenho família aqui, sou de Belém (PA). Ia sumir do mapa."

Os filhos, que Pedro afirmou a Rafael estarem sendo maltratados e até espancados por Karina em São Paulo, já estavam com ele em Macapá, quando telefonou "desesperado" para a clínica, como ela também detalhou na entrevista ao JT: "Há duas semanas, a mãe dele me pediu para levar as crianças para Macapá e eu autorizei. Temo pela integridade dos meus filhos que agora estão com a avó e com ele.", finaliza.

A primeira entrevista na cadeia

Um dia após sua prisão, Rafael foi transferido para o Centro de Detenção Provisória, o CDP, em Pinheiros, onde ficaria por duas longas semanas. Revoltado e deprimido. Foi ali que conseguiu, pela primeira vez, permissão para gravar uma entrevista. No programa A TARDE É SUA, da Rede TV!, respondeu às perguntas cruciais: houve mesmo tentativa de sequestro ou não? Por que medicamentos dopantes foram encontrados em seu carro? Usou ou não uma camiseta do Denarc (Departamento Estadual de Repressão ao Narcotráfico) para se fazer passar por um policial? O tom, do começo ao fim, foi de desabafo e indignação.

"Não houve tentativa de sequestro. Em nenhum momento tentei colocar aquela mulher à força dentro do carro. A única coisa que eu fiz foi segurar o braço dela quando começou a me agredir. Eu não sei o que se passou na cabeça dela no momento em que me aproximei e pedi pra conversar.

Talvez por eu ser dono da clínica onde o marido dela tinha se tratado, pensou que eu tivesse ido lá para tentar interná-la também. Ficou com medo, assustada. Até entendo, embora eu seja da opinião de quem não deve, não teme. Na verdade, eu só queria dizer: "Oi, Karina, o Pedro tá me ligando e tá me falando assim... assim... ". Eu estava sozinho com ela na rua, não representava nenhuma ameaça. Como eu ia dizer que era policial, se ela já me conhecia? Era a mesma coisa que dizer que era o papa! Meu objetivo era perguntar: você tá usando drogas? Você tá namorando um policial viciado? Você tá fumando crack ou usando cocaína? Você tá mal, precisando de ajuda? Era só dizer "Tô", "não tô!". Se estivesse tudo bem, ótimo. Se não, ia combinar de ela me ligar pra gente conversar, deixar claro que se precisasse de tratamento a clínica estava à disposição, que a

Choro e revolta frente às câmeras do programa "A Tarde é Sua"

intenção era ajudar. Nada mais que isso. Mas ela voou em cima de mim, gritou que era sequestro e eu acabei apanhando de todo mundo. O curioso é que muita gente viu tudo, mas as únicas testemunhas que apresentou à polícia, foram os três que me agrediram.

Rafael não se conforma em ter ido parar na cadeia e faz seu protesto ao repórter Luiz Guerra: "Você vê como são as coisas? O careca que me deu bordoada, disseram que foi até convidado para posar pra uma revista gay, enquanto isso eu, que fui quase linchado na rua, estou preso. As pessoas que me agrediram, que provocaram tudo isso,

"Estou pagando por um crime que não cometi!"

estão soltas!" Do protesto ao desabafo, é questão de segundos: "Quando você vem pra cadeia porque cometeu um erro, tem que pagar o preço. Mas, quando vai preso pagando o preço por um crime que não cometeu, aí é diferente. Me sinto injustiçado! Tem gente cometendo crimes absurdos, roubando nosso povo, desviando milhões dos cofres públicos, tudo comprovado e todos impunes. Agora, a Karina vai lá e me acusa disso, me acusa daquilo, ninguém me escuta e ela nem vai presa? Me agrediu, todo mundo viu! Falam dos meus antecedentes, mas ninguém puxou a ficha dela pra saber? Aí se propõe a fazer um teste toxicológico, só que até hoje, não vi o resultado!"

A revolta acaba em choro contido: "Meu maior sofrimento aqui dentro é saber que meus filhos foram retirados de São Paulo, que estão vendo o pai deles sendo acusado de uma coisa que não cometeu. A Neusa, minha enfermeira, e o Cristiano, meu paciente, estão presos. São pessoas que não tiveram nada a ver com a situação! São inocentes. E eu mais uma vez sendo perseguido e injustiçado! Como pode?"

Na TV com mãos e pés algemados

Com os pés e mãos algemados diante das câmeras, Rafael decide levar seu desabafo às últimas consequências e revela tudo sobre os bastidores de sua prisão e do "circo da mídia": "Eu soube que jornais e revistas estamparam fotos minhas em que estava rindo e nos piores ângulos possíveis, no momento da prisão. Só quero que fique bem claro que estava rindo do circo que armaram. Desde a hora em que falaram "vou chamar a polícia" até a hora em que pisei na delegacia, eu já sabia o que iria virar aquilo. Estava rindo de toda aquela palhaçada da qual eu era a vítima. Já estava julgado e crucificado. Permitiam que toda a imprensa falasse com a Karina, mas eu nunca podia ser escutado. Eu me senti humilhado muitas vezes ali. Pedi para o delegado de plantão: doutor, por favor, o senhor tem autoridade para manter a porta dessa delegacia fechada e não permitir que ninguém entre. Por favor, eu tenho filhos, esposa, tô sendo acusado de uma coisa que não cometi, vou ser preso por um crime que não pratiquei, até provar isso vou ficar na cadeia... então, não me deixa ficar exposto, por favor! Aí, ele me respondeu: "Pode deixar...". Mas abriu a porta e os fotógrafos ficaram a meio metro de mim. Total desrespeito com o meu pedido, com a minha família."

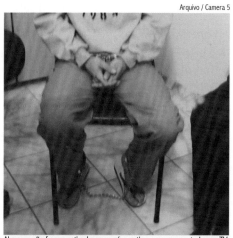
Arquivo / Camera 5
Algemas não foram retiradas e os pés continuaram acorrentados na TV

A humilhação, segundo Rafael, não parou por aí: "Eu já estava algemado e, mesmo assim, na frente de todo mundo, esse cara me pegou pelo pescoço, me levantou pela camisa... Um abuso de autoridade, só querendo aparecer na televisão. Se quer aparecer, aparece direito. Vai prender assassino, vai prender quem tá fazendo coisa que não presta, em vez de se mostrar às custas de um artista preso e que a imprensa não pode ouvir. Pode escutar o outro lado, mas não pode escutar quem está sendo acusado? Ela teve o tempo todo dentro da delegacia para falar com os repórteres, não tive nem dez segundos. Quando eu pedia pra falar, me diziam: "Não, não. Vamo lá... vamo lá" e me levavam para outro canto."

No camburão, impedido de conversar com os jornalistas

Rafael chega a falar em truculência dos policiais e nisso teve uma testemunha no dia em que foi transferido do 5º DP, da Aclimação, para o CDP de Pinheiros: "Ao sair da delegacia para ir até o camburão, onde estavam mais 15 presos, os repórteres me cercaram e eu queria ser entrevistado, mas quase nem deu tempo de abrir a boca, porque baixaram a porta em cima de todo mundo.". O repórter Luiz Guerra, que naquele momento estendia o microfone da Rede TV! em direção a Rafael, foi atingido: "Fiquei com o braço todo roxo, cheio de hematomas. Não precisava nada disso!", afirma

Injeções e camiseta do DENARC no carro

Injeções de Haldol, Dormonid e Fenergam, substâncias dopantes, foram encontradas no carro de Rafael, no dia da abordagem, além de equipamentos imobilizantes. Isto foi o suficiente para a polícia reforçar a acusação de tentativa de sequestro.

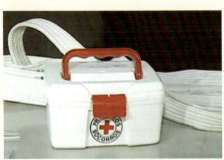 
O kit dos primeiros socorros e a camiseta do Denarc complicaram a situação de Rafael

Rafael se defende e garante que estava dentro da lei: " Eu usei a viatura da clínica, natural que lá dentro houvesse tudo o que é utilizado no atendimento de um dependente químico em crise, como os medicamentos e imobilizadores, inclusive com receituário médico, com a inscrição SN (se necessário). Preferi ir com a viatura, porque era mais rápido do que pegar meu próprio carro, já que o rapaz estava aflito e pressionava pelo horário. Na verdade, eu pretendia conversar muito rápido com a ex-mulher dele e voltar para o trabalho!"

Mas a polícia questionou também o fato de Rafael estar acompanhado de uma enfermeira e um "assistente" - o que configuraria uma equipe de resgate, exatamente do tipo que realiza internações forçadas. Não era o caso, como insiste Rafael: "Não há sequestro em situações como essa! Sequestro você faz em troca de dinheiro. Eu nem sabia direito quem ela era, só que se tratava da ex-mulher do meu ex-paciente. Não recebi nenhum valor, porque já tinha falado para ele que não era possível fazer o resgate, não tinha como, porque sempre é preciso a assinatura dos pais ou responsáveis e nem Pedro nem a família dela estavam em São Paulo. Já fiz resgates a pedido das famílias e é bem diferente, são necessários seguranças, enfermeiros, monitores maiores, etc... A Neusa estava de plantão naquele dia e só foi comigo porque o próprio Pedro sugeriu que a levasse junto pra conversar com a Karina. Afinal, ela conhecia a enfermeira desde a época em que ia visitar o marido,em tratamento de reabilitação na minha clínica, e isso poderia facilitar a abordagem. Ele ficou internado lá de janeiro a março de 2007. Quanto ao Cristiano, nunca foi assistente de nada, apenas um paciente que estava prestes a ter alta, um rapaz de bom coração, menino de família de Jequié, na Bahia. Naquele dia, ele só queria dar uma volta e acabou atrás das grades. Um absurdo! A mãe dele fez orações e promessa pra que a gente saísse da cadeia. Eu faço esse trabalho nas minhas clínicas porque eu amo, já passei por isso e sei como é. É muito fácil as pessoas criticarem, tacharem de sequestrador. Só se eu for um sequestrador porque tiro vidas valiosas das mãos das drogas e da morte."

A camiseta do Denarc (Departamento Estadual de Repressão ao Narcotráfico) foi outro problema, porque levantou suspeitas de que ele estaria se fazendo passar por um agente do órgão: "Foi só um presente de um senhor que conheci no CDP de Itapecerica da Serra, quando estive preso lá, em 2005, por porte ilegal de arma. Nos reencontramos no Denarc, numa das vezes em que levei o pessoal da clínica para um curso de prevenção às drogas, como acontecia de dois em dois meses, de segunda a sexta-feira. Quando eu recebi o Diploma de Honra ao Mérito do departamento por esse trabalho, ele me deu a camiseta. Nunca cheguei a usar, mas tinha um carinho especial por ela. Estava na viatura desde o dia em que ganhei e foi onde os policiais a encontraram. Aí começou toda essa confusão! Agora eu pergunto: como é que eu estaria usando a camiseta, me fazendo passar por policial, se ela foi achada dentro do carro e eu fui levado para a delegacia direto da rua?"

O advogado José Vanderlei Santos, que fez a defesa de Rafael Ilha, resumiu a situação em poucas palavras: "Ele jamais seria confundido com um agente, é conhecido por todos, uma figura pública. Ganhou sim uma camiseta escrito Denarc, mas não é como um uniforme das Forças Armadas." Quanto aos medicamentos, o advogado também foi objetivo: "O material estava intacto, não seria usado na mulher! O Rafael só queria saber se ela desejava ser tratada, mas ela não quis conversar. Não sei por qual motivo, teve um ataque histérico."

A vida na prisão: 38 homens em cela de 8

Em 2008, a prisão não era mais nenhum mistério para Rafael Ilha. Quando chegou ao CDP 1 de Pinheiros, ficaria atrás das grades pela sexta vez em dez anos. Sabia que o dia a dia seria sofrido, cheio de privações, como descreveu em detalhes à revista QUEM: "Cheguei lá só com a roupa do corpo. Sem objetos

Arquivo / Camera 5

O CDP de Pinheiros, em São Paulo, onde Rafael ficaria preso por 17 dias

de higiene pessoal, como sabonete, xampu. Nada. Me levaram direto para o RO (regime de observação) e fiquei lá seis dias, antes de ir para o convívio com os outros presos. O RO é uma cela totalmente escura, em que o preso fica durante os primeiros dez dias. Fiquei sem ver a luz do dia durante 24 horas. Às vezes, de manhã, entrava uma luzinha, daí eu via o meu cabelo na sombra. Era pesado! Além disso, tinha a superlotação. Na cela cabiam oito pessoas, depois vieram mais oito, ficaram 16 e essas 16 viraram 38. Aí, me transferiram para o convívio com os outros presos. Tive uma surpresa: encontrei uns 50 caras que eu conhecia da época em que vivia na rua e usava drogas. Encontrei também 5 ex-pacientes meus, até me assustei ao vê-los ali, mas eram pessoas complicadas mesmo, que vinham de famílias problemáticas."

Rafael teve um bom relacionamento na prisão e chegou até a dar autógrafos: "No CDP1, eu sempre fui muito bem tratado, tanto pela direção quanto pelos próprios presos. Quando cheguei, eles me arrumaram xampu, sabonete e toalha até que eu recebesse as minhas coisas. Em dia de visitas, dei autógrafos para algumas mães que vieram conversar comigo. Posso dizer que 95% das pessoas que estavam lá em Pinheiros eram usuários e dependentes de drogas e 5% são marginais pra valer."

A saudade da família doía de um lado, o chão duro pra dormir e o banho frio faziam sofrer pelo outro: "A água era quase gelada, tanto que saí de lá com começo de pneumonia. E nos primeiros dias, foi só água mesmo. Nessas horas é que eu pergunto, onde estão os Direitos Humanos? Agora eu falo como cidadão: dizer que um preso custa 1.800 reais é mentira! O mínimo seria cada um receber duas mudas de roupa, chinelos e um kit de higiene, inclusive com pasta de dentes. Não estou defendendo nada, eu falo apenas como ser humano. Também é cruel pra dormir: na cela em que fiquei, junto dos presos comuns, havia 26 pessoas onde, normalmente, só caberiam oito. Na gíria, dormíamos de "valete", um de cabeça pra cima, outro de cabeça pra baixo. Eu dormi o tempo inteiro no chão. Direto no chão. Só forrava mesmo com um ou outro cobertor. Nosso sistema penitenciário é um sistema falido." De resto, só não passou fome: "Comíamos três vezes ao dia, café da manhã, almoço e jantar. Era um marmitex, normalmente com arroz, feijão, frango... nada demais. A comida era entregue na cela pelo pessoal da faxina, que é o responsável também por esse trabalho."

Rafael aguentou tudo isso, porque fez um pedido à direção do presídio: "Assim que cheguei lá, avisei que precisava passar por um médico, para que me desse estabilizadores de humor, a fim de controlar minha ansiedade e também conseguir dormir. Graças a Deus fui atendido!'.

Clínicas interditadas e candidatura cassada

Enquanto Rafael amargava seus dias atrás das grades, do lado de fora a situação também não estava nada fácil. A Comunidade Terapêutica Ressurreição, de Embu Guaçu, de onde Rafael saiu naquele 1º de julho para se encontrar com Karina, continuava parcialmente interditada, porque sem o dono, as obras foram paralisadas. Na unidade 2, de Juquitiba, na Grande São Paulo, a Vigilância Sanitária igualmente entrou em ação, apenas três dias após sua prisão: determinou a retirada de cerca dos 35 pacientes em até 50 dias, alegando que as adequações solicitadas não haviam sido feitas e problemas na documentação. O advogado de Rafael não aceitou a ordem: "Tudo o que foi pedido pelos municípios já estava sendo providenciado, de acordo com todas as recomendações. O Rafael tem interesse em restabelecer a normalidade nas clínicas e na vida dele."

O dr. José Vanderlei Santos também denunciou: "Os pacientes estão indo embora. Houve uma baixa significativa, é um ataque muito grande ao patrimônio. A prisão dele está tendo reflexos financeiros, o que é uma condenação indireta."

Os familiares começaram a levar os internos das duas unidades, mas pensando no retorno deles assim que Rafael reassumisse o comando. Na prisão, ele soube de tudo e reagiu indignado, queixando-se de discriminação e perseguição devido ao seu passado como drogado: "Ninguém fala das clínicas de reabilitação que eu já inaugurei, do meu trabalho com os dependentes químicos, dos pacientes já recuperados. Antes de ser preso, eu estava atendendo 80 pacientes, tinha 40 funcionários. Pergunta se tem mais algum paciente lá! E os meus empregados que precisavam receber? E aí? E agora, o que eu posso fazer? É muita coisa que estou passando por causa de um bando de gente safada, um bando de vagabundos, de gente querendo aparecer. Eu estou preso, mas uma hora a justiça vem. Eu creio no Senhor! Graças ao Senhor Jesus, eu me libertei das drogas. Já levei tombos, levantei e o Senhor triplicou meu trabalho. Eu saio daqui num dia e no outro já vou estar nas minhas clínicas trabalhando, de cabeça erguida, porque não fiz nada de errado! A armação do Pedro não foi contra mim, foi contra ele mesmo. Agora ele e Karina sumiram, estão desaparecidos. Quem não deve não teme! Fizeram uma grande besteira e eu é quem tenho que pagar por isso?", questionou revoltado.

Os primeiros sinais de depressão

Para complicar ainda mais, na véspera, 3 de julho, havia explodido uma outra bomba: o PTB anunciara em seu site, a cassação da candidatura a vereador de Rafael Ilha. De acordo com o partido, a decisão foi tomada pelo presidente do diretório paulista, deputado Campos Machado, após a prisão do ex-cantor. Para Rafa esse foi dos males, o menor: "Não houve cassação, porque eu não era oficialmente candidato. Já não queria mais, comecei a entender o que era política no Brasil, me alertaram que só queriam aproveitar os milhares de votos que, com certeza, eu conseguiria para a legenda e depois colocariam outro em meu lugar. Quando veio esse comunicado, eu já havia descartado o PTB.".

Rafael é libertado

No dia 18 de julho de 2008, às 18:30 h, os portões do CDP de Pinheiros se abriram para Rafael Ilha, depois de 17 dias de prisão. Do lado de fora, o esperavam seu advogado, José Vanderlei Santos, o paciente Cristiano, também libertado, e o repórter Luiz Guerra, do programa ATARDE É SUA, da Rede TV! Não havia parentes, porque ele quis assim, como deixou claro na rápida entrevista que deu em frente ao presídio: " Não permiti nenhuma visita. Quero minha família longe disso! Quero os fatos esclarecidos, porque fui julgado e crucificado sem ter culpa, não apareceu ninguém para me inocentar. Alguém vai ter que pagar! "

Arquivo / Camera 5
A euforia quando os portões da prisão se abriram para ele

Mas foi para os filhos, Raíssa e Kauan, a primeira mensagem: "Amo muito vocês! Meu maior sofrimento foi ficar longe de vocês! Se não fosse isso, poderia passar mais dez anos preso, se precisasse!". Bastante emocionado, ainda declarou: "Estou louco para "morder" as crianças, comer uma pizza, tomar banho quente e deitar na minha cama. Nada como voltar pra casa, né?".

Com o Habeas Corpus concedido, veio a esperança: "Todo mundo sabe onde eu moro, onde eu trabalho, não devo mais nada diante da lei, espero que a juíza me absolva. Foram dias muito difíceis, com muitas perdas. Acredito que a Justiça será feita! A minha fé é aquela que remove montanhas. Tenho muita coisa pra contar dessa experiência. A liberdade não tem preço! Decidi escrever um livro sobre a minha vida e esse vai ser o último capítulo!"

A vida, no entanto, tem roteiro próprio: Rafael foi condenado a 3 anos de prisão, cumpridos em liberdade com prestação de serviço comunitário; Cristiano voltou para a Bahia e recaiu nas drogas, Neusa se aposentou e passou por tratamento psicológico, de Karina e Pedro tudo o que se sabe é que a separação foi definitiva.

A morte do ex-paciente Batatinha

Quando a viatura da Ressurreição entrou em velocidade na clínica, Rafael percebeu que alguma coisa grave estava acontecendo. Há dois meses, desde que deixara a prisão, ele vinha tocando as obras no local, exigidas pela Vigilância Sanitária desde abril, mas interrompidas por conta do caso do suposto sequestro em julho. Os clientes, que haviam sumido devido ao escândalo, estavam voltando. A luta não era só pela recuperação deles, mas da própria comunidade, o que daria a Rafa a chance de iniciar um novo ciclo e se reconstruir emocional e financeiramente. Uma tragédia, porém, marcaria aquele 19 de setembro, uma sexta-feira, quando se aproximou do carro. Lá dentro estavam três funcionários encarregados dos resgates e um ex-paciente desacordado. Mandou que estacionassem, imediatamente,

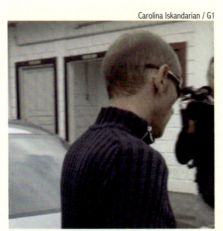

Carolina Iskandarian / G1

Abatido, Rafael chega à delegacia

em frente ao alojamento e seguiu correndo a pé até o local. O motorista foi ao seu encontro aflito, avisando: "A gente não consegue acordar o Batatinha. Tá muito difícil." Ele agiu rápido: tirou o rapaz do carro, sentiu que não tinha pulsação, e começou ali mesmo, no chão, a fazer massagem cardíaca e respiração boca a boca. Minutos depois, chamou uma enfermeira, colocou-o em seu próprio carro e voou para o hospital de Embu-Guaçu. Apesar de achar que já estivesse morto, Rafa ainda tinha a esperança de que os médicos conseguissem reverter a parada cardíaca e o ressuscitassem. De acordo com os laudos periciais, Wladimir Ruiz, de 31 anos, deu entrada ainda vivo no pronto-socorro, mas sofreu uma convulsão e, por ter aspirado o próprio vômito, teve embolia pulmonar e veio a falecer. Nas últimas 48 horas, Batatinha havia consumido crack sem parar, uma overdose que levou seu pai a telefonar para Rafael pedindo o resgate do filho, que estava na casa de amigos, no bairro de Socorro, zona sul da Capital. A notícia da morte implodiu o frágil equilíbrio psicológico de Rafael. Transtornado, foi para a casa de sua mãe, que conta: "Chegou aqui chorando, aos prantos, e falava: "Mãe, o que eu vou dizer para os pais do Batatinha, eles confiavam em mim, mãe!". Pedi que tivesse calma, orei ao seu lado e quando se acalmou um pouco, eu disse: "Infelizmente, filho, você vai ter que ligar para eles agora e vai ter que contar.". Arrasado, fez isso e a reação foi de choque! A mãe chorava, o pai

As pedras do meu caminho

gritava que não acreditava no que estava acontecendo, Rafael soluçava e só conseguia pedir desculpas, embora tivesse feito de tudo para salvar o rapaz."

Apesar de não ter dormido a noite inteira, às 10:45 h da manhã seguinte, de óculos escuros para esconder os olhos inchados e dirigindo seu Fiat Uno, compareceu ao distrito policial da região. Sem condições de falar com a imprensa, deu uma única declaração: "É um dia de muita tristeza!". Em seguida, entrou para prestar depoimento, durante duas horas, ao delegado Leonardo Piglionico. Relatou que ele e Batatinha tornaram-se amigos nos 11 meses – entre idas e vindas – em que esteve internado em sua clínica, de onde havia recebido alta em maio, apenas seis meses antes de sofrer a recaída que o levou à morte. Deixou claro no inquérito, que o ex-paciente não chegou a entrar na clínica, que a tentativa de socorro foi feita diante dos portões e que não houve administração de medicamentos, o que seria confirmado através dos exames realizados pelo Instituto Médico Legal. Ficou provado que ele não tinha nenhuma responsabilidade no caso, mas nem isso serviu de consolo, como revela Sylvia: "Ele já estava vivendo uma fase de transtornos. Por causa da prisão, tinha perdido os pacientes das duas clínicas, o que o deixou cheio de dívidas. Então, depois que saiu da cadeia, vinha tentando reativar a do Embu e, para isso, precisava terminar as obras exigidas pela Vigilância Sanitária, o que trouxe mais despesas. Também havia muitas contas a pagar do apartamento que tinha montado do jeito que Fabiana queria, com tudo do bom e do melhor. A situação era difícil, mas ele trabalhava duro e, justamente, quando começou a se recuperar com a chegada de novos pacientes, acontece a morte do rapaz lá na porta. Essa tragédia tirou Rafael dos eixos e, a partir daí, não foi mais o mesmo!"

Estava aberto o caminho para que, em dezembro de 2008, numa crise de desespero, colocasse um revólver na boca.

26

TRÊS ANJOS: A POLICIAL, A MESSIÂNICA E A PROSTITUTA

Kate Mahoney, a mais famosa policial de seriados dos anos 80, emprestava seu nome para uma "colega" brasileira, que atuava na zona oeste de São Paulo, e era tão temida, agressiva e competente quanto a personagem da TV. Mas foi também um anjo na vida de Rafael. Numa noite, quando fazia abordagem nas ruas, ela deu de cara com aquele jovem drogado debaixo de um viaduto na rua Francisco Leitão, travessa da Teodoro Sampaio, no bairro de Pinheiros. Durona, foi logo fazendo com que se levantasse do chão para ser revistado. Nesse momento, o reconheceu como o ex-ídolo do Polegar. Já que não se tratava de um traficante, Kate se permitiu ficar com muita pena dele, a ponto de exagerar: levou-o para sua casa, pois morava naquela rua! Algum tempo depois, ele descobriu que a policial havia se sensibilizado tanto com sua situação , porque tinha um namorado viciado. Mahoney vigiava Rafa para não dar chance que usasse drogas e, muito menos, chegasse perto de suas duas filhas: "No dia em que me levou para morar com ela, me alertou: "Minhas filhas são lindas. Se você se meter com as garotas, já era!!!".

Ficou alguns meses na casa, passou por uma boa desintoxicação, já era quase da família: "Cuidavam muito de mim.", reconhece. Apesar de tudo isso, o chamado das ruas era mais forte e acabou indo embora. Só alguns anos depois, reencontrou um rapaz que se identificou como filho dela e teve a triste notícia: Kate Mahoney havia morrido de câncer.

Nara era da Igreja Messiânica, esposa do reverendo Takassi, mais uma figura feminina que o protegeria como a um filho: " Eu vivia embaixo do viaduto Vereador José Diniz quando decidiu me dar um quarto na casa dela. Também me dava roupa, comida, me deixava tomar banho... Mas eu passava mais tempo na rua do que lá, porque no auge da paranóia, chegava a andar até 15 dias sem parar. Uma vez, saí a pé da estrada do M'Boi Mirim, atravessei a Ponte do Socorro, peguei a Marginal Pinheiros, subi a Av. Rebouças, entrei na av. Henrique Schaumann e cheguei na rua Teodoro Sampaio, só para pedir dinheiro para um cabeleireiro amigo meu, para comprar mais cocaína. Foram quatro horas de caminhada. Eu não aguentava mais as dores e quando tirei o tênis, vi as bolhas gigantes nos pés. Precisei passar por uma drenagem."

Mesmo assim, ela fazia de tudo para tirá-lo do mundo das drogas, usando, principalmente, o poder da religião: "Só me passava coisas boas, me mostrava outros caminhos para recuperar minha saúde, minha vida. Independente de eu seguir seus conselhos ou não, sempre deixou a casa dela aberta pra mim.". Rafa continuou a ver Nara até ser levado para a clínica de São Carlos, onde viveu sua mais longa internação. Quando saiu, fez questão de ir visitá-la para mostrar que, finalmente, estava recuperado, e agradecê-la por tudo que fizera por ele durante tantos anos. Ao chegar na rua Conde de Porto Alegre, no bairro de Campo Belo, não reconheceu o lugar: a casa não existia mais! Por ordem do progresso, havia sido demolida para dar passagem a uma nova linha do metrô. Nara e o reverendo Takassi tinham partido sem deixar endereço.

Numa outra fase de sua vida, Rafa possuía um carro, mas nenhum tostão para botar gasolina: "Eu vivia loucão, drogado, sem dinheiro pra nada. Foi quando conheci Alessandra, uma garota de programa, que trabalhava na boate de um amigo meu, o Lailton. Acabou virando minha amiga e cuidando de mim. Me ajudava muito, até enchendo o tanque de combustível."

Na verdade, acabou se apaixonando por ele. Mesmo não sendo correspondida, muitas vezes foi tirá-lo da sarjeta, dava abrigo em sua casa; em outras, se encontravam em seu trabalho e Rafa já passava a noite com ela: "O nome do lugar era Terraço, ficava na av.Pompéia, na zona oeste, e era um puteiro famoso, que funcionava 24 horas. Quando usava muita cocaína e não tinha onde ficar, eu ia pra lá.". Como nunca parou muito tempo numa mesma região, voltou para a zona sul, sua preferida. Não houve despedida. Jamais voltou para agradecer. Acredita que Alessandra só tenha tido notícias dele através das páginas policiais dos jornais.

As pedras do meu caminho

27 SEPARAÇÃO, PERDA DA CLÍNICA E DEPRESSÃO PROFUNDA

Se a morte de Batatinha deixou Rafael arrasado, o final do casamento de oito anos e meio com Fabiana, fez com que mergulhasse de vez numa depressão profunda: "Apesar de todo o desgaste que nosso relacionamento vinha sofrendo, principalmente depois da prisão pelo suposto sequestro, eu não esperava por isso. Um dia, quando voltei normalmente pra casa depois do trabalho, o porteiro me avisou que, devido a uma ordem judicial, eu estava proibido de entrar no condomínio a partir daquele dia. Levei um choque, pedi para falar com o síndico, mas o porteiro me avisou que também tinha ordens para não chamá-lo. Dei meia volta, fingi que ia embora, mas pulei o portão. Estava revoltado e desorientado, queria uma explicação de qualquer jeito. Não consegui entrar no meu apartamento, a fechadura tinha sido trocada. Aí, meti o pé na porta para arrombar, mas Fabiana já havia se mandado com as crianças. O pior de tudo isso é que passou a não me deixar ver meu filho. Esse golpe eu não aguentei!".

Em outubro de 2008, começaram os sinais da depressão, como conta Sylvia: "Precisei internar o Rafael, ele estava apático, não tinha ânimo para mais nada. Para agravar ainda mais a situação, enquanto estava em tratamento, Fabiana fechou a clínica de reabilitação e, mesmo sem pagamento, dispensou todos os funcionários. Depois de um tempo, o irmão dela encheu um caminhão-baú com quase tudo que havia lá dentro e foi embora sem dar satisfações.".

Rafael acrescenta outras informações: "Fabiana também transferiu todo os pacientes para uma clínica próxima, a New Life, onde o dono, Marcelo Miceli de Oliveira, contava com toda a estrutura mas não tinha clientes. Ele mesmo me contou que ela "vendeu" os dependentes a 1000,00 e 1.500,00 cada um. Eu acabei indo para lá trabalhar como monitor, por um salário de 2.500,00, porque precisava de uma atividade. Saí depois de um tempo, por não concordar com os maus-tratos aos doentes, tanto que ele acabou preso e ficou uns seis anos atrás da grades."

Com uma arma engatilhada na boca

Quanto à sua internação, providenciada por Sylvia, o resultado foi negativo: ele não se adaptou ao tratamento e preferiu voltar para a sua clínica de Embu-Guaçu, onde passou a morar depois da separação. Sem medicação, a doença tomou conta: "Perdi a razão de viver. Não saía mais de casa, não conseguia mais dormir, só chorava. Eu chorava umas quatro horas por dia, direto, sem motivo. Não tinha vontade de correr atrás de nada, de procurar ninguém, de ficar com ninguém. Nessa fase, já não queria mais nem ver meu filho. Só ficava trancado no meu quarto chorando, chorando. Eu não me reconhecia!". As ideias de suicídio ganharam força, sintoma claro de que a depressão já era profunda: "Eu pensei em me matar várias vezes. Em dezembro, estava na minha clínica e tive um surto. Coloquei um revólver na boca, disposto a acabar com tudo. Quando o pessoal viu, tentou me fazer mudar de ideia, mas eu só pedi que ligassem para o pastor Jabes de Alencar, um homem abençoadíssimo, que, inclusive, tinha celebrado meu casamento. Ele ficou uma hora e meia comigo ao telefone, eu só chorando, sem tirar o revólver da boca. Eu queria me apagar para sempre, achava que não iria doer. O que eu não aguentava mais era a dor de viver. O pastor orou muito por mim naqueles momentos. Me dizia: "fecha os olhos agora, meu filho, e ora comigo." Eu orava, mas não largava a arma. Depois, ficou um tempão tentando me conscientizar sobre a importância da minha vida para o Senhor, explicando que aquilo era uma armadilha do Diabo parta ceifar a minha vida, me lembrou de tudo o que eu mais amava nesse mundo e foi nessa hora que o amor pelo meu filho falou mais alto e me deu forças para desistir do suicídio. Demorei muito até que o pastor me convencesse, porque estava convicto de que morrer seria a melhor solução. Mas quando desliguei o telefone, já havia decidido pedir ajuda."

Rafael se internou no Centro de Recuperação Psicológica e, devidamente medicado, passou a se recuperar: "Quando recebi alta, ainda chorei por um tempo, mas depois os remédios foram fazendo efeito e consegui superar tudo."

Ao fazer um balanço, Rafa sente que ainda tem resquícios dessa fase: "Isso me abala até hoje, porque vejo como foi pesado, era uma tragédia atrás da outra, sempre seguidas de muita perseguição, muita exploração. Eu quebrei! Achei que nunca mais fosse me levantar! Mas Kauan foi a minha força. Quando estava me tratando da depressão, sempre dizia para a psicóloga: "Eu preciso do meu filho... ". E ela me respondia: "Rafael, o seu filho é quem precisa de você!". E é por ele que que estou aqui. Sei que é ele quem me segura, é por ele que a minha vida vale a pena!".

O recado de amor ao filho

Seis meses depois, em junho de 2009, ele ainda lutava com a ex-mulher para que as visitas ao garoto fossem regularizadas: "Sinto muito a falta dele. Sempre fomos muito amigos, muito cúmplices, tudo era comigo lá em casa." No programa A Tarde é Sua, da Rede TV!, mandou um recado emocionado ao menino, em meio a muitas lágrimas:

A luta para poder ver o filho deixou Rafael arrasado

"Filho, o papai te ama mais que tudo nessa vida, meu amor. O papai é louco por você. Um dia, quando crescer, vou te explicar tudo isso que está acontecendo. Papai te ama muito, te amo mais do que a mim mesmo. Só você me faz feliz, meu filho, só você. Graças a você o papai está vivo. Você é a coisa mais importante da minha vida, meu filho... ".

Rafa não conseguiu terminar de falar, porque teve um ataque de choro diante das câmeras. Em casa, Kauan viu tudo pela TV, se emocionou com a mensagem do pai. E chorou também!".

Kauan: "Não deixo ninguém falar mal do meu pai"

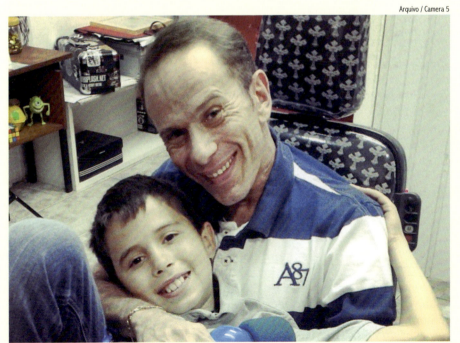

"Sei o que meu pai passou com as drogas, nunca me escondeu nada!"

Arquivo pessoal
"Amo meu pai e, se precisar, brigo por ele!"

Ao assistir aos clipes do grupo Polegar, no Youtube, o menino não conseguiu identificar seu pai naquele garoto de 13 anos que tocava guitarra, cantava e se chamava Rafael Ilha: " Foi muito estranho, porque ele tinha a idade que eu tenho hoje.", confessa Kauan. Também não se impressionou muito com os sucessos do grupo, mas curtiu a música "Ando Falando Sozinho", na voz de Rafa, e o fato de confirmar através das imagens de programas de auditório dos anos 80/90 que é, de fato, filho de um ídolo pop daquela época. Mas sua admiração pelo pai tem outros motivos: "Sei tudo o que sofreu por causa das drogas, nunca me escondeu nada. Eu sinto muita tristeza por tudo o que passou, mas tenho o melhor pai do mundo, sei o quanto ele me ama. É brincalhão e mandão, gosta de disciplina e, ao mesmo tempo, me deixa falar o que eu quiser, a gente conversa sobre tudo. É meu super amigo, um maluco-beleza! O que eu mais queria era poder morar com ele".

Kauan herdou de Rafa o talento para o futebol e o amor pelo time do São Paulo, não pensa em ser artista como ele e sim um craque em campo. E já tem uma posição quanto às drogas: "Nunca vou experimentar, nunca! Sei que meu pai também não vai mais usar. Fiquei muito impressionado quando ouvi ele contar que fumava 70 pedras de crack por dia. O maior conselho dele pra mim é "não faça o que eu fiz!" e vou seguir sempre!".

Não é fácil ser filho de alguém com uma história como a de Rafael, que conta com o carinho do público, mas também com o preconceito de muita gente: "Na escola todo mundo já sabe que não admito piadinhas sobre ele. Fecho a cara mesmo e, se precisar, eu brigo. Amo meu pai e não deixo ninguém falar mal dele!".

Rafael é interditado na justiça pela mãe

A fragilidade emocional de Rafael na batalha para poder conviver com Kauan o levaria a ser interditado na Justiça pela mãe, que, como sua representante legal, passaria a brigar com Fabiana nos tribunais pelo direito dele às visitas ao filho e até pela guarda compartilhada: "Precisei fazer isso para protegê-lo do domínio total que a ex-mulher exerce sobre ele. Quando ela o ameaçava com alguma coisa referente ao meu neto, ele fazia tudo o que ela queria, tudo, tudo! Mas, a partir do momento em que passei a ser a curadora de Rafael, teve que se entender comigo!'.

O impasse aconteceu no dia 31 de agosto de 2009, quando o casal assinou o divórcio: "Nesse dia, Fabiana deixou claro que as visitações ao filho deveriam ser de 15 em 15 dias, nos finais de semana, pegando o menino aos sábados de manhã e devolvendo à tarde, fazendo a mesma coisa aos domingos. Não poderia dormir com o pai, não teria Natal, Ano Novo, Dia dos Pais, não teria nada. Até concordei, se fosse por uns três meses, até que ela estivesse segura que Rafael estava bem da depressão e poderia cuidar do filho. E eu também, por ter interditado meu filho, ficaria responsável pela criança. Mas isso ela não aceitou de jeito nenhum, afirmou que Rafael era um pai cheio de problemas. Enfim, como eu já havia entrado com a solicitação de guarda do meu neto no início daquele ano, disse que não assinaria o tipo de visita que ela desejava e iria deixar que meu pedido de guarda corresse normalmente na Justiça. Na realidade, a minha intenção não era ficar com Kauan, mas regularizar as visitações do Rafael, porque ele sempre foi totalmente apaixonado pelo filho e não vive sem ele, morre de saudade, tem necessidade de ficar falando com o garoto o tempo todo. E isso não estava sendo permitido pela mãe!".

No começo de outubro, Sylvia foi procurada pela advogada de sua ex-nora, que havia decidido regularizar a guarda do menino: "A dra. Daniela me mandou uma minuta dizendo o que a Fabiana queria. Mandei para minha advogada e pedi para incluir na cláusula 1 o ítem i, que era o seguinte: "Em caso de impossibilidade por parte do genitor em retirar a criança, caberá à avó paterna, sendo ela sub-rogada aos direitos do genitor, em passar os finais de semana, os referidos dias e as férias em companhia do menino, conforme estipulado e discriminado individualmente acima." Insisti nesse ponto porque já tinha ficado 5 anos sem ver meu neto, devido a problemas com ela, e não queria ter de novo este tipo de desgaste. Afinal, Rafael é uma pessoa doente, que pode estar internado, que pode recair, que pode fazer várias coisas, daí eu precisar ter a garantia de que quando ele tivesse impossibilitado de pegar o Kauan por qualquer motivo, eu teria esse direito. Também achava importante meu neto ter contato com a família paterna, coisa que quase nunca teve. Mas de novo ela se recusou a concordar com meu pedido e passou a fazer ameaças!" A partir daí, estava definitivamente declarada a guerra entre as duas e Rafael é quem pagaria um preço alto em meio a pressão da mãe e da ex-mulher.

Ele implora, mas Sylvia não assina documento

Foi na Casa da Gente, ex-clínica Ressurreição, agora comandada pelo seu tio Vital, que Rafael tirava um cochilo depois do almoço, quando Nielsen, um dos funcionários, bateu na porta de seu quarto avisando que Fabiana estava ao telefone e havia exigido que o acordasse com urgência. O assunto era um só: a assinatura de uma minuta que regularizaria, enfim, a vida dele com o filho. Quando atendeu a chamada, segundo Sylvia, a ex-mulher "começou a gritar com meu filho, porque é uma pessoa difícil, do tipo que se descontrola e faz muitas ameaças. Disse que estava mandando o documento para eu assinar e que se me negasse, ele não iria mais ver o garoto! E nesse momento, Rafa entrou em pânico."

Desesperado, telefonou em seguida para a mãe e implorou que atendesse à exigência da ex-nora, como Sylvia ainda relata: "Foi logo me dizendo: "Mãe, mãe, por favor, mãe, eu tô ficando doido, assina logo o que ela quer, pelo amor de Deus! Disse que eu não vou mais ver o Kauan!". E eu respondi: "Calma, Rafa! Fica tranquilo porque ela não pode fazer isso. Se você cumprir todos os deveres como pai, como vem cumprindo, também tem direitos!". Mas, ele não quis saber: "Não, eu vou na casa dela buscar os papéis e levo aí para você assinar!". Continuei firme: "Rafa, não adianta você trazer para eu assinar. Ela pode ameaçar você, tirar você do sério, mas a mim não consegue intimidar com esse tipo de coisa. Nem adianta trazer os papéis aqui, enquanto não tiver a cláusula que me dá o direito de ficar com meu neto quando você estiver impossibilitado, eu não assino! Fiz tudo do jeito que ela quis, com as solicitações da advogada dela ... O que estou pedindo é o mínimo! Consultei vários advogados, procuradores amigos meus do Estado e todos me disseram que não estava querendo nada demais, apenas um direito normal de avó!". Mas aí ele bateu o telefone e foi para a casa de Fabiana."

Enquanto Rafael saiu da clínica, levado por seu tio Vital, para pegar os documentos – que foram entregues a ele na portaria do prédio pela filha Raíssa – Sylvia passou um e-mail, que guarda até hoje, para a advogada de Fabiana, datado de 20.10.2009, 13:53 h, em que dizia o seguinte: "Dra. Daniela, falei com a Fabiana que, se não quiser assinar a minuta do jeito que combinamos, deixe a ação de guarda correr, porque nem eu nem ela somos obrigadas a assinar nada com o que não concordamos, apesar de que na cláusula I, ítem i, não peço nada demais, a não ser ter o direito de ficar com o Kauan, caso Rafael esteja impossibilitado por qualquer motivo. Ele ainda está em tratamento, como posso comprovar, e eu sou a curadora, portanto peça à sua cliente para não perturbar mais a cabeça dele, não adianta ela ficar ameaçando de não assinar a venda dos apartamentos e de ir ao programa da Sonia Abrão contar as coisas que Rafael já fez na vida. Isso já saiu na mídia muitas vezes, só não saiu ainda o que ela e família fizeram. Quem trata das coisas do Rafael sou eu e é comigo que a senhora e ela têm que tratar. Quanto a ela não assinar as vendas, tudo bem, já falei o que pretendo fazer em outro e-mail. Quanto à guarda do Kauan, segue com o processo, o mínimo que a gente vai conseguir é que o juiz dê o direito de visita, já que Rafael paga todas as contas do filho. Ele e a família têm direitos. Acho que quem vai perder é ela, pois vai ficar sem ter onde morar, apesar de ela andar dizendo ao Rafael que o namorado italiano vai bancar e alugar um apartamento de luxo para ela, pois isso só comprova que vive em função do dinheiro dos outros. O Rafael tem onde morar e o Kauan também, caso precise. Por favor, me posicione quanto às decisões que ela quiser tomar, pois preciso avisar os interessados na compra dos apartamentos para efetuar a desistência da venda e o cancelamento do contrato. Dra, agora a senhora tem uma ideia de quem é a sua cliente, por isso não pode confiar no que ela fala ou promete. Por favor, me posicione. Grata, Sylvia Vieira."

Enviado o e-mail, Sylvia começou a tingir os cabelos quando o interfone tocou: "Era o porteiro informando que Rafael havia acabado de deixar uma pasta para mim lá embaixo. Nem chegou a subir no meu apartamento. Então eu disse: "Bota aí no elevador, que eu pego rapidinho!". Vi que era a minuta. Estava assinada pela Fabiana, rubricada, mas sem a cláusula que eu havia incluído. Joguei em cima da mesa, decidida a não assinar, e entrei no banho para tirar a tinta."

Rafa, por sua vez, encaminhava-se para o edifício de sua avó, ali no mesmo condomínio, onde Vital o aguardava no apartamento de dona Yolanda: "No caminho senti um estalo na minha cabeça e parei para fumar um cigarro. Comecei a ter um mal-estar, mas segui até o prédio e pedi para o porteiro avisar meu tio para descer. Tinha desistido de subir porque estava meio esquisito, queria ir embora. E fui para a sala de espera." Faltavam apenas alguns minutos para surtar e cortar o próprio pescoço.

28

O SURTO: CACO DE VIDRO E CORTE NO PESCOÇO

Vinte de outubro de 2009. O barulho de helicópteros era ensurdecedor naquele fim de tarde azul em São Paulo. Misturado às sirenes dos carros de polícia, do Corpo de Bombeiros e da ambulância, também se ouvia o burburinho das equipes de reportagem que disputavam espaço em frente ao condomínio Parque Brasil, no bairro do Morumbi. Ao vivo, o país acompanhava pela TV, um momento de vida ou morte de um ex-ídolo da música pop.

O resgate não acontecia... Dentro do elevador do edifício em que sua avó morava, Rafael Ilha só ouvia os próprios gritos. Não havia o que negociar. Não aguentava mais, não queria mais, vida sem sentido, vazio, fúria. Com um caco de vidro pontiagudo encostado no pescoço, ameaçava um ponto final.

Momentos antes, Rafael, depressivo, inquieto e nervoso, foi tomado por uma sensação estranha enquanto aguardava pelo tio. Teve uma crise de choro e, como que hipnotizado pelo vaso de cristal sobre a mesa à sua frente, na sala de espera, quebrou-o com estrondo no chão. A partir daí, não houve mais memória nem lucidez. Até hoje não se lembra como entrou no elevador e muito menos que levou cacos do vaso nas maos. Só restam flashes que, vez por outra, ainda pipocam na sua mente.

A sequência seria dramática: gritou várias vezes pela avó, que, no quinto andar, começou a ouvir o desespero do neto pelo som que vinha do poço do elevador. Quando tentou descer para socorrê-lo, foi impedida por um policial. Rafa, alterado e coberto de suor, já riscava o pescoço com a ponta do cristal. Sem a presença dela, deu outro grito: "Eu quero a minha mãe!!!", o que levou Yolanda a ligar imediatamente para Sylvia. A resposta foi seca: "Não vou! O problema é dele!'.

"Entreguei meu filho nas mãos de Deus"

O que parecia frieza diante do risco de morte do filho, tem uma explicação: "O porteiro do prédio da minha mãe já tinha me avisado que Rafael estava lá, nervoso, com um caco de vidro na mão. Disse também que a polícia já tinha chegado e perguntou se eu não podia descer para ajudar. Então, eu respondi: "O que vocês querem que eu faça? A polícia já não está aí? O Corpo de Bombeiros não está aí? Seu eu for, ele vai me ver e começar a fazer chantagem comigo. E não é a coisa certa a fazer. Acho que a polícia e os bombeiros já vão resolver o problema!". Claro que fiquei preocupada, liguei a TV, vi tudo o que estava acontecendo, toda a imprensa nos portões do condomínio, dois helicópteros em cima do meu prédio e, na hora, peguei a Bíblia e orei por ele, pedi pra Deus iluminar a cabeça dele, pedi proteção e força para o meu filho em crise. Era a única coisa que eu podia fazer naquele momento. Se eu fosse lá, talvez eu piorasse a situação. Sempre temi pela vida do Rafael, não só naquele momento, como em muitos outros, eu temi. Mas o que as pessoas precisam entender é que não depende da gente fazer as coisas que um drogadependente, ainda mais com bipolaridade, como é o caso dele, necessita. Tem que ter médico, ambulância, várias outras coisas que, no momento, eu não tinha. Por isso, depois de orar, liguei para o Hospital do Campo Limpo e avisei o que estava acontecendo, telefonei também para o psiquiatra do Rafael, o Dr. Aloísio Priuli, para que viesse medicá-lo. Essas providências foram muito mais importantes do que atender aos gritos dele, descer e ver toda aquela cena, presenciar ele chantageando, negociando, ameaçando... Depois de mais de 20 anos lidando com a drogadição de Rafael, cheguei num estágio em que entreguei a minha vida e a vida do meu filho nas mãos de Deus!".

Lá embaixo, um dos seguranças do condomínio já havia travado a porta do elevador para que Rafa não pudesse fechá-la. Ele não se rendia. A imprensa continuava a transmitir. Yolanda também ligou a TV para acompanhar a cobertura, já que não a deixavam se comunicar com a portaria. Quarenta minutos depois, sem mãe nem avó por perto, ele decidiu que tinha chegado a hora de morrer: enfiou o caco de vidro com força no pescoço, espirrando sangue para todos os lados. A expressão era de dor, mas mesmo assim continuava se cortando, não conseguia se segurar diante da força do desespero. Uma das poucas coisas que se recorda nesse momento é de que se despediu com um pedido de perdão a Deus e ao filho: "Perdoa, meu filho, pelo que o papai está fazendo! Perdoa, Senhor pelo que eu estou fazendo!". E continuava falando sozinho, sem ouvir os gritos do tio de "larga isso!" e o apelo dos bombeiros para que se acalmasse: "Eu sei que eu vou para o inferno, mas não tô ligando pra nada. Eu só quero morrer, só quero morrer! Se eu não tenho coragem de dar um tiro na minha cabeça, enfiar esse vidro no meu pescoço eu consigo, eu já consegui!", gritava.

Rafa pede ao segurança: "Me dá um tiro, pelo amor de Deus!"

Em meio ao delírio, percebeu que estava juntando gente no hall de entrada e que o pessoal do Samu havia chegado. Para fugir do resgate, tentou fechar a porta do elevador à força, apesar de travada. Para intimidá-lo, um dos seguranças apontou um revólver, mas o gesto surtiu efeito contrário: "Atira, atira!!! Acaba logo com isso, pelo amor de Deus!!!", implorou Rafael em lágrimas, começando a tremer, a passar muito mal e a ver tudo amarelado à sua volta. No lugar de um disparo, ouviu a voz do bombeiro: "Calma, Rafael, para com isso... você precisa estancar esse sangue, sua cor está mudando... Se demorar mais um pouco você vai morrer... você está morrendo!". Ao escutar isso, resolveu apressar o desfecho: tirou o caco de vidro de um lado do pescoço e enterrou no outro! Começou a desfalecer, enquanto imagens de Kauan surgiam diante dos seus olhos, via o sorriso do menino igualzinho ao da foto que estava no seu bolso, ouvia a voz da psicóloga dizendo "seu filho precisa de você... " e, antes de desmaiar, conseguiu perguntar: "Vocês não vão me machucar?". Ao que o bombeiro, aflito e surpreso, respondeu: "Não, a gente só vai cuidar de você!". Rafael ainda segurava outro caco de vidro na mão, qualquer palavra errada poderia levá-lo a desferir o golpe fatal. O bombeiro preferiu ficar em silêncio por alguns segundos, o suficiente para Rafael dizer: "Então, eu vou largar!", soltando o caco no chão. Os socorristas nem tiveram tempo para sentir alívio. Entraram imediatamente no elevador, entubaram Rafael, a pressão estava baixíssima, quase não havia pulsação.

Foto: Pascal Markus

A imagem chocante do elevador ensanguentado

Nos minutos de agonia que se seguiram, em meio a muito sangue e socorro, Rafael foi apagando, uma falsa paz tomava conta dele. As luzes vermelhas piscando, o peso do próprio corpo sobre a maca, a correria, aquelas vozes urgentes e misturadas, iam se desfazendo em meio ao branco em que flutuava. Quando as portas da ambulância foram fechadas às pressas, ele já não ouvia mais a sirene. Nada mais doía. E a vida estava por um fio...

Parada cardíaca e ressuscitação

O porteiro desobedeceu a polícia, foi ameaçado de prisão, mas avisou dona Yolanda sobre a tentativa de suicídio do neto. A avó entrou em choque, as emissoras exibiam as imagens do resgate; o público começou uma corrente de orações mas, dentro da ambulância, o coração de Rafael parou de bater.

A luta dos médicos foi desesperada durante a corrida para o Hospital Municipal do Campo Limpo, na zona sul da cidade: "Me lembro de alguém gritando "a gente tá perdendo ele, a gente tá perdendo ele!". Ouvia as vozes de longe, mas estavam em cima de mim, com o ressuscitador. Eu apaguei. Depois, soube que usaram o aparelho umas três, quatro vezes, até meu coração voltar a funcionar. Quando acordei, já estava operado!".

A ambulância com Rafael deixa o condomínio rumo ao hospital de Campo Limpo: sirene ligada e alta velocidade

Por um triz, o corte não atingiu a jugular, o que teria provocado a morte, mas foi fundo o suficiente para Rafael ficar uma hora na sala de cirurgia e levar 50 pontos no pescoço. Antes de ser encaminhado à UTI, passou ainda por uma endoscopia, que não detectou nenhuma outra lesão, e foi novamente entubado para evitar engasgos, devido à hemorragia que sofrera. Também passou por um check-up e exames para constatar uso de entorpecentes, que deram resultados negativos. Segundo o psiquiatra Aluísio Priuli, que cuidava dele há vinte anos, os traumas de 2008 e 2009 o levaram a um surto psicótico – que resultou na tentativa de suicídio – desencadeado pelo transtorno bipolar, doença da qual se tratava com três medicações,

Na maca ao ser transferido para o Hospital São Luiz, em Santo Amaro

como estabilizadores de humor, desde que largara as drogas.

Já transferido para o Hospital São Luiz, em Santo Amaro, Rafa ainda iria enfrentar outro momento dramático ao recuperar a consciência: "Vi minha mãe, meu psiquiatra e um médico em volta da minha cama. Aí eu pensei: "Tô vivo. E foi a pior sensação que já tive. Fiquei arrasado por ter escapado com vida daquele elevador!", confessa, contrariando o instinto de sobrevivência e amor ao filho que o salvaram da morte.

Para ele, existir era um tormento. Estava condenado a viver, mas já não sabia como!

244

29 COM RAFA NA UTI, MÃE E EX-MULHER BRIGAM NA TV

Por telefone, Sylvia deu a primeira entrevista sobre a tentativa de suicídio do filho, ao programa A Tarde é Sua, na Rede TV!

No dia seguinte, 21 de outubro, em entrevista exclusiva ao A Tarde é Sua, da Rede TV!, Sylvia, por telefone e direto do hospital, contou pela primeira vez o que tinha acontecido: "Rafael não tomou os medicamentos ontem, porque Fabiana ligou, ameaçou e ele ficou transtornado. Aí deu no que deu. Ele poderia ter morrido..Está na UTI, mas fora de perigo. Lá também fica protegido do assédio da mídia, que é muito grande. Emissoras sensacionalistas, em vez de conhecer o que aconteceu com ele, ficaram divulgando notícias falsas para dar ibope. Tudo o que noticiaram é mentira, invenção. Não houve droga nenhuma, ele teve transtorno bipolar, a pessoa perde a consciência do que está fazendo e isso pode ter consequências bem piores do que as de Rafael. Ficaram mostrando imagens antigas dele, de 20 anos atrás, sendo preso. Por que não mostram que no caso do "roubo" de 1 real, a "vítima" foi a principal testemunha de defesa dele? Por que não falam que, no caso do suposto sequestro, em 2008, o marido da "vítima" também é testemunha a favor dele e a mulher está foragida com os filhos? Procurem saber dos processos! Por que não dão espaço para os projetos do Rafael?

Não vou dizer que meu filho é um santo. Ele tem problemas como milhares de famílias têm com álcool e drogas, como muitos artistas têm e até já foram para a TV falar disso e superaram. Mas dessa vez não foi uma recaída. O que mais me dói é que meu netinho de 6 anos fica ouvindo essas barbaridades. Isso atinge a família toda. Espero que o público não julgue nem condene meu filho. Rafael é um ser humano que precisa de ajuda nesse momento. Tenho fé em Deus que também vai superar. Meu coração tem mais de 20 anos que aguenta esses trancos. Não sei qual a força que Deus me dá, qual é o propósito de Deus para o meu filho, porque Rafael já passou por poucas e boas e continua vivo. Um apresentador chegou até a dizer na televisão que Rafael criava tantos problemas que já deveria ter morrido. Hoje esse cara está desempregado, porque quem faz o mal tem o retorno. Meu neto é o motivo do Rafa estar vivo e também é o meu motivo para lutar para que ele, como pai, tenha regularizado seu direito às visitas. Também quero ficar com Kauan se Rafa não puder pegá-lo nas visitas, mas isso Fabiana não quer!".

"Fabiana afastou Rafael da família"

É nesse ponto que Sylvia faz da ex-nora o alvo de suas críticas: "Ela extrapola, passa por cima de sentimentos, não recorda as coisas que foram feitas pra ela, pra família dela, pra filha dela... Isso tudo abala muito Rafael. Infelizmente, Fabiana não tem essa sensibilidade de entender o que Rafael passa. Espero que algum juiz entenda isso. Fomos excluídos muitos anos da convivência com a criança. Ela afastou Kauan da nossa família, afastou o Rafa também da família. Ele ama de paixão esse filho e Kauan ama de paixão esse pai. Um dia, descendo de elevador meu neto disse: "Vovó, só eu e você nos preocupamos com meu pai!'. Apertei a mãozinha dele e disse: "É, meu filho!". Saí do elevador em lágrimas. A criança reconhece que só eu e ele nos preocupamos com o pai. Ele só tem seis anos e entende tudo o que a mídia repercute. Por isso, só peço que deixem a gente em paz! Vamos esperar que ele tenha alta para fazer o tratamento que precisa e vamos evitar que tenha qualquer contato com a ex-mulher para que não sofra outro transtorno!", finalizou.

Arquivo Pessoal

Sylvia em raro momento com Kauan e Rafael: "Fui excluída muitos anos da convivência com meu neto"

"Rafael se cortou porque não aguentava mais a mãe!"

Na noite do dia 22 de outubro, Fabiana Bejar foi ao Superpop, apresentado por Luciana Gimenez, na Rede TV!, para responder às acusações que a ex-sogra havia feito no A Tarde é Sua, da mesma emissora. Acompanhada da advogada Débora Antunes, ela apontou Sylvia como a responsável pelo

Arquivo / RedeTV!

Fabiana para Luciana Gimenez: "Minha ex-sogra tem algumas mágoas de mim"

fato de Rafael ter cortado o pescoço, uma vez que o interditou na Justiça e passou a comandar a vida do filho e a interferir na separação do casal: "Eu preferia estar falando após a saída dele do hospital, mas graças a Deus agora está bem. É um momento muito difícil para o Rafael e para mim também... Nós nos falamos anteontem pela manhã. Eu liguei e avisei que a documentação de regularização de visita estava pronta, é padrão, nada demais, finais de semana, Natal, Ano Novo, férias, normal... Pedi para pegar e levar para a mãe dele assinar, já que ele está interditado por ela. Ele me respondeu: "Tô saindo daqui agora. Não sei se ela vai assinar, mas vou tentar." Eu falei ok! Não briguei com ele, só pedi a assinatura dela no documento e nada mais. Rafael passou na minha casa, minha filha entregou o documento em mãos e ele foi para o apartamento da Sylvia. Por que não assinaria? Por que pediu que fosse colocado nesse documento que, quando Rafael estivesse mal ou impossibilitado por qualquer outro motivo de ficar com o filho, ela queria ter o poder sobre a criança. Isso me incomodou muito. Primeiro, porque está desejando que ele fique mal para ter acesso à criança e outra coisa: o pai do meu filho é o Rafael, eu não acho que esse documento tenha que ter o nome dela. Ele vai ser o pai sempre, estando bem ou estando mal. Estando bem, ótimo. Não estando, o Kauan fica comigo. Eu sou a mãe! Na ausência do pai, quem fica com a criança é a mãe. Mas ela não quis assim. Então, o que eu penso que aconteceu: provavelmente ele chegou lá, foi pedir para que assinasse, ela disse não e houve uma discussão. Rafael está muito cansado, se sentindo sufocado, essa interdição vai até dezembro. Ele me liga e fala: "Não aguento mais, porque entre nós seria tudo mais fácil, já estaria tudo vendido, cada um tocando a sua vida, só que a minha mãe tá me atrapalhando nisso e eu estou muito cansado dessa guerra!". Acho que ele está muito estressado, essa situação vem se arrastando há um ano, a mãe dele tem prejudicado muito a finalização desse sofrimento. Ele até me pediu ajuda contra essa interdição, mas eu não sabia como agir, a gente estava se separando. Então, cortar o pescoço foi um momento de deixar claro: "Olha, eu já não aguento mais e quero voltar a responder por mim!".

"A mãe se aproveitou da fragilidade de Rafael"

A advogada Débora Antunes explicou a situação do ponto de vista jurídico: " Desde o início desse ano, dona Sylvia ingressou com uma ação de interdição. Ninguém sabia disso porque, na época, Rafael estava em uma clínica com depressão, há uns três meses. Então, ela se aproveitou desse momento de fragilidade do filho. Deve ter conseguido facilmente um laudo de um psiquiatra sobre a condição do Rafael – que no período até era real – para tentar tomar conta do neto. Internado, ele não teve a oportunidade de contestar, se defender, está sendo uma vítima da mãe também. Quando saiu da clínica, ficou chocado, viu que não tinha mais capacidade civil, a partir daquele momento ela estava dominando tudo, todas as situações. Ele não pode tomar decisão nenhuma, porque ela é a sua curadora. Rafael e a mãe não têm um bom relacionamento, vivem um conflito muito grande. Tá bem difícil. Vamos esperar que se recupere e possa falar por ele mesmo, que procure um advogado para reverter a situação e se libertar. Dona Sylvia está confundindo a interdição judicial, que retirou a capacidade civil de Rafael, com o pátrio poder que ele exerce sobre o filho. Além de ser mãe e avó quer ser o "pai" também, está achando que vai poder tomar todas as decisões na vida do Rafael, inclusive no que diz respeito à ex-mulher e ao Kauan. Fabiana não tem obrigação de aceitar isso legalmente. A criança é dos pais e não da avó. A guarda do menino com certeza vai ficar com a mãe. Claro que ela vai permitir que dona Sylvia pegue o neto e passeie com ele, isso é saudável para a criança. Mas os pedidos dela são extremos e Fabiana não vai permitir, já que estará sempre no papel de mãe e Rafael, quando estiver bem, no papel de pai, porque a criança sente falta. A avó tem que se adequar à rotina do neto e não o contrário. Ela tenta interferir muito na rotina do neto. Quem está dificultando todo esse processo de separação, guarda, venda de imóveis, partilha, é dona Sylvia. Se dependesse da Fabiana e, com certeza, do Rafael, esse documento já estaria assinado! Essa demora na regulamentação da visita já poderia ter sido resolvida há muito tempo, se dependesse só dos dois. A minuta já foi e voltou várias vezes, porque quem está com a caneta na mão é ela. Se não assina, empaca tudo!".

No desenrolar da entrevista, Fabiana faz uma ressalva em relação à ex-sogra: "Não deve ter intenção ruim da parte dela, mas é preciso ponderação. É muito radical em relação ao neto. Naturalmente, ela vai defender o filho dela e eu o meu. Nenhum problema para que veja o Kauan, mas está agindo como uma menina mimada, teimosa, que quer fazer as coisas do jeito dela. Ela tem algumas mágoas de mim, porque quando meu filho nasceu, pensou que fosse participar de uma forma maior que a de uma avó. Tem que entender que a mãe sou eu. Decisões como hora de dormir, hora da escola, coisas básicas, eu decido. Não pode me privar de ser a mãe do meu filho. Ela teve o filho dela há 36 anos e fez dele o que bem quis. Kauan não tem nada a ver com a vida do pai, com essa carência dela por ter sido mãe muito nova. Provavelmente, não curtiu e transferiu muito para o neto.

Arquivo pessoal

Com Rafael e o filho Kauan: "Sylvia queria ser mais que avó"

Ela tem um sentimento pelo meu filho que me incomoda um pouco. Quer ser mais que avó. E tudo o que é demais atrapalha. Vai ter que se adequar ao papel dela, como todas as famílias fazem! Não quero que me mande flores, não precisa ser minha amiga, mas tem que ter respeito por mim como mãe, coisa que nunca teve. Sempre se meteu em questões que seriam entre mim e Rafael, que é o pai do meu filho. Estamos nos separando litigiosamente por conta dela, porque por mim e pelo Rafael seria tudo amigavelmente. Ele quer que possamos sair um dia com Kauan e Raíssa para tomar sorvete, coisas normais. Tudo o que deseja é que Sylvia assine os papéis e acabe logo com isso. O que aconteceu anteontem, foi um momento de ele dizer: "Estou de saco cheio, não sei mais o que fazer, perdi o controle de minha vida, estou cansado!". Acho que foi o ápice do estresse profundo, está de saco cheio de a mãe estar no comando. Nós dois temos um bom relacionamento, só que quando se trata do meu filho, viro uma leoa. Rafael também é assim, mas agora não pode cuidar do nosso filho, não pode pedir guarda compartilhada, não tem condição de cuidar de uma criança, tem que ter estabilidade emocional, ponderação. Só quero que ele se cuide para poder cuidar do filho que, obviamente, vai amar o pai. Nunca vou falar mal dele para o meu filho, isso jamais! Rafael é um pai amoroso, mas nesse momento precisa cuidar de si!".

"Sylvia é rancorosa e virou minha inimiga"

Sobre a acusação de não ter deixado Sylvia ver Kauan durante cinco anos, Fabiana também se defendeu no Superpop: "Isso não é verdade, até porque morávamos no mesmo condomínio. Ela fez isso porque quis. Eu nunca a impedi de participar de nada. Ela é que é muito rancorosa e não aceitou um NÃO que, um dia, disse para ela e levou o não para uma rixa pessoal. Foi bem radical, não precisava ter chegado a tanto. Me ligou num sábado à noite, meu filho tinha 5 meses, ainda mamava no peito, e falou: "Fabiana, amanhã eu vou buscar o Kauan.". E eu respondi: "Olha, Sylvia, amanhã eu vou visitar meu pai, ele comprou um peixinho e nós vamos almoçar lá. Quando chegar em casa, te ligo." Ela disse: "Ah, tá!". Passados 15 minutos, ligou de novo um pouco alterada dizendo: "Eu quero ver o meu neto, você está me impedindo de ver o Kauan!". Eu disse: "Não tô te impedindo, só tô te avisando que vou passar o dia com meu pai e quando chegar, eu te ligo!". Desse dia em diante, ela virou minha inimiga e começou a fazer a cabeça do meu marido. Na época, houve algumas brigas por causa disso. Rafael, como filho, muitas vezes ficou em cima do muro, muitas vezes tomou meu partido, às vezes ficou do lado dela. Ele teve um desgaste enorme por causa da mãe."

As mágoas foram se acumulando de ambas as partes – e Rafael cada vez mais pressionado pelas brigas - como fica claro quando Fabiana conta outro episódio: "Sylvia fica passando essa imagem de boa samaritana mas, há dois meses, minha filha ligou para o Rafael na casa dela. Quando disse "quero falar com meu pai... ", ela respondeu: "O Rafael não é seu pai." . Minha filha jogou o telefone e foi para o quarto chorando, ficou muito magoada. Isso não se faz com uma criança de 9 anos. Ela sabe quem é o pai dela, mas também chama o Rafael de "papai". Quando eu o conheci, Raíssa tinha 8 meses. No aniversário de 1 ano, ele participou, tem uma forte presença na vida dela. Sempre a chamou de "filha", nunca discriminou, o que comprava pra um, comprava pro outro. Contei para o Rafael e ele ficou profundamente chateado e falou: "Fabiana, você sabe que eu não sou assim, jamais faria isso!".

Sobre Sylvia garantir que a ex-nora afastou Kauan e Rafael de sua família, também tem a resposta na ponta da língua: "Quem se afastou foi ela, nós morávamos todos no mesmo condomínio, poderia sempre ir brincar com o menino no playground, vê-lo todos os dias se quisesse, não tinha porque proibir. Não foi porque não quis, preferiu levar essa besteira para uma coisa muito radical. Só me mudei de lá há um ano! A forma maldosa como conduziu esses 5 anos, como ela diz; a forma como falou com a Raíssa... Acho que as crianças têm que ser poupadas. Quanto menos briga houver, melhor para todo mundo. Vou esperar o Rafael melhorar, a gente vai conversar, mas agora vou viajar com os meus filhos e deixar meus advogados trabalhando."

No final da conversa com Luciana Gimenez, Fabiana, frisa mais uma vez sua opinião sobre a tentativa de suicídio do ex-marido: "Acho que foi um pedido de socorro da parte dele. Espero que tudo seja resolvido de forma pacífica, porque o elo que tenho com Rafael é eterno. Não quero que essa criança seja prejudicada de forma nenhuma por uma briga tola. Espero que Sylvia bote a mão na consciência e resolva isso de uma maneira muito tranquila e o mais rápido possível, ficando bem para todo mundo, inclusive para o meu filho e o filho dela".

"Fabiana perdeu! Quem cuida dele sou eu!"

Rafael estava há quatro dias no hospital. Nem imaginava o duelo que Sylvia e Fabiana travavam na TV. Depois da réplica da ex-mulher, houve a tréplica da ex-sogra. No dia 26 de outubro, a mãe do ex-polegar foi ao estúdio do A Tarde é Sua, na Rede TV!, acompanhada de Carlinhos Muniz – o diretor da Promoart que trabalhou durante 8 anos com Rafael –, Gerson de Oliveira, mais conhecido como Júnior e integrante da produção do grupo Polegar; o pastor Jonathan Ferreira Santos Jr. e a amiga Ana Paula. Sua nova entrevista seria um misto de desabafo, desmentidos e explicações sobre a situação do filho e as acusações da ex-nora: "Essa moça é difícil. O problema dela, na realidade, é o de estar muito chateada porque eu interditei Rafael, tirando o domínio total que tinha sobre ele. Agora tem que se entender comigo! É isso que ela não aceita, tanto que fica ligando para Rafael, xingando ele de trouxa, dizendo que deixa eu mandar na vida dele, que eu tomo posse da vida dele, que eu quero resolver, que eu quero tomar conta, isso e aquilo.

"Interditei meu filho com a intenção de protegê-lo"

Eu nunca quis nada! Sou sim uma mãe que posso ficar na minha, mas se acontecer alguma coisa com meu filho, eu vou lá e resolvo. Ela fala que foi feliz até que me meti na vida deles com a interdição. Como não tem mais acesso direto a Rafael para que assine as coisas que ela quer que ele assine, fica desestruturando a cabeça dele. O processo de interdição não é fácil, como a advogada dela declarou. Não é uma coisa simples, só chegar num juiz e falar que a pessoa tá assim e assim e interditar. Trata-se de um processo difícil, tem que ter muita prova de que a pessoa realmente está precisando ser interditada. E eu interditei com a intenção de proteger, de ajudar, de resolver as coisas para meu filho, porque estava impossibilitado por conta de todos os abalos que sofreu e resultaram numa depressão profunda. Ainda tinha o problema da mídia, que, no caso do suposto sequestro, o tratou como se fosse um assassino! Ele é um dependente químico e, devido a isso, começou a desenvolver transtorno bipolar. Tem certas coisas que Rafael não segura, principalmente problemas que não consegue resolver. Toda vez que tem que enfrentar algumas situações, às vezes até extrapola: ou recai ou acaba fazendo alguma besteira, como foi dessa vez que cortou o pescoço com o caco de vidro. Só que, dias antes disso acontecer, ele estava se sentindo bem. Tivemos um final de semana ótimo juntos, eu, Rafael e meu neto. Foi um final de semana muito agradável e feliz, fomos ao teatro, ao McDonald's e depois comprar presentinhos para o Kauan. Como não tivemos contato com o menino no Dia das Crianças, fomos ao shopping e compramos dois Legos, um meu e outro do Rafael. À noite, voltamos para casa. Deixei meu filho na clínica onde ele estava trabalhando e se tratando. Uma amiga de São José do Rio Preto ligou pra ele e estava tudo bem. Na terça-feira de manhã, o pai também telefonou para Rafael e comentou comigo que ele estava ótimo. Mas tudo mudou na hora do almoço, quando Fabiana ligou e fez ameaças de não deixá-lo mais ver o filho se eu não assinasse a regularização de visitas do jeito que ela queria! O resto vocês já sabem!".

Sylvia também se revoltou com outra declaração de Fabiana na TV: "Ela afirmou que Rafa pode ser risco para a segurança do filho, mas os documentos que estão no processo de guarda trazem depoimentos de pessoas que conheciam o casal, o procedimento de Rafael em relação ao Kauan e Raíssa, nunca houve problema!".

Carlinhos Muniz concordou plenamente com Sylvia: "Não conheço a esposa do Rafael, porque parei de falar com ele quando se casou. Ligava para a casa deles e ela dizia que o marido não estava. Acabei perdendo o contato. Mas posso dizer que, quando casou com Rafael, já sabia dos problemas dele. Então, não é agora que vai falar que ele não tem condições de cuidar do filho. Apesar de tudo que passou, sempre cuidou bem do Kauan."

Júnior também o defendeu: "Eu imagino a paixão dele por esse garoto, porque não podia ter filhos, foi uma surpresa. A gente conviveu muito, pois Rafa gostava mais de ficar com a equipe de produção dos shows do que com os colegas do Polegar e, muitas vezes, dormia no meu quarto". Já para o pastor Jonathan, todo esse sofrimento de Rafael era coisa do demônio: "O Diabo veio para matar, roubar e destruir, mas Jesus veio para nos dar vida e vida em abundância. O Diabo está tentando destruir a vida de Rafael, ele tem que se aproximar de Deus ao máximo, se fortalecer espiritualmente, porque só Ele pode resolver isso." Da parte da amiga Ana Paula poderia contar com as orações: "Tenho fé que vai sair dessa! Estou orando por ele!".

A conversa não estava terminada. Teria continuação à noite, quando Sylvia foi ao vivo ao Superpop para encarar as perguntas de Luciana Gimenez, rebater as críticas de Fabiana e fazer novas e mais pesadas revelações.

"Deram 100 reais para Rafa se drogar e venderam a casa dele"

De costas para as câmeras, Sylvia Vieira fez revelações bombásticas naquela noite de 26 de outubro no Superpop. E começou detonando a ex-mulher de Rafa: "Na realidade, estou pedindo visita para o meu neto e não a guarda nem a tutela. Em nenhum momento quis tirar o Kauan deles. Fabiana já está com uma terceira advogada nesse caso. Quanto ao fato de falar que é uma ótima mãe, eu não acho. Quando o Kauan era pequeno, não o levava para tomar banho de sol porque estragava a pele dela. Então, botava o bebê na cama e esperava o sol bater na janela. No ano passado, quando Rafael recaiu por conta da depressão, a irmã dela e o cunhado – a Flávia Garcia Bejar e o Laerte Martins Ladeia – deram 100 reais para Rafael se drogar e pegaram uma procuração dele, num sábado, dia 6 de dezembro. No dia seguinte, Rafael foi internado, o Dr. Aloísio Priuli pode confirmar isso. Na segunda-feira, dia 8, reconheceram a firma e, no dia 10, venderam a casa que ele tinha em Laguna, Santa Catarina, com uma procuração simples, coisa que não pode. Para vender o Imóvel de uma pessoa por procuração, esse documento teria que ser registrado em cartório. A Fabiana pegou esse dinheiro e distribuiu, o Laerte era fiador de uma das clínicas de Rafa e estava devendo lá... .Da minha parte, estava com problema de pagar a internação do meu filho e procurei saber desse dinheiro, porque a metade era dela, mas a outra metade pertencia ao Rafa. Mas, ela pegou um avião e foi para a Europa, deixando os filhos aqui, a Raíssa com o pai e o Kauan com o avô, pai dela. Estou com todos os e-mails que ela enviou dizendo que estava curtindo muito na Itália, Suíça, Holanda, etc... Em novembro, ela e Rafael nem estavam separados ainda e ela já estava botando namorado dentro da casa do meu filho. São coisas que eu preciso falar para mostrar qual é o caráter e a mãe que a Fabiana fica dizendo que é e não é! Na verdade, é uma pessoa muito instável. Quando foi para a Europa, logo depois da venda da casa de Laguna, os filhos dela ficaram aqui, cada um separado do outro. Acho que qualquer outra mãe vendo os filhos passarem por esse problema de separação, com o pai internado, pelo menos no Natal deveria estar ao lado deles. Veio janeiro, as aulas das crianças começaram dia 20, mas ela continuava na Europa e as crianças ficaram sem matrícula até ela voltar. Eu fiquei muito preocupada mas não posso, infelizmente, fazer nada pela Raíssa, porque ela não é minha neta. Quanto ao Kauan, tentei entrar com pedido de guarda mesmo, já era 2 de fevereiro e Fabiana não retornava. Isso só aconteceu no dia 6, quando, então, se matriculou na faculdade e fez o mesmo com a filha na escola. O meu neto, ela não matriculou e ele já estava na 1° série, precisava continuar estudando. Aí, eu matriculei o Kauan, comprei tudo o que ele estava necessitando. Não sou essa avó possessiva nem nunca fui. Não tento ser mãe dele, nunca tentei e nem nunca tive essa oportunidade. Eu tive, sim, saudade do meu neto, era meu único neto, a gente se dava muito bem, por isso, longe dele, tive até depressão. Eu já tentei fazer as pazes. Sempre fui, antes de ela me proibir de ver o Kauan, uma avó maravilhosa para a filha dela. Não foi verdade que falei para a Raíssa que Rafael não era pai dela. Sempre tratei a menina com muito amor, muito carinho. Ela ligava para mim no trabalho e perguntava: "Vovó, o que você está fazendo?" e eu respondia: "Filhinha, estou no trabalho". Aí ela dizia: "E quando você vai sair daí?" e eu explicava: "Às seis da tarde!". Era quando pedia: "Vovó, passa aqui para ler uma historinha pra mim?". Claro que eu ia, comprava um livro e lia para a Raíssa. No começo do relacionamento do Rafael com Fabiana, a menina ficava na minha casa todos os finais de semana, eu viajava com ela para todos os lugares, coisa que nunca fiz com meu neto, sabe? Só ano passado é que voltei a ter mais contato com o menino. Eu tenho fotos de todos os momentos com as crianças. O que a Fabiana está falando não são coisas verdadeiras... É do tipo que faz ameaças, grita, xinga... Quem não deixou que a convivência com as crianças prosseguisse foi ela. Eu trabalhava de segunda a sábado e, mesmo assim, todo domingo eu passava lá no apartamento deles, a própria Fabiana deixava a porta aberta. Então, eu fazia o café da manhã, vestia a Raíssa, dava a mamadeira do Kauan e levava os dois para a piscina. Não sou rancorosa como ela disse!

Babá de Kauan entra no ar e desmascara Fabiana

Sylvia foi ao Superpop cercada de testemunhas dos fatos que relatou. Tanto assim que, Élida, babá de Kauan desde recém-nascido, estava no palco e fez questão de desmascarar a ex-mulher de Rafael. Durante três anos, ela trabalhou com o casal e o filho: "Fabiana proibia, sim, dona Sylvia de ver o neto. Todas as vezes que ela ligava querendo ver o menino, Rafael pedia a autorização da mulher, que dizia não. Muitas vezes, falava: "se sua mãe quiser, ela que venha até o Kauan, por que ele tem que ir até ela?". A própria Sylvia responde a essa pergunta: "Eu não ia porque nunca tivemos uma boa relação. A Eli me ligava escondido quando estava com meu neto no playground do nosso condomínio, aí eu aparecia lá e ficava com ele. Mas Fabiana, além de me afastar do menino, também afastou Rafa de todos os

As pedras do meu caminho

Élida abre o jogo sobre ex-patroa: "Rafael pedia, mas Fabiana não deixava a mãe dele ver o neto!"

amigos e da família dele. Só existia a família dela e as amigas. Mesmo Rafael se submetendo a tudo isso, ela ameaçava de tirar o filho dele", arremata.

Élida deu mais detalhes da situação: "Tinha dia que ligava chorando, me pedindo para levar o neto pra ela ver, mas eu estava proibida pela Fabiana de fazer isso. Aí, quando eu ia levar a Raíssa para a aula de inglês, o Kauan ia junto e, na volta, sempre me pedia: "Bebê, vamos na casa da vovó?". A gente ficava lá uns 15 minutos, depois ia para o "play" e aí subia com ele pra casa! Eu via que dona Sylvia não queria nada demais. A gente não saía dali do parquinho de areia. Ela vinha, brincava com ele, tirava fotos, era o único momento que podia ficar com Kauan. Brincava com a Raíssa também, que sempre a chamou de "vó". Ela não tinha livre acesso, não podia ligar e dizer: "Olha, vem ficar com a vovó!". Não tinha essas coisas. Não podia sair com a criança, mesmo se o Rafael pedisse pela mãe dele. Na verdade, Fabiana queria que dona Sylvia se humilhasse, que implorasse "pelo amor de Deus, deixa eu ver meu neto." Eu tinha muita dó dela!".

"Ela abandonou Rafael e foi embora para Paris!"

Durante a entrevista, Sylvia faz outras revelações: "Quando o Rafael ficou doente, minha ex-nora o abandonou e foi para Paris, porque felicidade pra ela é isso. Sempre caía fora quando surgia qualquer problema na vida do Rafael. No período em que ficou preso, quem ia levar as coisas que precisava era eu. Nos momentos difíceis, sumia. Só ficava com ele nas fases boas. Em setembro, pediu a separação de boca, internei Rafael de novo e nisso ela fechou a clínica, que já tinha tentado fechar antes. Quando eu soube, já estava lá com o pai dela, era sócia, direito dela, mas podia ter segurado, era o sustento dela. Hoje não sei como vive."

Para reforçar o depoimento de Sylvia, um funcionário, marido da babá Eli, chamado Eduardo e que durante 5 anos trabalhou com Rafael, afirmou: "A clínica sempre rendeu bem. Os dois trabalhavam, mas o Rafael trabalhava mais. As pessoas não sabem enxergar o trabalho dele, que dedicava todo seu tempo aos dependentes das drogas. Depois, com todos os problemas que aconteceram com Rafael, teve um bom tempo em que dona Sylvia tomou conta do lugar, mas Fabiana não, ela abandonou!".

Rafael recebe alta e se une a mendigos

Quatro dias após a tentativa de suicídio, Rafael recebeu alta do Hospital São Luiz e voltou para a clínica Casa da Gente, no Embu, onde morava, trabalhava e prosseguia no tratamento contra a depressão. O fato de estar em recuperação da cirurgia no pescoço, não o impediu de abandonar tudo, como explica o psiquiatra Dr. Aloísio Priuli: "Ele queria ver o filho de qualquer jeito. A clínica é aberta, não é de contenção. Houve um momento em que disse: "Não vou ficar, não quero ficar preso. Vou cuidar da minha vida!" e saiu andando. Rafael conta o que sentiu: " De repente, eu estava entregando os pontos de novo. Fui para a rua desarrumado, sem dinheiro e sem documentos. Não fui em busca de drogas. Eu só queria desaparecer, dar um jeito de ninguém nunca mais me achar. Queria que aquele Rafael que eu era sumisse. Comecei a caminhar sem rumo, como se estivesse hipnotizado, robotizado. Encontrei três mendigos e decidi viver com eles."

A polícia, no entanto, acabou com seus planos no mesmo dia: "Veio uma viatura e levou a gente para a delegacia!". A notícia se espalhou rapidamente. Quando chegou ao 27º DP, a imprensa já estava lá, atraída pelo fato de, em menos de uma semana da tentativa de suicídio, Rafael ter se metido em encrenca novamente: "Mas os policiais não deixaram os repórteres me ver, me isolaram, me protegeram, fui tratado com o maior respeito. E ainda passaram informação correta para os jornalistas, a de que eu só estava lá porque não tinha documentos."

Em pouco tempo, os moradores de rua foram averiguados e liberados, já que não portavam drogas, mas Rafa continuou sob guarda durante a tarde inteira: "O delegado me disse: "Você só vai sair daqui acompanhado. Nós até podemos te liberar, mas não vamos, porque você não merece estar com aquela gente e poderá fazer uma besteira. Quero que alguém responsável por você venha até aqui te buscar!". Como eu não conseguia falar com minha mãe, pedi para que ligassem para o meu psiquiatra.".

O dr. Aloísio Priuli encontrava-se nos bastidores do programa A Tarde é Sua, da Rede TV!, onde seria entrevistado, quando seu celular tocou. A última coisa que imaginava receber era um telefonema da polícia sobre Rafael. Saiu às pressas da emissora, se perguntando como e porquê seu paciente havia deixado a clínica e ido parar numa delegacia. Rafael, por sua vez, estava sendo consolado por um policial evangélico: "Ele me falou que Deus tinha um grande plano para a minha vida, que eu ainda tinha que ajudar muitas pessoas, que minha missão na Terra era muito importante. Isso foi me acalmando e minha ficha começou a cair. Era como se eu estivesse acordando de um pesadelo. Quando o Dr. Aloísio Priuli chegou eu me senti seguro, não queria mais sumir!". O médico confirma: "Ele estava tranquilo e aceitou voltar comigo para minha clínica particular e recomeçar o tratamento. O Rafael, infelizmente, tem um transtorno grave de humor, o transtorno bipolar, que gera euforia, mania de perseguição e até uns delírios. Ele usou drogas durante muitos anos e isso é uma das consequências. Ele sossega quando está medicado, mas sem os remédios as coisas extrapolam, nem passam mais pelo raciocínio dele, vira uma confusão emocional e mental. Não tem cura, mas tem controle. Ele tem que se ajudar, querer se tratar. O maior obstáculo é a teimosia dele: quando acha que está bom, ele acha que está bom! E não é assim! Ele trabalhou muito bem durante cinco anos em suas clínicas, entende de dependência química. Estava medicado e foi bem. Mas abandonou os remédios e também deixou a terapia. Quem faz isso, perde o controle racional, fica só emoção. Esse é o momento em que pode fazer alguma coisa contra si mesmo e se machucar, como foi o episódio do corte no pescoço. Quando largou o tratamento, saí do caso, mas agora estou voltando, porque me pediram. Vamos centrar o Rafael, reequilibrá-lo com a medicação e cuidar para que leve uma vida correta em relação à sua saúde!".

Dr. Aloísio Priuli: "Não tem cura, mas tem controle."

Rafael entrou na clínica Novo Rumo consciente que a recuperação não seria fácil, que teria que enfrentar novas crises, teria vontade de morrer ou desaparecer outras vezes, mas também sabia que Kauan continuaria sendo sua maior âncora: "Foi o sorriso do meu filho que me tirou vivo daquele elevador!".

As pedras do meu caminho

30 RAFAEL RECONHECE: "FOI O MAIOR SURTO DA MINHA VIDA!"

Arquivo / Camera 5

Manhã de verão, termômetros na casa dos 30 graus, um sol de férias, quando cheguei à clínica para ver Rafael. O que seria apenas uma visita, ao lado dos meus irmãos, Elias e Margareth, acabou se transformando na primeira entrevista que daria na TV após a tentativa de suicídio. Já havia conversado com ele por telefone, nos primeiros dias de internação, período em que ainda não podia receber ninguém, mas só quando o abracei pude ter a certeza que estava a salvo, inteiro, pronto de novo para a vida. Já havia retirado os pontos, a cicatriz maior, do lado esquerdo, estava exposta, mas a do direito ainda conservava um pequeno curativo. Apesar da voz rouca, por conta de ter sido entubado, e de estar inchado, efeito colateral dos medicamentos, sentia sua energia de volta, o que ficou bem claro, durante os mais de 40 minutos que durou o nosso papo à beira da piscina.

Forte emoção ao descrever como cortou o pescoço

De cara, falou da saudade imensa que sentia do filho: "Estou louco para ver o Kauan! Para poupá-lo de todos esses acontecimentos ruins, minha mãe disse para ele que estou ajudando meu pai no restaurante, em Búzios. Aquela foto dele que estava no meu bolso, no elevador, eu colei agora no teto do meu quarto aqui na clínica. Assim, todo dia quando acordo já vejo meu filho sorrindo pra mim. Ele salvou minha vida. Não vejo a hora de ouvir ele chamando: "Papai, papai...". Eu o chamo de "amigão", "mosquitão" e "meu príncipe", a gente não se larga. Monto lego com ele, levo pro McDonald's, vamos ao shopping para comprar presentinhos... Eu meio que estrago ele, porque sou aquele pai que faz quase todas as

Arquivo / Camera 5

"Demorou um pouco para eu recuperar a lucidez"

vontades, sabe? Mas é o que tenho de mais valioso nesse mundo!".

Muitas vezes emocionado, Rafa não esconde que os primeiros dias de internação ali foram extremamente difíceis: "Foi o maior surto da minha vida, então demorou um pouco para recuperar a lucidez. Voltei a ficar agressivo, quis fugir para a rua de novo, quase bati na minha mãe. Tinha delírios, via coisas, conversava com o Priuli, mas ele não estava comigo, era a enfermeira. Outras vezes, eu falava sozinho, alucinava mesmo. Mas isso foi só até os remédios fazerem efeito. Agora passou e já tenho a minha rotina."

Só que, diferentemente dos outros internos, não pode se exercitar para não forçar a região do pescoço, ainda fragilizada pelo corte: "Eu não ligo, prefiro tomar sol!". Seu dia começa às 8:00 da manhã, quando coordena o primeiro dos dois grupos de pacientes da clínica: "Faço os 12 Passos dos Narcóticos anônimos, onde cada um conta sua história, tem seu minuto para

Arquivo / Camera 5

"Voltei a ficar agressivo, tinha delírios, quis bater na minha mãe"

se abrir, relaxar, xingar, falar o que está sentindo. Funciona pra mim também, porque as histórias dos viciados não são diferentes, são sempre de sofrimento, perda e muita dor... Sei que se espelham em mim, porque quase fui pro saco e, então, entendem que podem estar sujeitos a isso em qualquer fase da vida. Tem gente aqui que diz que quer continuar usando droga – também tive essa fase na adolescência – aí eu respondo: "Amigão, então, você vai ter uma internação, duas, dez... Sei que usar droga é bom, se não fosse, ninguém se viciava, mas causa sérios danos... você pode ter demência, ficar com sequelas, enlouquecer e, se não morrer de overdose, pode matar alguém e acabar seus dias na cadeia! Sempre digo que o final do vício em drogas é clínica, cadeia ou caixão!".

Depois do grupo, é hora de cuidar da parte espiritual, almoçar e descansar à beira da piscina. Na sequência, atende outra turma de dependentes, toma banho, se reúne para o jantar e encerra o expediente às 20:30 h, após assistir ao telejornal na sala comum, já que os quartos não têm TV, para não atrapalhar o sono. Antes de se deitar, lê a Bíblia, manda um beijo para a foto do Kauan no teto e adormece, agora sem sobressaltos.

Aliás, resolveu manter sua tranquilidade a todo custo: "Por tudo o que eu passei, resolvi, sinceramente, dessa vez, me afastar das brigas entre Fabiana e minha mãe. Vou deixar os advogados cuidarem de tudo, não vou mais me desgastar com a guerra delas, não vou mais me meter, não vou mais ser o meio de campo das duas, porque quem mais sofre sou eu. Sofro com agressões dos dois lados. Pedi: "Por favor, me poupem! Eu não estou aguentando mais!", porém não adiantou nada. Então, daqui pra frente só o que importa sou eu, eu, eu e o meu filho. O juiz decide o que tem que decidir, elas resolvam o que tiverem de resolver sobre a guarda do Kauan. Sei que ele é louco por mim, não vou perder meu filho. A tempestade vai passar!".

"Melhor ficar broxa do que ficar louco!"

Durante a nossa entrevista, Rafael também se mostrou decidido a nunca mais abandonar o tratamento e revelou o verdadeiro motivo que o levou a abrir mão da medicação: "Deixei de lado porque também mexia com a minha parte sexual. Os antidepressivos podem provocar impotência. Mas entendi que não posso mais ficar brincando, que sem os remédios que me estabilizam, corro o risco de ter uma recaída nas drogas diante de qualquer problema que aconteça na minha vida. É melhor ficar broxa do que ficar louco. Tô começando

Arquivo / Camera 5
Uma conversa franca em que revelou todos os detalhes de seu drama

a me blindar para não desmontar novamente. Vou me agarrar ao Kauan e a Deus para isso nunca mais acontecer! Vou cuidar do meu lado espiritual, porque ele existe. Existe o Bem e existe o Mal. Percebi o quanto a coisa maligna é séria dentro daquele elevador. Na hora em que enfiei o caco de vidro no pescoço pela primeira vez e espirrou sangue para todo lado, senti uma força empurrando minha mão mais ainda, não me deixava parar, queria me destruir! Mas Deus tomou a frente e teve misericórdia da minha vida! Mais uma vez!".

No total, Rafa ficaria internado um mês e meio, passando depois a ser atendido, semanalmente, pelo Dr. Priuli, com terapia e remédios. O médico botou pressão: "Qualquer medicamento que eu deixar de tomar, me interna novamente! Agora é bola pra frente! Tudo o que eu mais quero é ser o pai do Kauan e voltar a trabalhar. Pode ser em clínicas, na TV, ou as duas coisas juntas!" Elias Abrão, o diretor do "A Tarde é Sua", da Rede TV!, que acompanhava a entrevista ao lado de Sylvia e do dr. Priuli, na hora o convidou para se integrar à equipe do programa. Margareth Abrão, a diretora administrativa da produtora Camera 5, que também ouviu a conversa, achou que a vida de Rafael daria um filme e eu, então, me propus a escrever sua biografia. Acordo fechado para janeiro de 2010. Ele deixou a clínica a tempo de passar o Natal em casa com a família. O Ano Novo lhe traria outras boas surpresas: a volta à televisão como repórter, um novo amor e o casamento nos Estados Unidos. Não sem antes um balanço de vida!

Rafael volta à TV

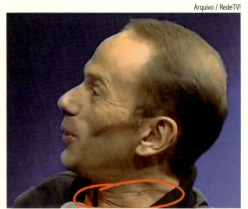

As marcas da tentativa de suicídio

Com os cortes e perfurações no pescoço já cicatrizados, Rafael Ilha iniciou uma nova fase profissional em 13 de janeiro de 2010, seu primeiro dia de trabalho na produtora Camera 5, onde integraria a equipe de produção e, tempos depois, surpreenderia como repórter, capaz de atuar nas mais diversas áreas, da policial à artística.

Essa experiência se juntou ao currículo como astro de publicidade, ator, cantor e apresentador : "Quando tudo parecia perdido na minha vida, tive essa oportunidade. De repente, virei repórter no programa "A Tarde é Sua". Só havia entrevistado Jânio Quadros, então prefeito de São Paulo, nos anos 80, quando eu tinha uns 10 anos de idade, para um especial de Dia da Criança, no SBT. Hoje, percebo que já era uma paixão antiga, porque sempre fui ligado em telejornais. Adorava o Cid Moreira, a Fabiana Scaranzi e o William Bonner. Sempre me fascinou essa coisa de poder informar, de até se emocionar ao fazer uma matéria. Pra mim, esse trabalho foi uma experiência única e especial."

Por ser um artista conhecido, nunca teve pedido de entrevista recusado. Até o "rei" Roberto Carlos, no velório de sua assessora Ivone Kassu, parou para responder a uma pergunta dele. Rafa também ganhou

As pedras do meu caminho

Arquivo / Camera 5

Rafa entrevista Roberto Carlos num momento muito difícil para o "rei"

o famoso "selinho" de Hebe Camargo, um abraço do polêmico José Luiz Datena, conseguiu boas revelações de Patrícia Abravanel sobre seu pai, Silvio Santos; deu show de humor e música com o cantor Leonardo, encarou uma conversa de alto nível com o jornalista Ricardo Boechat, entre centenas de outras reportagens, provando sua versatilidade durante os cinco anos em que exerceu essa função na TV.

Arquivo / RedeTV!

O selinho de Hebe Camargo: "Nunca vou esquecer!"

Mas, para ele, as coberturas mais marcantes passaram longe do mundo das celebridades, foram feitas no meio do povo: "Vi de perto o drama das vítimas dos desabamentos provocados pelas chuvas em São Paulo, os incêndios em favelas, cobri crimes, porém mais doloroso que tudo isso, foi levar ao ar mortes de crianças

Internet divulgação

por falta de assistência, algumas até recém-nascidas, ou por erros médicos e de enfermagem grosseiros, como injetar leite na veia de um bebê em vez de soro!"

Rafael também passaria a comandar seu próprio programa, desta vez, pela Internet, a partir de 29 de janeiro de 2015, na VaiTV. Ao vivo, das 22:30 à meia-noite, era um misto de entretenimento e jornalismo, que levou o nome de "Demorou" e marcou também a estreia de Aline Kezh Felgueira como apresentadora.

Dividido entre informar e cantar, optou por um refrão de Zeca Pagodinho: "Deixa a vida me levar/ vida leva eu... "

"Nunca amei Fabiana e a traí antes e durante o casamento"

Apesar de todas as declarações de amor feitas à sua mulher em programas de TV e entrevistas aos jornais e revistas, Rafael chegou à conclusão de que, na verdade, aquele sentimento tinha outro nome: carência. Depois do pesadelo de 2008/2009, ele tentou montar seu próprio quebra-cabeça sentimental e entender o que foram aqueles 8 anos e meio de casamento: "Hoje, posso dizer com certeza que nunca amei a Fabiana, mas sempre precisei de um relacionamento, sempre quis ter uma família. Só casei com ela porque ficou grávida! Eu era evangélico, tinha gravado um CD de louvor, não podia viver em pecado." Tanto que, antes da união, mas já com Fabiana esperando o bebê, Rafael teve caso com uma garota de programa: "Ela implorou para que eu não me casasse. No dia da cerimônia, ligou para o salão de beleza onde eu estava me preparando e deu um ultimato: se eu subisse ao altar, ela iria embora do Brasil. Eu disse que não podia voltar atrás e ela se mudou para a Espanha. Nunca mais nos vimos!".

Rafael não se arrependeu da decisão, porém pagou o preço: "Aos poucos, foi surgindo a insatisfação familiar, emocional e sexual com Fabiana. Até tivemos nossos bons momentos, nunca pensei em separação por causa do meu filho, ia levando aquela rotina, sem querer ver que não dava mais. Assim, depois de uns quatro anos, me apaixonei por outra mulher."

"Foram 8 meses de romance com a Andréa Martins que, inclusive, posou nua para a revista Sexy. A gente só terminou porque ela me deu o xeque-mate para que me separasse. Eu não podia fazer isso, o Kauan estava em primeiro lugar! Manter minha família unida era o principal para mim! Apesar de tudo, sempre fui um bom marido."

Por isso, quando Fabiana decretou o final do casamento e o afastou do filho, em meio a todos os dramas que ele estava vivendo, foi um choque: "Fiquei descrente do ser humano, decepcionado com as mulheres. Não tive ninguém depois da separação. Isso durou mais de um ano, até o dia em que conheci Juliana!".

O casamento em Las Vegas

Rafael se apaixonou por essa garota, sobrinha de seu psiquiatra, o dr. Priuli, e que trabalhava como secretária na clínica do tio, onde se envolveram durante o tempo em que ficou internado. Começaram a namorar em 19 de dezembro de 2009, dia em que teve alta da Novo Rumo. Em 2011, passaram a morar juntos e em abril de 2012, casaram-se em Las Vegas e foram curtir a lua-de-mel em Nova York: "Eu acreditei que podia dar certo, mesmo sabendo que ela era uma "patricinha". Achava que Juliana poderia mudar, mas isso não aconteceu! Foi uma incompatibilidade total no casamento, que acabou em poucos meses. Não sobrou nada, nem boas recordações!". Ainda não seria desta vez, que Rafa iria realizar o sonho de ficar velhinho ao lado da mulher da sua vida. Só não sabia que uma loira linda cruzaria seu caminho de modo virtual, que o destino traria para ele um amor pela internet.

Arquivo pessoal
Juliana e Rafael: a tradicional foto com "Elvis Presley" abençoando os noivos

31 — UM AMOR PELA INTERNET

Aquela loira bonita, de olhos azuis, andando sozinha pela praça de alimentação do shopping Pátio Paulista, chamou a atenção de Rafael, que estava por lá para arejar a cabeça. Naquela tarde de primavera de 2010, não resistiu e se aproximou: "Consegui puxar conversa. Papo vai, papo vem, ela me reconheceu. Foram só uns minutinhos, o suficiente para descobrir que era casada! Depois disso, nunca mais nos vimos. Só voltei a reencontrá-la, depois do final do meu casamento, através do Facebook, e ficamos amigos."

Pela rede social, ele foi contando seus problemas e Aline revelando suas crises no relacionamento, que ia de mal a pior. Viraram confidentes, até o dia em que, se sentindo depressivo, Rafael teve a infeliz ideia de postar que estava em busca de uma namorada, que desejava encontrar um amor pela internet.

O post de Rafael procurando um amor no Facebook, que deixou Aline indignada

A reação dela foi fulminante: "Quando li aquela mensagem, achei ridículo e detonei. Nunca me deslumbrei com gente famosa e ele percebeu que eu era assim. Então, falei pra ele: "Você não precisa disso, só está se oferecendo para aparecer, tem outras formas de se encontrar alguém." Deixei claro que aquele post não tinha sido legal, que muita gente ia querer ficar com ele só porque era artista e aí dei um gelo nele!".

"Na primeira noite já formamos uma família", diz Aline sobre Rafa e Kauan

Qualquer pessoa menos envolvida perceberia que essa reação era um ataque de ciúme, mas nenhum dos dois se tocou disso. Rafa estava carente e cada vez mais romântico, sua trilha sonora no Face era "Sensível Demais", sucesso de Chrystian e Ralf. Aline enfrentava sérios problemas conjugais, tanto que no final de 2012, já estava decidida a acabar com sua união. A essa altura, já tinha tirado Rafael do "freezer" e as conversas pelo computador atravessavam as madrugadas. Não deu outra: em 28 de dezembro daquele ano explodiram em declarações apaixonadas. O primeiro encontro foi marcado, exatamente dois anos depois de terem se conhecido no shopping. Até hoje não esquecem a data: "Era 2 de janeiro de 2013. A gente se apaixonou definitivamente nesse dia. Aí me separei e saí de casa!", conta ela.

O problema é que não conseguiam mais ficar longe um do outro. Em 5 de janeiro, Aline se mudou para a casa da mãe, mas largou as malas lá, tomou um táxi e foi para o apartamento de Rafael.

Muito apaixonado, não queria mais que sua "loira" fosse embora: "Eu também queria ficar... Lembro que o Kauan estava com ele e nos demos muito bem. Tem pessoas que não conseguem conviver com filhos de outros casamentos, mas comigo foi tranquilo. Naquela noite mesmo, a gente já parecia uma família!".

Eles passam juntos quase 24 horas por dia: "A nossa convivência é intensa, muitas vezes ela me acompanha até nas reportagens. Aonde um vai, o outro vai junto. Somos muito companheiros, adoramos conversar.", revela Rafa.

Um casal unido vinte e quatro horas por dia

Para Aline, as semelhanças são maiores que as diferenças: "Costumo dizer que eu sou o "Rafael de saias". Somos muito parecidos. Acho que a maior diferença é que sou uma boa "atriz", me controlo mais na frente das pessoas. Ele não, é 8 ou 80, muito impulsivo e explosivo, mas muito autêntico. Não tem nada de político! Também já fui assim, por isso entendo ele. Só que eu tive que aprender na marra a me controlar, porque fui casada com alguém que me fez sofrer demais. Hoje, eu começo a raciocinar, penso no que vou fazer e não no que vou falar. Aprendi que o que vale é a atitude. Nas nossas discussões, que não são muitas, o Rafa fala mais do eu, mas não gosta de conflito. Quando a coisa esquenta, ele sempre diz: "Depois a gente conversa!".

Ele é sensível, romântico, tem alma de artista, como todo nativo do signo de Peixes e isso a surpreendeu na convivência: "Eu não estava acostumada a ter alguém tão carinhoso assim do meu lado". Rafa capricha nos mimos: "Se escuto uma música que me lembra ela, gravo cantando e já envio na hora!". Mas, como toda capricorniana, é difícil para Aline tirar os pés da terra: "Sou eu quem puxa o Rafael para a realidade. Por outro lado, esse jeito amoroso dele é que faz com que eu me solte um pouco, há momentos que embarco na sua fantasia!".

O casal adora cozinhar, curte as mesmas músicas, pensa do mesmo jeito, combina até nas horas de sono e está sempre pronto para arrumar as malas e viajar. Nesse embalo, em julho de 2014, Rafa e Aline foram para Foz do Iguaçu, onde pela primeira vez, em dois anos, dormiriam separados. Ela numa penitenciária feminina e ele num presídio de segurança máxima!

32 — O AMOR RESISTIRIA À ACUSAÇÃO DE TRÁFICO DE ARMAS?

A fachada do hotel e as imagens do circuito de segurança que mostram a chegada do casal e Rafael pagando a hospedagem na recepção

As câmeras do circuito de segurança do hotel Alvorada registraram o momento em que um carro Jetta preto, ano 2014, de São Paulo, ocupou uma das vagas do estacionamento por volta de 15:00 h de sexta, 18 de julho de 2014. Rafa e Aline desceram com as mochilas, estavam exaustos da viagem de dezesseis horas até Foz do Iguaçu, mas cheios de planos para o fim-de-semana. A ideia inicial era descansar um pouco, comer alguma coisa e sair para umas comprinhas básicas, depois ir ao caixa eletrônico, dar um giro pela cidade e voltar ao hotel para planejar os roteiros turísticos que iriam fazer no dia seguinte. Às 10:00 da manhã de sábado, já haviam tomado o café e, animados, seguiram para Ciudad Del Este, cruzando a Ponte da Amizade, o mesmo caminho onde, dois dias depois, seriam presos em flagrante sob a pesada acusação de tráfico internacional de armas.

A Ponte da Amizade, onde o passeio terminaria na cadeia

Já no Paraguai, como sempre acontece com os turistas, foram cercados por inúmeros "vendedores" que ofereciam de cocaína e maconha a preservativo com música, de anabolizante a fuzil, de rifle e pistola a munição e viagra. Depois de driblarem todos eles, passaram em frente a uma lojinha, onde Rafa parou, como que hipnotizado, e disse: "Nossa, amor, olha que linda!".
Estava ali, diante de Aline, uma espingarda calibre 12, motivo de toda a admiração de seu marido: "Ele ficou babando pela arma"
Rafa explica: "Eu adorei, adorei mesmo. Gosto de armas, mas não compro porque já tive problema com isso em 2007."
O passeio incluía também a escolha de mercadorias para o quiosque de miudezas que Aline abriria em um shopping na av. Santa Catarina, perto da casa deles, em São Paulo. Assim, gastaram um bom tempo em compras, inclusive de muitos perfumes, meias, bijuterias e até cobertores. Antes de retornar ao Brasil, porém, Rafa não resistiu: "Ah, deixa eu dar mais uma olhada naquela espingarda!". Em frente à vitrine novamente, apreciou-a por mais uns minutinhos, "despediu-se" da arma e foi embora. O casal ainda tinha muito o que aproveitar em Foz do Iguaçu. A noite de sábado foi longa, com direito a jantar romântico e balada sertaneja, que rolou até às 2:00 h da madrugada. Como nada abre na cidade aos domingos, o jeito foi passar o dia seguinte descansando no hotel. Era a véspera de um pesadelo!
Eles arrumavam as malas na segunda-feira de manhã, quando acharam que daria tempo de voltar ao Paraguai para comprar alguns "cobertrons" – mistura de cobertor com edredom – para presentear a mãe de Aline e amigos. Uma hora depois, já estavam por lá: "Como era inverno, também compramos "luvas" para os pés, agasalhos e um monte de lembrancinhas. Passamos por muitas lojas e Aline acabou sentindo fome. Para não atrasar a viagem de volta a São Paulo e como a comida paraguaia não é boa, achei melhor ir buscar um lanche pra ela, porque seria mais rápido do que procurar um bom restaurante para almoçarmos. Nós já estávamos quase na Ponte da Amizade pra voltar à Foz!".
Enquanto sua mulher ficou tomando conta das sacolas, próximo ao famoso shopping Mina Índia, ele foi até uma lanchonete a uns 700 metros dali. Entre ir e voltar a pé com o sanduíche, levou meia hora, tempo suficiente para que Aline fizesse uma compra muito especial: a espingarda calibre

As pedras do meu caminho

12. Um gesto de amor que virou caso de polícia! "Eu só quis fazer uma surpresa, afinal Rafa havia se apaixonado pela arma. Tinha certeza que ficaria super feliz. Nunca imaginei que estivesse cometendo um crime!", justifica.

Rafa percebeu que sua "loira" estava alegre e ansiosa quando a encontrou: "Foi logo me dizendo: "Amor, comprei um presente pra você!". Juro que eu pensei que fosse um par de tênis. Aí, ela me mostrou o que era e eu gelei na hora!".

Em vez de emocionado, Aline viu Rafa perguntar apavorado: "Você é maluca?". E tentou explicar: "Não, o cara falou que tudo bem eu comprar a arma, que dá pra legalizar no Brasil, me disse que tem despachantes lá em Foz que fazem isso!". Mas não convenceu o marido, ainda mais nervoso: "Amor, não é assim! Você não ouviu os paraguaios? Não viu que aqui eles vendem de tudo, legal e ilegal também? Cadê o cara? Vamos lá na loja pra devolver isso aí! Eu sei que custa 2.500,00. Então, a gente fala pra ele ficar com 500 e devolver 2000,00 e já era! Senão, essa história vai dar encrenca!"

Aline rebateu: "Não, o cara falou sério, explicou que não é arma restrita, é uma espingarda de caça!". O que era pra ser um momento romântico se transformou em briga: "Que sério? Aqui não tem nada sério! Aqui o negócio é sem lei.", respondeu alterado. Decepcionada e magoada com a reação dele, não se deu por vencida: "O vendedor garantiu que a gente pode regularizar. Comprei, vou levar!".

Reprodução de internet / Rede Record

Moto-táxis passando pela alfândega da Ponte da Amizade

Para não continuar discutindo na rua, ele parou duas moto-táxis, subiu na primeira, com todas as compras, e avisou : "Eu não vou levar isso, não vou!". A resposta foi de pura teimosia: "Eu levo!". Abraçada ao pacote da arma, desmontada em duas peças, e sem saber que ali estava incluída uma caixa de munição com 50 balas, Aline entrou na moto de trás.

A travessia da Ponte da Amizade terminaria na delegacia. Rafael logo viu vários caminhões, carretas e ônibus em fila para passar pelo scanner gigante da Polícia Federal, que detecta tudo: "Olhaí, Aline! Vai dar merda! Solta isso... joga aí e vamos embora!". O apelo foi ignorado. Certo de que era uma situação de risco, desceu do veículo e radicalizou : "Deixei todas as nossas sacolas no chão, ali na cara de todo mundo, fui até ela, peguei o embrulho e joguei fora. Ainda disse: "Esquece isso aí, deixa isso

Reprodução de internet / Rede Record

O acesso a pedestres que Aline seguiu até a alfândega

aí!". Mas, quando retornava para a moto, olhou para trás e flagrou Aline pegando o "presente" de volta. Deu o grito:

"Já que você quer ficar com isso, pega e some daqui. Olha o acesso de pedestres, tá perto, vai embora por lá!".

Rafa seguiu em frente rapidamente mas, depois de uns três metros, foi parado por um policial federal para revista: "Ele abriu as sacolas, examinou a mochila, revirou todas as minhas coisas. Não encontrou absolutamente nada de errado e me liberou!".

Preocupado, a primeira coisa que fez, antes de voltar para a moto, foi procurar sua mulher: "Eu olhava, olhava e não achava. Fui andando pelo corredor de pedestres até que a encontrei. Estava há uns 30 metros de mim, em frente à cabine da Receita Federal, ainda abraçada com o pacote. Não deu nem tempo de respirar aliviado, porque vi um agente da Polícia Federal se aproximando dela. Aline arregalou os olhos na minha direção e eu só consegui balançar a cabeça negativamente, querendo dizer 'agora, fudeu!'. Aí meus pensamentos começaram a cair dentro da minha cabeça, tipo moeda em máquina de caça-níquel... plim... plim... plim: minha mulher vai ser presa/ não vou deixar ela aqui/, eu vou ser preso/ meu Deus, meu filho/minha família/ a família da Aline... Pensei em tudo enquanto corria até ela!".

Reprodução de internet / Rede Record

A sede da Polícia Federal em Foz do Iguaçu, onde Rafael e Aline ficaram detidos

Quando chegou junto de Aline, uma agente o encarou: "Quem é você?". Rafa não titubeou: "Sou o marido dela." E ouviu a explicação: "Ela está sofrendo uma abordagem. Vamos fazer uma revista para saber o que tem aí nesse embrulho!". No ato, ele respondeu: "Tem uma espingarda calibre 12." Imediatamente, a policial o encostou na parede e botou as algemas. Em seguida, fez a mesma coisa com Aline. Os dois foram levados para a base da Polícia Federal ali na Ponte da Amizade e de lá colocados numa viatura rumo à sede do Departamento em Foz do Iguaçu. Ele já havia sido reconhecido e a notícia da prisão estourou na imprensa. Mais uma vez...

Durante quatro horas – das 16:00 às 20:00 - o casal esperou para prestar depoimento. Ainda algemados e, lado a lado, pediam para ligar para o advogado dr. José Beraldo, o que demorou muito a ser permitido: "Quando me deixaram usar o celular só pude falar 2 minutos e ela 1 minuto e meio, ao invés dos 5 minutos cada um como era o nosso direito."

A PF expõe para a imprensa a espingarda e munição apreendidas

Aline foi a primeira a ser chamada a depor, mas Rafael ouviu tudo do lado de fora, enquanto esperava a sua vez: "Dava para acompanhar o que ela falava, porque estava a apenas dois metros de mim, atrás de uma divisória. Por isso, percebi que tinha ficado nervosa, quando disse em voz alta: "Não, eu não vou assinar isso!".

Rafa levou um susto e perguntou: "Algum problema aí?". Ela respondeu quase num grito: "O delegado quer que eu assine um negócio que não falei!". O episódio de sua prisão no caso do 1 real, quando escreveu seu nome em uma acusação de assalto sem saber, veio à lembrança e disse: "Então, não assina!".

Para acabar com a discussão, o delegado abriu a porta e pediu a Rafael que lesse o documento: "Fiquei abismado, porque estava escrito que, no momento do flagrante, a posse da arma era minha, que a espingarda estava comigo!".

Isso deixou Aline indignada, como ela explica: "Eu falei que não era verdade, que naquele momento eu estava com a arma, que meu marido chegou depois, tinha ido me encontrar a pé! Aí, ele mudou o texto e colocou assim: "a posse da arma estava com Rafael e Aline". De novo não concordei e disse: "Veja bem, a arma é uma só, como pode estar com duas pessoas ao mesmo tempo e em motos distintas?".

A reação do delegado foi de intimidar: "Ele bateu na mesa, gritou comigo. Eu disse que, então, só ia responder em juízo porque estava me induzindo a assinar o que não era correto, não era verídico. Como continuava insistindo, peguei a caneta e fiz um X bem grande na parte do texto que estava errada e grifei o que eu concordava. Só assinaria se fosse daquele jeito. Mas virou uma fera, jogou a caneta no chão dizendo que eu não podia alterar nem rasurar o documento e começou a fazer pressão psicológica. Ele garantiu que a gente iria mofar na cadeia, que nossa acusação era de tráfico internacional de armas, que eu iria pegar 8 anos e o Rafa também, que nosso casamento estava acabado, porque ficaríamos trancados e nunca mais a gente iria se ver."

O delegado, em seguida, fez de Rafael o seu alvo: "Pô, seja homem! Bate no peito e fala que é seu!". O bate-boca recomeçou: "Seja homem você! Poderia ser meu sim, porque eu já tinha ganho de presente. Agora, seja homem você de bater no peito e vir pra cima de mim na pressão psicológica, não pra cima da minha mulher, que nunca pisou numa delegacia. Você está gritando, jogando as coisas no chão. Uma autoridade, um policial federal perdendo a linha?". Na verdade, ele ficou alterado com toda aquela situação.!"

Mesmo assim, Rafa continuou: "Olha, doutor, ela pode até assinar sob toda essa pressão que o senhor tá fazendo. Só não se esqueça que eu não sou mais o dependente de crack de 20 anos atrás. Eu trabalho, sou pai, sou marido, sou filho, sou neto, arco com todas essas responsabilidades. O senhor é inteligente, eu também sou, mas tem que ter respeito. Não está mais falando com o cara que estava drogado, com um irresponsável; está falando comigo em sã consciência. E outra coisa: eu sou repórter. Ela pode até assinar, que eu vou pedir para o meu advogado puxar as imagens das 30 câmeras daquela ponte... só se o senhor fizer as imagens sumir... senão a verdade aparece."

Rafael olhou para os dois agentes que haviam feito a prisão e perguntou: "Vocês vão mentir? A senhora vai mentir sobre a abordagem? O senhor vai mentir que me revistou e não encontrou nada?. Ela deu risada, tipo "o que meu chefe mandar eu faço", mas ele não. De qualquer forma, não gostei daquelas reações!".

Depois da discussão, chegou a vez de Rafa prestar depoimento, mas resolveu abreviar a situação: "Eu vou permanecer calado. Para evitar adulteração, só vou falar em juízo." Isso aliviou a tensão, porque todos já estavam muito cansados. O delegado levantou-se, tirou o colete e abraçou Rafael: "Mais calmo e sorridente, até tirou uma foto comigo e disse: "Eu já fiz apreensões muito piores que essa. Não deu em nada. Aline vai pagar fiança e vai embora." Surpreso com tanta gentileza, ele se atreveu a perguntar: "Por que, então, o senhor pegou tão pesado com ela?". A resposta foi curta: "Faz parte!".

Passaram aquela noite de 21 de julho na delegacia, onde só havia 3 celas. Aline ficou sozinha na primeira e Rafa dividiu a última com um contrabandista. Falavam-se à distância, sem poderem se ver. Mas ouvir a voz um do outro trazia uma certeza: a de que o amor não tem grades.

Rafa é levado escondido para o presídio

Na manhã seguinte, Aline esperava ser encaminhada às 9:30 h para a Cadeia Pública, enquanto Rafael seria transferido à tarde para a Penitenciária Estadual de Foz do Iguaçu 1 (PEF1), entre 16:00 e 17:00 h. Mas, quando acordou, estranhamente, não ouviu mais a voz do marido na cela. Ele já havia sido levado às escondidas, às 7:30 h, para a outra prisão: "Não entendi nada! Fui retirado da cela, algemado e colocado na viatura. Perguntei o que estava acontecendo e um dos policiais me disse que a ordem era evitar o assédio da imprensa e não permitir que eu desse entrevistas!"

Ele também não entendeu porque o delegado, em vez de transferi-lo para a cadeia pública, preferiu um presídio de segurança máxima: "Lá o regime é RDD – regime disciplinar diferenciado – o mesmo de Fernandinho Beira-Mar, Marcola e outros chefões do crime, até com marca-passo no tornozelo.".

Rafael chega à penitenciária em meio a uma rebelião

Se já estava surpreso e indignado, ainda teria que enfrentar coisa pior na sua chegada: uma rebelião, com vários agentes e detentos feitos reféns, transmitida ao vivo pelas emissoras de TV. Ele tinha acabado de passar pela Admissão do presídio, onde rasparam sua cabeça, lhe deram um uniforme, e o encaminhavam para a Galeria C, área da Triagem, ao lado de mais dois presos, quando, a 5 metros da entrada, ouviram gritos através do rádio do agente penitenciário que os acompanhava. Rafael foi o primeiro a entender a situação e deu o alerta: "A cadeia está virando!", expressão que significa motim. Em pouco tempo, o presídio estava cercado por viaturas policiais, de resgate, de imprensa, fora familiares dos prisioneiros que chegavam desesperados em busca de notícias. Como os repórteres sabiam que Rafael já se encontrava lá, cogitaram a possibilidade de ele também ser pego como refém para dar visibilidade à revolta.

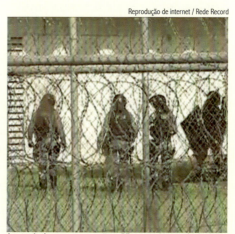

A tropa de choque entra em ação na PF1 para colocar um fim à rebelião

Aline, que continuava presa na delegacia – de onde só seria transferida no final da tarde – entrou em pânico ao saber de tudo, temendo pela vida do marido. Rafael, ao contrário, não ficou apavorado: "Dava pra ver que a coisa era muito séria, mas nós escapamos por minutos. Se tivéssemos entrado na galeria, estaríamos perdidos. Juro que não sei o que seria capaz de aprontar no meio daquela rebelião, porque eu já estava prestes a explodir mesmo. Foi a mão de Deus que me segurou!".

Entre a chegada da tropa de choque para conter a rebelião até as autoridades conseguirem negociar o final daquela situação, Rafa e seus dois "colegas" permaneceram em pé e algemados por mais de seis horas: "Quando, finalmente, entramos na cela, já era noite!".

Aline: o choque e o choro na prisão

Arquivo / Camera 5

Ao cruzar os portões da Cadeia Pública de Foz do Iguaçu, Aline sentia-se como um zumbi. A cabeça não pensava, os passos eram automáticos, obedecia às ordens, mas era como se não estivesse ali. Respondia às perguntas sem ouvir a própria voz. Não cabia naquela realidade, nada a ver com a camiseta branca, calça cinza e o jaleco laranja que começava a vestir lentamente. A garota formada em Comércio Exterior, fluente em inglês, que morou em West Haven, no estado americano de Connecticut, viajou o mundo chegando até à China e, aos 23 anos, já era dona de três empresas, via-se agora entrando em uma cela com sete mulheres desconhecidas, paraguaias e brasileiras, acusadas de contrabando de cigarros a tráfico de drogas. Sem Rafael e sem comunicação com o mundo lá fora, entrou em choque: " Foram os piores dias da minha vida. Eu tinha uma crise de choro atrás da outra. Nunca imaginei que uma coisa dessas pudesse acontecer comigo. Nunca tinha pisado em uma prisão em toda a minha vida. Na triagem, onde eu fiquei, tinha um lugar chamado "seguro", onde estavam estupradores e assassinos. Uma realidade muito pesada!".

Com direito a cela especial, por ter diploma universitário, ela abriu mão do privilégio por amor: "Ali não havia esse tipo de acomodação, teriam que me transferir para uma penitenciária de Curitiba. Não aceitei porque ficaria muito longe do Rafa. Em Foz, pelo menos, nossas cadeias eram vizinhas!". Aline sentiu o peso da sua decisão de permanecer como prisioneira comum: "Tive que pegar um colchão nojento e malcheiroso – que chamam de jega – e um cobertor que não esquentava a gente naquelas noites de inverno. Eu passei muito frio. Além disso, não tinha nem direito direito a um travesseiro. Me deram pasta e escova de dentes, além de um G2, aquele aparelho de barbear com lâminas, que as detentas usam para depilação. Achei estranho, porque aquilo poderia facilmente se transformar numa arma, né? Também recebi um rolo de papel higiênico, que deveria durar dez dias!".

Na Triagem, onde se encontrava, não é permitido banho de sol, o que só acontece após um mês, quando são transferidas para as celas oficiais. Aline e sua companheiras ficavam trancadas 24 horas por dia: "Acordávamos às 5:00 h da manhã para a contagem das presas, que é um controle deles para evitar fugas. Depois, serviam o café da manhã, que vinha naquelas garrafas plásticas de refrigerante e era horrível, tipo uma água morna com leite. Aí jogavam um saco com pães – às vezes com manteiga, outras sem nada – e cada uma pegava o seu. Às 11:30, também na cela, serviam o almoço, com arroz, feijão, polenta e mortadela frita. Nos três primeiros dias, eu não conseguia comer nada! Banho só à tarde e não podia durar mais que cinco minutos. Mas ninguém avisava a gente, tínhamos que ficar de olho numa luz vermelha. Quando acendia, era hora de entrar no chuveiro. Se ninguém visse, ninguém tomava banho! Para ter um pouco de privacidade, colocávamos um lençol cobrindo o "box". Para usar o vaso, era a mesma coisa!".

O jantar, terceira e última refeição do dia, começava às 18:00 h. Normalmente, sentiam fome mais tarde e aí vinha o truque: "Tinham pacotinhos de Miojo que ganhavam dos familiares e preparavam às escondidas. Era simples: adaptavam uma resistência do chuveiro na lâmpada da cela e, assim, ferviam a água para o macarrão. Ficava bom e dava para enganar o estômago!".

Graças a uma TV que havia na cela em frente, Aline pode acompanhar as notícias sobre seu caso: "Elas me avisavam de tudo, inclusive sobre o Rafa, que era minha maior preocupação. Quando a gente ainda estava na delegacia, eu percebia o seu desespero por me ver algemada, mas ele fazia de tudo para não demonstrar.". Muito angustiada por não saber o que iria acontecer com eles nas próximas horas, pediu um Código Penal para ler: "Eu queria ter uma noção do que era, de fato, essa acusação de tráfico internacional de armas, precisava saber o que nos aguardava. Mas aí me disseram que não tinham o livro e, então, comecei a rezar para que um advogado aparecesse e tirasse logo a gente da prisão!".

O dr. William Amanajás, da equipe de advogados do dr. José Beraldo – que assumiu a defesa do casal – desembarcou em Foz do Iguaçu na quarta-feira, dia 23 de julho. A pedido de Rafael, primeiro foi ver Aline para tranquilizá-la. Na ala de visitas, conversando com ela por interfone, pediu que encostasse a mão no vidro blindado que os separava. Em seguida, o advogado colou a própria mão à dela e prometeu: "Pode ter certeza que eu vou tirar você daqui!'.

No dia seguinte, quinta-feira, 24 de julho, encaminhou à Justiça pedido de liberdade provisória para o casal e declarou à imprensa: "O documento já está nas mãos do juiz. Estou confiante que conseguiremos a soltura deles."

O Dr. Amanajás estava certo, mas a decisão poderia demorar até cinco dias. Um prazo com cara de eternidade!

Rafa: banho gelado e trancado no escuro

Uma bolha gigante envidraçada – central dos agentes penitenciários – permitia ampla visão das galerias A, B e C, onde ficavam as celas, com portas que eram abertas e fechadas eletronicamente. As ordens vinham através de microfones, quase nenhum contato visual, mas um rígido controle 24 horas por dia. Todo esse sofisticado esquema de segurança tornava ainda mais dura a rotina dos detentos na Penitenciária Estadual 1. Rafael sentiu isso na pele ao tomar seu primeiro banho gelado, às 7:30 h de uma manhã de inverno em que a temperatura, em Foz do Iguaçu, era de 2 graus abaixo de zero: "Parecia que minha alma ia sair do corpo!", relembra.

Reprodução de Internet

A cadeia em que Aline estava e Rafael conseguia avistar de sua cela

Numa cela com mais cinco, o regime era pesado: "Nós ficávamos na tranca o tempo inteiro, não tínhamos direito nem a um minuto de banho de sol, porque ainda estávamos no setor da Triagem. Só os presos que já se encontravam no convívio, como dizem, podiam andar na quadra por 30 minutos. Para piorar, não havia luz na cela. Por volta das cinco da tarde já começava a anoitecer e a sensação de estar fechado, no escuro, era horrível!".

Rafael sempre foi hiperativo e para não surtar apelava para a ginástica: "Eu fazia muitas flexões e, como não tinha espaço, corria quilômetros sem sair do lugar, como se estivesse numa esteira.". Naquele setor, os presos também ficavam incomunicáveis. Sem poder falar com Aline, seu estresse ia aumentando: "Não parava de pensar nela. Embora eu nunca tivesse ficado numa cadeia como aquela, já tinha experiência com prisão. Mas ela não, nunca tinha nem passado na porta. Devia estar sofrendo muito e tudo o que eu queria era tirar minha mulher de lá!".

Só a janela de vidro blindado que havia na cela o acalmava: "Ficava um tempão olhando lá para fora, vendo a natureza, todo aquele verde. Isso diminuía um pouco a minha ansiedade!". Mas havia um detalhe muito importante nessa paisagem: "Eu podia ver o presídio onde a Aline estava. A sensação de proximidade aliviava a tensão! Eu conversava com ela em pensamento!".

Do outro lado da rua, em frente à penitenciária, o repórter Bruno Tálamo e uma equipe do programa A Tarde é Sua, da Rede TV!, davam plantão dia e noite, como uma espécie de garantia à segurança de Rafael. Enquanto isso, Dr. Beraldo e dr. William lutavam contra a burocracia para acelerar a libertação do casal e os programas de TV mostravam imagens do ex-Polegar, faziam debates e retrospectiva de sua carreira, um histórico do sucesso, vício, internações e prisões.

Até os familiares foram cercados pela imprensa. Kauan fez um apelo no Facebook: "Não julguem meu pai!". Sylvia, mãe de Rafa, falou do seu espanto ao saber do caso: "Recebi a notícia como qualquer outra mãe, com um susto muito grande. Meu filho está limpo das drogas há cinco anos, com emprego fixo, cuidando do filho e morando com a Aline. Não esperava uma coisa dessas!".

Em contato direto com Samira Kezh, mão de Aline, Sylvia revelou: "Ela levou um choque também, a filha nunca esteve envolvida com essas coisas. Está muito preocupada com a saúde de Aline, já que sofre de hipotireoidismo e não tem tomado os remédios na prisão. Apesar de tudo, estamos confiantes na inocência deles!".

Samira, inclusive, usou

Ego

Mãe de Rafael Ilha diz que levou susto com prisão: 'Estava limpo há 5 anos'

Sylvia Vieira contou ao EGO que está em contato o tempo todo com a mãe de Aline, mulher do ex-polegar, e que está confiante na inocência do filho.

Eliane Santos do EGO, no Rio

32 comentários — Tweet 9 — Recomendar 58

as redes sociais para falar da filha e do genro. Através do Facebook declarou: "São duas crianças, vivem brincando, estavam muito felizes... ", e postou uma foto do casal sorridente frente a um bolo de aniversário. Sem poderem falar com os filhos, fechados em regime de isolamento, a essas duas mães só restava aguardar o passo lento da Justiça, não fosse uma inesperada aparição de Aline no vídeo.

Aline dá entrevista na cadeia: "Somos inocentes!"

Naquela mesma TV da cela em frente, por onde acompanhava as notícias de sua prisão, Aline foi assistida por todas as detentas ao dar uma entrevista exclusiva ao A Tarde é Sua, da Rede TV!, sob a vigilância da direção do presídio.

Abatida, usando o uniforme do local, mas sem se preocupar em medir as palavras, contou que também estava assustada: "Uma menina passou mal dentro da minha cela e, em vez de chamarem um médico, ficaram rezando em volta dela. Aqui é um lugar frio, sujo, fedido e a comida é precária.", denunciou. Em outro trecho da conversa, a indignação cedeu espaço à preocupação com a família e mandou um recado para os pais: "Desculpa, mãe! Desculpa, pai!. Saudades. Vai dar tudo certo. Confio no trabalho dos nossos advogados. Eu nunca fui presa!. Eles vão me tirar daqui!". O repórter Bruno Tálamo, então, se despediu com a pergunta que o público estava esperando: "Você e o Rafael são inocentes?". Aí veio a resposta que todos queriam ouvir: "Sim, nós somos inocentes e seremos colocados em liberdade!". Samira e Sylvia respiraram aliviadas.

Aline, acompanhada do advogado William Amanajás, fala com exclusividade ao repórter Bruno Tálamo, para o A Tarde é Sua, na Rede TV!.

Fianças de 55 mil e Rafael no hospital

No final da tarde de sexta-feira, dia 25, o juiz Pedro Carvalho Aguirre Filho, da 3ª Vara Criminal de Foz do Iguaçu, deferiu o pedido de liberdade provisória de Rafael Ilha e sua mulher, Aline Kezh Felgueira, mediante pagamento de fiança. O valor foi fixado em 40 mil reais para ele e 15 mil para ela, por ser ré primária. A partir daí, começou a batalha para levantar o dinheiro, o que, um dia depois, ainda não havia ocorrido. Eles continuavam presos e essa sobrecarga emocional acabou por levá-lo ao hospital no sábado à noite, dia 26, onde deu entrada "bastante estressado, bastante agitado e inconformado com a prisão", segundo um dos policiais que o acompanhou na internação. Com suspeita de um princípio de convulsão e fortes dores no peito, o que poderia sinalizar um infarto, foi submetido aos exames de praxe. O eletrocardiograma mostrou que o coração estava bem, os sintomas eram, na verdade, os de uma crise aguda de angústia. Ele também se queixava de desconforto abdominal, o que teve diagnóstico rápido: o esforço provocado pela tosse, que contraiu com os banhos gelados na prisão, havia mexido com uma hérnia antiga. Depois de medicado, continuou algumas horas em observação e foi liberado para voltar à prisão, contrariando o pedido de seus advogados que tentaram junto à Justiça a sua permanência no hospital até que a fiança fosse paga.

Elias Abrão após soltura de Rafael Ilha: 'Ficou desesperado pela mulher'

Segundo o irmão de Sônia Abrão, o repórter e Aline Kezh estão bem e devem chegar a São Paulo por volta das 13h.

Priscila Bessa
do EGO, no Rio

Elias Abrão, irmão da apresentadora Sônia Abrão, conversou com o EGO na manhã desta quarta-feira, 30, e falou sobre a **soltura de Rafael Ilha e sua mulher, Aline Kezh, que aconteceu na noite de terça-feira, 29**. "Eles estão bem, vêm hoje mesmo para São Paulo de Foz do Iguaçú", contou Elias.

De acordo com ele, Rafael irá direto para a produtora Câmera 5 onde gravará o programa "A tarde é sua" com Sônia Abrão contando sobre o caso.

No domingo, Elias Abrão, dono da produtora Câmera Cinco, responsável pelo A Tarde é Sua, da Rede TV!, no qual Rafael trabalhava, decidiu arcar com a fiança: "Os advogados falaram com os familiares, mas eles não tinham condições de pagar, precisariam vender muita coisa para obter o dinheiro, e até conseguirem isso, Rafael e Aline ficariam muito tempo presos. Aí, resolvi antecipar os 55 mil reais. Ele se mete em enrascadas, mas é gente boa e não está mais envolvido com drogas. Vamos puxar a orelha dele e vai continuar trabalhando, senão não vai ter como me pagar", brincou.

A Justiça Federal ainda não havia emitido o alvará de soltura, na segunda-feira, dia 28, à espera da confirmação do depósito da fiança, que seria feito em São Paulo. Mesmo assim, equipes do Instituto Médico de Foz do Iguaçu foram colher as impressões digitais de Rafael e Aline, além de pegar os dados para o registro estadual de detentos. Os repórteres já se aglomeravam em frente à penitenciária, na expectativa do ex-polegar sair a qualquer momento. Lá dentro, Rafa continuava agoniado com tanta demora. De acordo com Elias Abrão, que recebia as informações diretamente de sua equipe em Foz do Iguaçu, "Rafael estava desesperado para buscar sua mulher no outro presídio, mais preocupado com ela do que com ele mesmo!". Mas ainda teria que esperar até o dia seguinte para isso acontecer. Para ele, era como se estivesse cumprindo pena de prisão perpétua.

Rafa sai da prisão de cabeça raspada e chinelos

Já estava anoitecendo, na terça-feira, dia 29, quando Rafael Ilha foi colocado em liberdade. Algemado com as mãos para trás, cabeça raspada, só de chinelos, camiseta de mangas curtas e calça de moletom, apesar do frio, ele atravessou o primeiro portão do presídio, sob olhares e câmeras dos profissionais de imprensa, que acompanhavam a cena em frente à saída principal. Ao passar pela portaria, acompanhado pelo dr. William Amanajás, teve as mãos liberadas, e, finalmente, pisou na rua. Foi nesse momento que avistou um jardim e disse ao advogado: "Dá licença, que eu vou "roubar" uma flor!".

A liberdade cinco dias depois da prisão na Ponte da Amizade

Já sem as algemas, com Dr. William Amanajás, Rafael colhe flor para dar à Aline

A intenção era entregá-la à Aline na Cadeia Pública, onde já iria buscá-la. Mas foi rodeado por um batalhão de repórteres, acabando por fazer um desabafo: "Não cometi erro nenhum! A situação que me encontro é de sofrimento. Entrei há uma semana, ganhei um rolo de papel higiênico de 30 metros pra durar 15 dias. Ninguém fica feliz com isso. Eu adoro Foz do Iguaçu, adoro o Paraguai, a gente veio aqui para ver mercadorias para uma loja que vamos abrir em São Paulo, saímos pra jantar, fomos às Cataratas. Era só isso. Não queria nunca sujar a minha imagem, mas paciência! Pra mim, as coisas são sempre mais difíceis. Agora, o que eu quero é abraçar minha esposa, chorar com ela, namorar, enchê-la de amor e carinho!".

Enquanto Rafael dava essa entrevista, o Dr. José Beraldo, também seu advogado, protestava: "Não havia necessidade do uso de algemas, não havia necessidade de raspar o cabelo com máquina zero. Rafael é querido, foi bem tratado pelos demais presos. O alvará de soltura foi levado pelo oficial de Justiça aos presídios para liberá-los. Tudo certo. Agora responderão em liberdade ao processo de tráfico internacional de armas e a sentença deve sair em um ano. Durante esse período, não poderão frequentar casas noturnas, se ausentar de São Paulo por longos períodos nem sair do

País. Vou pedir para serem absolvidos e entrarei com pedido de restituição da fiança, porque acredito neles! Não cometeram crime algum!".

Assim que acabou de conversar com os jornalistas, o ex-Polegar postou foto com mensagem no Facebook dizendo que iria pegar Aline: "Eu estava muito bravo, porque os advogados fizeram o contrário do combinado que era buscar minha mulher primeiro. Além disso, tive que esperar mais uma hora na porta da cadeia dela até me deixarem entrar. Estava muito irritado e nervoso!".

Já na rua, Rafael conversa com a imprensa: "Não cometi crime algum"

Primeira mensagem ao ser libertado:
"Saindo do presídio com o Dr. William Amanajás...
Obrigado Senhor pela vitória!!! Buscando a loira!!!"

Aline, que dos 8 dias na prisão só conseguiu dormir quando soube da fiança, aguardava alguém ir buscá-la no presídio, mas achava que seria o advogado. Estava sozinha, angustiada e com medo, quando viu Rafael entrar na pequena recepção, onde ficam na espera todos os que são libertados. Uma surpresa enorme: "Foi muito emocionante! A gente se abraçou, a gente se beijou, era muita saudade!. Até o Dr. William, que presenciou tudo, ficou emocionado! E aí Rafa me deu aquela florzinha, o presente mais bonito que ganhei na minha vida...", relembra.

O reencontro também não sai da cabeça de Rafael até hoje: "Eu estava muito preocupado com ela, com a sua segurança, com a seu lado emocional. Quando a abracei e entreguei a flor, eu disse: "Olha, eu não parei de pensar em você nenhum minuto. Eu queria muito te abraçar, estava louco de saudade. Sei que você precisa descansar, desligar, chorar, mas quero que você saiba que eu te amo muito, muito, muito, mais que tudo..."

Rafael busca Aline na penitenciária feminina, de onde saem abraçados

285

Rafael Ilha e Aline Kezh falam da vida após prisão: 'Nos uniu mais'

Casal, acusado de tráfico de armas, aguarda processo na Justiça e fala dos dias na cadeia: 'Pensava no medo que ela estava sentindo', diz ex-Polegar.

Thais Sant'Anna do EGO, em São Paulo

Ego

Todas as vezes que Aline revê alguma reportagem dessa época, principalmente as imagens do momento em que deixavam a Cadeia Pública, tem uma certeza: "Sei que o Rafa se lembrou de mim o tempo inteiro. A imagem dele com a florzinha nas mãos é muito linda. Simples e de um significado imenso. Eu a guardo no quebra-sol do meu carro, não sei quanto tempo vai durar, por isso até tirei foto dela. Assim, vai ficar comigo pra sempre!".

Naquele dia, deixaram a prisão rapidamente. Aline estava assustada com o cerco da imprensa, mas saíram abraçados, sem olhar para trás. Diante dos flashes dos fotógrafos, a imagem era nítida: estavam agora mais unidos do que nunca!

De volta ao hotel, quarto revirado e carro detonado

Arquivo / Camera 5

Rafael avalia o estrago que fizeram em seu carro

Um quarto totalmente revirado, dos armários ao colchão, das gavetas às malas, foi o que Rafael e Aline encontraram em sua volta ao hotel. A polícia havia feito uma varredura no local, segundo as camareiras, o que se estendeu também ao carro do casal, encontrado fora da vaga em que havia sido deixado pelo dr. William Amanajás, e todo detonado: trava de segurança violada, forro do porta-malas arrancado, assentos soltos, banco traseiro removido, laterais das portas descoladas, quadro típico de uma operação pente-fino atrás de drogas ou contrabando. Nada foi encontrado, é claro!

Como repórter do A Tarde é Sua, Rafael aproveitou a presença da equipe do programa em Foz do Iguaçu para gravar uma matéria denunciando o ocorrido, mas deixou claro que não havia provas de que fosse, de fato, uma ação de policiais. De qualquer forma, ficou com muito medo: "Comecei a pensar na possibilidade de terem mexido em tudo não para encontrar alguma coisa, mas na verdade, para plantar algo lá dentro. E se tivessem colocado uma granada? E se tivessem posto papelotes de cocaína? Queriam me matar ou me incriminar? Afinal, quem teria feito isso? A polícia precisaria de um mandado de busca, porque o veículo estava em propriedade particular, minhas coisas também. Seria apenas um procedimento de investigação, já que eu tinha sido preso, ou havia outra intenção por trás?". Na dúvida, seguiu a orientação do dr. José Beraldo: estacionou o veículo diante de uma câmera de segurança, não retirou nada e trancou, levando as chaves.

Preferiu voltar para São Paulo de avião. Antes disso, porém, na manhã seguinte dirigiu-se à sede da Polícia Federal para buscar seus pertences e os de Aline, recolhidos ao serem presos. Ao contrário do que esperava, foi muito bem tratado: "Os agentes conversaram comigo numa boa, deram seus cartões para contato, tiramos fotos juntos, já era uma outra situação!". Ele pegou sua carteira e seu par de tênis que Aline, estranhamente, decidiu guardar como recordação.

Do aeroporto para a TV: ele tenso, ela traumatizada

Ao desembarcar em Cumbica, o casal seguiu direto para os estúdios da Rede TV, onde daria uma entrevista exclusiva, a primeira em que contaria em detalhes tudo o que havia acontecido no Paraná, coisa que o Brasil inteiro queria saber. Acompanhados por seus advogados, Rafa e Aline sentaram-se no sofá do A Tarde é Sua muito tensos e não se desgrudaram.

Aline falou pouco, mas Rafael contou todos os detalhes do drama que viveram

Ela, ainda traumatizada, falou muito pouco, mas ele, apesar de exausto, respondeu a todas as perguntas feitas por mim e pelo especialista em Segurança, Jorge Lordello, a começar pela acusação de tráfico internacional de armas. A declaração foi objetiva: "Vocês acham que um traficante vai vir com uma arma nova, desmuniciada, desmontada em duas peças, com numeração sem estar raspada, sem nunca ter dado um tiro, e ainda no colo da mulher dele? Se eu fosse um traficante, não faria esse tipo de coisa e sim algo maior e mais organizado."

Ele também exigiu explicação para uma questão importante: "Exibiram imagens minhas na recepção do hotel e dentro de loja no Paraguai fazendo compras. Então, por que não apareceram as imagens da Ponte da Amizade? Por que não mostraram que peguei a arma e joguei fora na estrada?"

Rafael revelou que os próprios agentes perguntaram por que ele não largou Aline na aduaneira, já que estava a 30 metros de distância dela e havia sido liberado após passar pela revista. Segundo eles, Rafa poderia ter seguido para Foz do Iguaçu, chamado um advogado e ido esperá-la na sede da Polícia Federal: " Quando ouvi isso, só consegui dizer: "Gente, ela é minha esposa, nunca pisou numa delegacia. Já pensou ela olhando pra mim, vendo eu sumir enquanto tomava uma cana no meio da ponte? E se eu, num impulso, subisse na moto-táxi e fosse aguardar no hotel, ela não iria chegar. E aí? Não, jamais deixaria que fosse presa sozinha. Eu tinha que proteger minha mulher. E foi o que eu fiz!".

Durante a entrevista deixou claro: "Sei que se eu não tivesse tomado a atitude de ir ao encontro dela, não estaria envolvido em nada disso. Se eu tivesse simplesmente continuado a viagem, não aconteceria absolutamente nada comigo. Mas não sou um covarde. Meu lugar era ali, ao lado da Aline!".

Fotos: Arquivo / Camera 5

Os advogados Dr. José Beraldo e Dr. William Amanajás, conseguiram tirar Rafael e Aline da prisão e participaram da entrevista

O Dr. José Beraldo, que acompanhava atentamente o depoimento, ressaltou: "Ele foi em defesa da mulher, isso é louvável. Ninguém pode criticar esse rapaz. Aline foi ingênua, foi levada a erro. Sabia que o que estava transportando não era chocolate, mas tinha certeza que poderia legalizar a arma no Brasil. Não tinha noção da gravidade da situação. Ela também é inocente!"

Outro ponto fundamental foi abordado pelo Dr. William Amanajás: "Toda e qualquer arma é proibida no Brasil. Tem que ter porte ou posse de arma, que só valem para as de uso permitido, o que não significa que possam ser utilizadas. As de uso restrito, como o nome já diz, só Exército ou pessoas ligadas à Segurança Nacional. Quando disseram para Aline que a espingarda era de uso permitido, ela se equivocou e achou que estava dentro da legalidade".

Para os defensores de Rafa, a acusação de tráfico de armas é injusta: "Eles estavam numa zona primária de fiscalização, portanto deveriam ser enquadrados em "mera tentativa de tráfico", isso se fossem culpados, o que não é o caso!", afirmou o dr. Amanajás. Já o dr. Beraldo alegou: "No meu entender, com minha experiência de 34 anos de profissão, a polícia esperou consumar um fato. Não há flagrante quando a autoridade pode evitar. Bastaria terem perguntado: "Vocês querem mesmo levar essa mercadoria?". Porque lá arma é tratada como mercadoria!". No máximo, a situação ficaria na "tentativa de tráfico".

Já o especialista em Segurança, Jorge Lordello defendeu a ação dos agentes na Ponte da Amizade: " O dr. Ricardo Cubas foi claro: Rafael declarou que era marido dela e tinha conhecimento da arma.

Jorge Lordello: "Não tinha jeito! Arma dá problema sério!"

Nesse caso, o delegado cumpriu o papel dele, que era o de deter os dois. Compra de arma é proibida, você não pode levar de um país para o outro. E ele sabia que se a espingarda fosse pega na alfândega iria dar problema sério!".

Rafael se defendeu e definiu a situação: "Eu fui vítima dessa história, não réu. Aline pecou pela inocência e por ser teimosa. Quando ela cisma com uma coisa, não desiste. Quem me critica queria o quê? Que eu a pegasse pelos cabelos? Que eu desse um tapa nela? Fiz tudo o que pude para que não trouxesse a arma. Deu no que deu, infelizmente!

Ao sair mais uma vez em defesa de seu cliente, o dr. Beraldo acrescentou: "Esse moço não tem vergonha de dizer que é um ex-viciado, esse moço não tem vergonha de falar que foi vítima dos verdadeiros traficantes, esse moço é digno do respeito de todos nós!".

Para encerrar, Rafael foi curto e grosso: "Quero que saibam que minha mulher é de boa família, estável financeiramente, formada em Comércio Exterior, já morou em outros países, chegou a dirigir três empresas, em São Paulo e Santos. Ela não precisa contrabandear arma para viver. E eu também não. Tenho meu emprego na TV e alguns imóveis – fruto do trabalho com minhas clínicas – que garantem meus rendimentos. Mais um detalhe: mesmo que não tivéssemos dinheiro, jamais cometeríamos um crime!".

Ainda teriam que passar por uma série de entrevistas até o começo da madrugada, tamanho o assédio da imprensa e dos programas de TV. Quando, finalmente, se viram diante do portão de casa, não conseguiram entrar. O medo de que estivesse tudo revirado e destruído lá dentro, como aconteceu no hotel, bateu forte. Rafa e Aline sentaram-se na calçada e tentaram se acalmar. Ele fumou um cigarro, enquanto ela chorava e respirava fundo. Iriam dormir juntos naquela noite, depois de tantos dias longe um do outro, mas como duas crianças assustadas com monstros embaixo da cama.

Havia um bebê no meio do caminho

Meu telefone tocou às quatro da manhã. Do outro lado da linha, Rafa deu a notícia eufórico: "Aline está grávida. Acabou de fazer o teste de farmácia. Eu vou ser pai de novo!!!". E continuou ligando para familiares e amigos até o dia amanhecer. De tão empolgado, enviou dezenas de fotos pelo celular dos bastões com o resultado positivo. Pelas contas da futura mamãe, o bebê foi concebido no final de julho, logo após terem passado pelo trauma da prisão em Foz do Iguaçu. Seria uma compensação do destino? Afinal, planejavam fazer a "encomenda" só em janeiro de 2015: "Foi um momento lindo, que nos pegou de surpresa!"

Aline: "Sempre quis ter um filho com Rafa"

Como um marido sempre atento, no entanto, vinha percebendo que havia alguma coisa diferente com sua mulher, que se sentia muito "inchada": "Decidimos fazer aqueles testes de farmácias, compramos dois de uma vez para confirmar e os dois deram positivo!", festejou.

O passo seguinte foi uma consulta com a dra. Albertina Duarte, obstetra responsável pelo parto de muitas famosas, inclusive dos 4 filhos da cantora Simony. A médica confirmou a gestação, mas ainda era cedo pra descobrir o sexo: "Gostaríamos que fosse uma menina, mas o que Deus nos mandar vai ser ótimo!", disse Rafa. Sylvia, a mãe dele, também desejava uma netinha: "Adoro ser avó. Meu filho me ligou de madrugada para contar a novidade. Estou torcendo por uma menina, porque já temos o Kauan, mas o importante é que venha com saúde!". Aliás, o garoto, de 11 anos, filho do primeiro casamento do ex-polegar, vibrou com a notícia: "Ele ama a Aline, se dão muito bem. Quando estão juntos parecem duas crianças. Não sentiu ciúme, quer ajudar a cuidar do irmãozinho ou irmãzinha que vem aí!".

Na entrada do terceiro mês de gravidez, um novo exame revelou que, assim como tanto desejavam, o bebê era mesmo uma menininha. A partir daí, a escolha do nome mobilizou toda a família: "Eu queria Dimítria, que é russo, mas a Aline não gostou. Depois, optamos por Lara, igual ao da filha do cantor Daniel, porém acabamos nos decidindo por outro parecido, só que com significado mais bonito: Laura, que quer dizer "vitoriosa". Além disso, era o mesmo nome da avó da Aline."

Consequência natural dessa fase feliz, vieram os planos de uma grande festa para celebrar a união. Só com uma bênção, nada de igreja ou cartório: "Já nos consideramos casados. Não temos vontade de oficializar no civil, mesmo porque os casamentos que tivemos antes, de papel passado, não deram certo. A gente só queria uma festa mesmo, para agradecer a Deus por estarmos juntos", contou Rafa.

Depois do estresse em julho, com a prisão do filho e da nora, Sylvia chegou a uma conclusão: " A gravidez veio amenizar esse ano tão complicado pra eles. Nem só de más notícias a gente vive, né?".

Aline concorda com ela: "2014 foi muito agitado pra gente. Teve a história da prisão, sob a acusação pesada de tráfico internacional de armas e isso deixou a todos nós muito abalados. Mas a notícia da vinda do bebê mudou tudo. Sempre quis ser mãe, ter um filho com o Rafa. Sonhamos muito com isso. Então, posso dizer que nosso ano teve um final feliz!".

Nada de negativo resistiria a um momento como este: "Escutamos pela primeira vez as batidas do coração da Laurinha. Eu e Rafa ficamos muito emocionados!". Sem dúvida, a melhor trilha sonora para aguardar a chegada da filha em 2015.

O nascimento de Laurinha

Às 3:30 h da madrugada, Aline acordou com contrações muito fortes; às 6:30 da manhã deu entrada na maternidade Santa Joana, em São Paulo, e às 10:30 estava no centro cirúrgico pronta para a cesariana, embora tivesse esperado até o último minuto pelo parto normal. A falta de dilatação obrigou a mudança de planos! Antes de entrar para assistir ao nascimento da filha, Rafael postou um vídeo nas redes sociais, dizendo: "E aí, galera? Momento muito especial. Laurinha está chegando. Seja bem-vinda. Meu amor, tamo junto!". De touca e avental hospitalares, ele foi para o lado de Aline, que já estava aos cuidados da equipe da dra Albertina Duarte. Não resistiu e postou outra mensagem, seguida da imagem em que segurava a mão de sua mulher: "Força @alinekezh! Abençoa, Senhor!". Era 1º de junho de 2015. O bebê nasceu forte e saudável, com 2,830 kg e 46,5 cm.

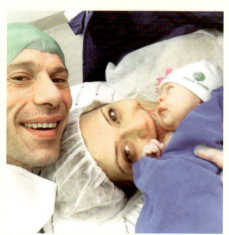
Um sonho realizado

Rafael foi o primeiro a pegar o bebê no colo

Emocionado, foi o primeiro a pegar a menininha no colo, marcando o momento com nova foto e recado aos fãs: "Laurinha nasceu, ela é linda!". Por volta das 3:00 da tarde, exausto, mas realizado como pai, foi ao encontro dos repórteres que o aguardavam na maternidade e declarou: "Graças a Deus, correu tudo bem. Ela é a cara da mãe, tem os olhos claros como os dela, é linda como a Aline!". Sylvia, a avó, definiu bem essa alegria: "Já tínhamos um príncipe, o Kauan, mas faltava a princesinha. Agora a história está completa!".

Com a dra. Albertina Duarte: o pré-natal e o parto de Aline

Família feliz e completa: Rafael, Aline, Kauan e Laura

As pedras do meu caminho

33
A VOLTA DO POLEGAR, SÓ PARA COMEMORAR

Divulgação

Vinte cinco anos depois do lançamento, o Polegar se reúne novamente

Um simples post no Facebook com foto de Rafael, Alex, Alan e Marcelo, juntos novamente e já quarentões, bombou na internet. Em poucas horas, virou alvo de milhares de curtidas, uma reação inesperada do público para os ex-integrantes do Polegar, que haviam se reunido só de brincadeira. A ideia foi de dois amigos de adolescência de Allan, donos de uma produtora, que também queriam gravar um clipe da banda para jogar no YouTube e matar a saudade dos fãs: "Quando me falaram sobre isso, levei um susto! Mas insistiram e eu topei. Também convenceram o Marcelo, aí ele fez a cabeça do Alex, que lembrou essa data de 25 anos. Rafael foi convidado em seguida e surpreendeu pelo seu entusiasmo", conta Alan. Ficou claro que poderiam ir mais longe, o que resultou na volta do grupo, não de forma definitiva, mas para comemorar o aniversário da "boyband" com shows, apresentações em TV e, quem sabe, até um livro: "Temos mais histórias pra contar que Walt Disney!", brincou Alan.

Reunir todos os integrantes para o projeto não foi tão fácil: faltava Ricardo, que se sentiu profundamente ofendido por não estar na foto: "Não fui convidado e nem chamado para participar das comemorações. Isso é

293

uma infantilidade! Com todo respeito aos meus amigos e fãs, desejo toda felicidade a eles. Deus disse: "Os que se humilham serão exaltados", esbravejou ao jornal Extra. Alan, indignado, desmentiu as declarações na revista Caras: "Ele foi convidado inbox pelo Facebook e respondeu em tom agressivo, usou palavrões. Além disso, bloqueou a mim e ao Alex na rede!". Rafael, apesar de uma briga recente que havia tido com o ex-baterista, por não concordar com pedido de ajuda financeira que fizera pelas redes sociais, acabou resolvendo o impasse: " Falei com os meninos que o Ricardo era da formação original do grupo e não havia sentido voltarmos sem um dos integrantes. Eles concordaram, então eu conversei com ele, repeti o convite e, finalmente, topou. De resto, bastou fazer um post novo com o grupo completo."

Daí para frente, um show de recordações e energia renovada!

Atritos viraram piadas

A convivência trouxe de volta as diferenças de personalidade que, se antes geravam atritos, hoje são motivos de piadas entre eles: "Viramos a mesma tropa de 25 anos atrás, só que com mais juízo, né? O legal nesse retorno é que todos nós já estamos com nossas vidas definidas. A gente tá voltando por prazer, não por necessidade!", comenta Rafa. Alan faz questão de ressaltar isso: "Dinheiro é consequência, tem que fazer por amor! Hoje, graças a Deus e muito trabalho, somos bem sucedidos em outras profissões. O Rafael é apresentador e repórter de TV, o Marcelo é advogado, eu me tornei médico oftalmologista, o Alex é cantor e tem um grande estúdio musical, enquanto o Ricardo se formou em Gastronomia e virou chef de cuisine!"

A magia da música, do palco e dos aplausos fez com que entrassem no túnel do tempo: "Voltamos aos anos 80/90, passou um filme na minha cabeça, me lembrei dos testes, ensaios, viagens, shows... Foi a melhor fase das nossas vidas!", reconhece Alan.

Nunca se apagou da memória de Marcelo, que até hoje é chamado de "polegato" pelos companheiros, por conta da beleza, o dia em que entrou para o grupo: "Eu era super fã dos meninos, tinha vontade de ser da banda, mas achava um sonho impossível. Até o dia em que a agência onde eu trabalhava como modelo me chamou para um teste justamente para integrar o Polegar. Dois meses depois, eu estava em cima do palco ao lado deles! Antes de me comunicarem que havia sido aprovado, mandaram um motorista, chamado Mauro, me levar ao salão do Jassa. No carro, ele me disse: " Não sei se você entrou para o grupo, mas vai ter que cortar o cabelo.", e deu uma risadinha que até hoje não esqueço." Rafael aproveita para entregar o companheiro: "Logo que ele entrou na banda e fomos nos apresentar no Domingão do Faustão, o Marcelo não sabia tocar nada. Então, pra disfarçar, entrou com o braço na tipóia, como se tivesse impossibilitado de pegar numa guitarra. Foi muito engraçado!".

Arquivo pessoal

Alex tinha 14 anos quando o grupo foi lançado: "Era tudo uma festa! O primeiro show aconteceu dentro de um navio, num cruzeiro internacional, cheio de gringos. Não entendiam nossa língua e nem precisou: aplaudiram muito e até pediram autógrafos!".

Nesse retorno, ele não só produziu o medley dos grandes sucessos do grupo, como também repaginou todos os arranjos: "A gente não esperava essa renovação do público, então também renovei as músicas." Rafael amou o resulta-

Rafael e Alex: dupla homenageia o aniversário do Polegar

do: "Botei o CD pra ouvir no carro no último volume, cantei junto e, quando parei num posto de gasolina, percebi que muita gente curtia o novo som do Polegar que estava tocando... Fiquei emocionado!. Daí veio a ideia de fazer uma dupla com Alex em um CD e show de tributo aos 25 anos do Polegar".

Alex, que sempre teve fama de comportado, também viveu momentos de "bad boy". Quem entrega o vocalista é Alan: "Ele tomou uma bebida fortíssima, de uma caixa que ganhou em uma das cidades em que faríamos um show. Ficou anestesiado, nem tinha mais noção de onde estava."

Rafael presenciou tudo: " Não sabia se eu ria ou se ajudava. Alex sempre foi um "padre", não dava pra entender ele de porre daquele jeito." Alan, com quem dividia quarto nas viagens, teve que aguentar as consequências: "Estava tão bêbado, que caiu da cama várias vezes durante a noite." Até hoje, Alex não se lembra de ter feito o show: "Só acredito que entrei no palco e cantei porque eles me contaram!", diverte-se ainda.

No meio de tantas turnês, aconteceu uma viagem que valeu por todas, já que provocou fortes emoções: "Fomos para Itaituba, no meio da Floresta Amazônica, para apresentação numa festa de debutante. Era aniversário da filha do dono de um garimpo, que pagou o equivalente a três shows para que a gente topasse o convite. Pegamos um voo até Santarém e em seguida embarcamos num jatinho fretado pelo cara. Quando o avião pousou, tinha um bando de homens de chapéu de couro e armados, verdadeiros jagunços.", relembra Alan.

Cachê pago em ouro

Era só o começo da aventura, como explica Rafa: "Ficamos com medo, mas fomos assim mesmo para a fazenda. Ao chegar, não acreditamos: a cidade inteira tinha ido até lá pra ver o Polegar e a festa! Além disso, o pai da garota era uma fera, ficava vigiando como cada um de nós dançava com ela. Achamos melhor passar a menina o mais rápido possível de um para o outro durante a valsa para evitar qualquer problema. Só que ela se engraçou comigo e a mãe dela com o Ricardo! Resultado: depois da festa, as duas foram ao hotel onde ficamos hospedados. Trememos de medo do fazendeiro aparecer por lá e matar a gente!"

O temor pareceu se confirmar quando, na manhã seguinte, foram chamados duas horas antes que o combinado para retornarem à fazenda, de onde o jatinho os levaria de volta a Santarém: " O pior foi que me chamou pra falar com ele sozinho numa sala. Fiquei gelado, mas não tinha como fugir. Tive um péssimo pressentimento. Ele jogou um saco pesado sobre a mesa e me disse: "Pode escolher... ". Não entendi nada, mas abri e dei de cara com um montão de correntes de ouro maciço. Na verdade, só queria dar um presente de despedida! Cada um de nós, ganhou uma corrente daquelas. Nunca me senti tão aliviado!", conclui Rafael.

Levando outra vez as fãs ao delírio

A reestreia no Domingo Show, de Geraldo Luís, na Record

Passada a fase das lembranças, veio o momento de voltar aos programas de TV. Sentindo-se "adolescentes quarentões" ou "quarentões adolescentes", os cinco tiveram crises de ansiedade. Rafael chorou na primeira apresentação oficial da volta do Polegar, que aconteceu no Domingo Show, de Geraldo Luís, na Rede Record: "Ver de novo as fãs gritando nossos nomes e cantando nossas músicas foi demais pra mim. Parecia que o tempo não tinha passado.". A reação do público

As pedras do meu caminho

Foto: Divulgação

No Altas Horas, com Serginho Groisman, na Rede Globo

continuou a mesma em todas as emissoras onde se apresentaram, do "A Tarde é Sua" e "Superpop", na Rede TV!, ao "Altas Horas", na Globo, sucesso total. E algumas surpresas no meio: a atriz Cristiana Oliveira, a mais famosa namorada de Rafael, curtiu fotos do retorno do grupo no Facebook, e DéborahSecco revelou seu sonho de se casar com ele, quando era adolescente, ao se encontrarem no palco do programa de Serginho Groisman.

    A maneira de lidar com o assédio das fãs também mudou. Se antes eles chegavam até a sair com as garotas, hoje isso não existe mais, porque Rafael Ilha, Alex Gill, Alan Frank e Ricardo Costa estão casados. Pais de família, Rafa tem 2 filhos, Kauan de 12 anos e Laura, recém-nascida; Marcelo tem 4, com 20, 17, 15 e 10 anos e Alan tem um garotão de 18, além de gêmeos. Dois dos filhos de Marcelo, Lucas e Eric, têm uma banda, produzida por Alex, enquanto sua caçula é afilhada de Alan. Os laços musicais tornaram-se afetivos, viraram coisa de família. Sim, eles têm muita história para contar como disse Alan, mas se não deu para contar tudo agora – nessa temporada de apenas quatro meses – fica para as comemorações dos 50 anos do Polegar, quando ainda serão jovens sessentões cantando o refrão preferido de Rafa: "Sou como sou/ aonde vou/eu acho a minha saída/ sou como sou e seguirei/ a vida é pra ser vivida/ sou como sou e viver é a melhor pedida."

Rafael Ilha

Fotomontagem: Gshow / Arquivo Camera 5

A declaração de amor de Deborah Secco a Rafael e o abraço em seu ídolo da adolescência

Foto: Divulgação

Com Sonia Abrão no A Tarde é Sua, na Rede TV!

As pedras do meu caminho

34   O REENCONTRO COM GUGU, 15 ANOS DEPOIS

Mauro Miyabara

A emoção tomou conta dos dois

    O clima era de expectativa nos bastidores do Programa do Gugu naquela noite de terça, 21 de abril de 2015, pouco antes do apresentador entrar no ar, ao vivo, pela Rede Record. Rafael não sabia qual seria a reação dele ao ficar frente a frente com seu ídolo de infância, depois de 15 anos sem se verem nem se falarem, depois de tantos desentendimentos e mágoas de ambos os lados, que vieram no rastro do sucesso e fim do grupo Polegar.

    Ele também não imaginava qual seria a reação do próprio Gugu. Apesar da tensão, havia um clima positivo no ar: Gugu já tinha aceitado convite para escrever o prefácio desta biografia e não se recusou a posar para fotos ao lado do seu ex-contratado. Aliás, era isso o que iria acontecer dali a alguns momentos.

Quando Gugu apareceu, não houve tempo para lembrar do passado, porque o abraço que uniu os dois foi imediato, apertado e caloroso. Só emoção e alegria.

"Legal te ver! E aí, como você está?", foi a primeira pergunta dele para Rafael, que respondeu: "Estou bem, graças a Deus!". Ao que o animador disse disse: "Dá pra ver!". Em seguida, quis saber: "Quem é essa moça linda que está com você? E que barriga linda também!". Rafael, então, apresentou sua mulher, Aline, já no final de gravidez de Laurinha.

Rafael: "Sei que fui uma boa surpresa para o Gugu!"

Entre uma foto e outra foram batendo papo, falando do livro, do programa de TV, etc... Era nítida a surpresa de Gugu diante daquele Rafael, homem feito, 41 anos, pai de família, repórter, totalmente limpo das drogas, muito distante do garoto de 13 anos que lançou na música e do rapaz na casa dos 20 ainda lutando contra o vício e ocupando as páginas policiais dos jornais.

"Sei que fui uma surpresa boa para ele. Por conta da minha dependência, foram muitas as pessoas que o aconselharam a desistir de mim, a me esquecer. Mas naquela noite, ele percebeu que estou recuperado e amadurecido!".

Terminada a sessão de fotos, faltavam apenas cinco minutos para Gugu entrar no palco, tempo suficiente para trocarem um outro abraço na despedida e cochicharem no ouvido um do outro coisas que só eles sabem.

Ainda tocado pelo reencontro, Rafael confessou: "Olhei para ele com a mesma admiração do passado e ele olhou pra mim com o mesmo carinho de antes!".

As pedras do meu caminho

35 NADA A ESCONDER: "O QUE NÃO FOI BÊNÇÃO FOI LIÇÃO!"

Gina Stocco

Meu nome é Rafael Ilha Alves Pereira, estou na casa dos 40 anos, tempo de um balanço de vida. Para os que achavam que já conheciam minha história, fica aqui o que nunca foi contado! O que deixei guardado no sótão.

Entre o sucesso e a dor, a angústia e o vício, a música e a marginalidade, entre o amor e o crack, o microfone e um fuzil, o auditório e o morro, os fãs e os traficantes, entre ser ídolo e bandido, eu me perdi.

Debaixo das pontes e viadutos, pedras viravam fumaça num cachimbo improvisado, em que misturava fissura e desespero! Tudo dominado, eu estava dominado! Corpo e cabeça já não se juntavam. Eu queria parar, mas cada parte de mim tinha fome de pó. Vivia dividido entre o tormento e o prazer das drogas, vagando feito um zumbi. Fora heroína, experimentei de tudo.

Não queria camisa-de-força, eletrochoques aos 15 anos, ficar trancado e dopado aos 17, injetar cocaína na veia quase o tempo todo. Em meio a convulsões e overdoses, tentava sobreviver. Mãe, pai, avó, foram ficando para trás, como minha infância e adolescência. Fama, aplausos e carreira também. Vieram as clínicas, as fugas, a paranóia!

Virei manchete das páginas policiais, fui preso e me algemaram a alma! Fundo do poço, depressão, preconceito, perseguição. Só chão duro para deitar, choro seco de frio e conhaque às cinco da madrugada pra esquecer de tudo! Mas sempre com fé, muita fé!

Nunca deixei de chamar por Deus mesmo drogado! Para que Ele segurasse minha mão quando brigava de faca na rua, na hora de dar um tiro na minha boca, quando cortei o pescoço. E o Senhor me mandou um anjo. Meu filho, Kauan! Agora me mandou outro, Laurinha, minha filha! Por eles, estou de pé, limpo e renascido. Para eles, cada página dessa biografia, que fica em aberto porque pretendo viver, no mínimo, mais outros 40 anos. Nada a esconder até esse penúltimo capítulo, porque sei que o que não foi bênção, foi lição; o que veio como pedra virou construção. O mais difícil da vida é viver e morrer não faz sentido. Então, só nos resta achar uma saída! Eu achei várias: vida espiritual, família, amigos, trabalho, conscientização e determinação para dar a volta por cima. Hoje sei que recair nas drogas é deixar minha mãe sem filho, meus filhos sem pai e minha mulher sem marido. Meu grito de liberdade foi a soma de tudo isso! Façam suas contas também e que o saldo seja sempre positivo!

Impresso em São Paulo, SP, em agosto de 2015,
com miolo em couché fosco 90 g/m²,
nas oficinas da Arvato Bertelsmann.
Composto em Avenir Next Regular, corpo 10 pt.

Não encontrando esta obra em livrarias,
solicite-a diretamente à editora.

Escrituras Editora e Distribuidora de Livros Ltda.
Rua Maestro Callia, 123 – Vila Mariana
São Paulo, SP – 04012-100
Tel.: (11) 5904-4499 – Fax: (11) 5904-4495
escrituras@escrituras.com.br
vendas@escrituras.com.br
imprensa@escrituras.com.br
www.escrituras.com.br